興亡の世界史

通商国家カルタゴ

栗田伸子
佐藤育子

講談社学術文庫

学術文庫版へのまえがき

本書は二〇〇九年九月に刊行された「興亡の世界史」第03巻『通商国家カルタゴ』を文庫化したものである。

この七年の間にもフェニキア・カルタゴ、さらには古代地中海史全般に関する学問的知見は日々蓄積され、研究は進展している。またそれとは別に、本書のテーマであるカルタゴの地、北アフリカおよび中東地域は二〇一一年のいわゆる「アラブの春」以降、激動に見舞われ、それが思わぬ形で古代史研究――特に現地の考古学的調査――の条件にも影響を及ぼしている。たとえば、北アフリカの遺跡群を訪れることは以前に比べれば難しくなっているのである。

しかしながら本書の内容に大きな修正を加える必要は見当たらない。本書で提示した歴史像、すなわち地中海世界の力学――地中海周辺諸地域の一見別々に見える諸事象が海を媒介として一挙につながり構造化され、地域横断的な大変動を生み出すこの世界の古代における経験は、案外、私達が今、目撃している世界史的変動の行方を考える上でもある種の参照系を提供してくれるかもしれない。

今回の文庫化にあたっては、原著に大きな変更は加えず、誤記の訂正や研究者の人名の表記の修正などにとどめた。また特に進展のあったカルタゴの宗教をめぐる考古学的研究の最新の動向について、巻末の「学術文庫版のあとがきにかえて」で補っている。

最後に、文庫化のための煩瑣な作業をいとわれなかった講談社学術図書編集の梶慎一郎氏、また原著の編集担当の正木盟氏に心から感謝したい。

栗田伸子

二〇一六年　七月

目次

執筆分担：栗田伸子＝プロローグ、第三、第四、第五、第七、第八、第九章、エピローグ
佐藤育子＝第一、第二、第六章

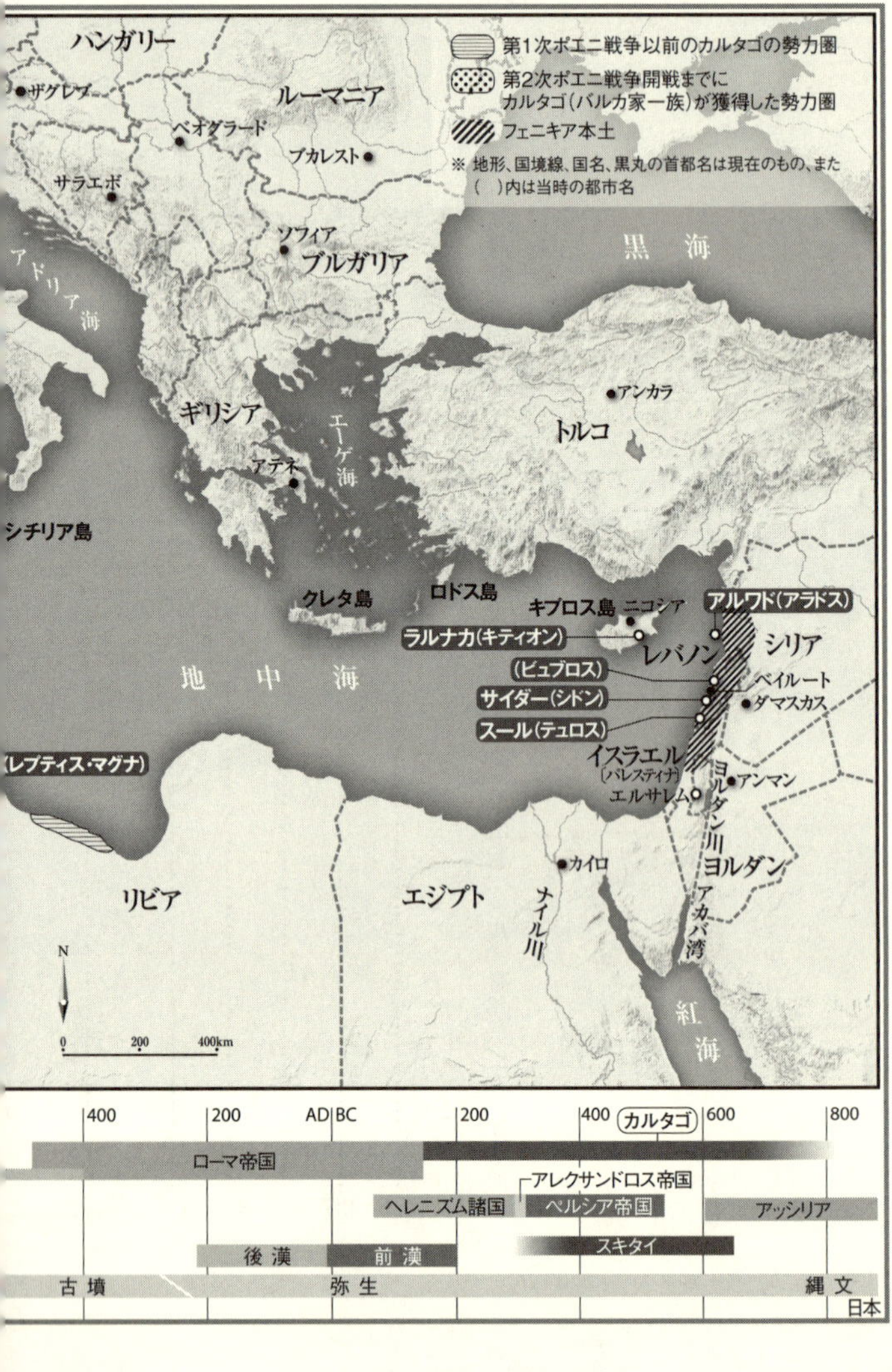
第1次ポエニ戦争以前のカルタゴの勢力圏
第2次ポエニ戦争開戦までにカルタゴ(バルカ家一族)が獲得した勢力圏
フェニキア本土
※ 地形、国境線、国名、黒丸の首都名は現在のもの、また( )内は当時の都市名
ハンガリー
ザグレブ
ルーマニア
ベオグラード
ブカレスト
サラエボ
ソフィア
ブルガリア
黒 海
アドリア海
ギリシア
エーゲ海
アテネ
アンカラ
トルコ
シチリア島
クレタ島
ロドス島
キプロス島
ニコシア
アルワド(アラドス)
ラルナカ(キティオン)
シリア
レバノン
(ビュブロス)
ベイルート
サイダー(シドン)
ダマスカス
スール(テュロス)
地 中 海
イスラエル
(パレスティナ)
アンマン
エルサレム
ヨルダン川
(レプティス・マグナ)
カイロ
ヨルダン
リビア
エジプト
ナイル川
アカバ湾
紅 海
N
0
200
400km
400
200
AD
BC
200
400
カルタゴ
600
800
ローマ帝国
アレクサンドロス帝国
ヘレニズム諸国
ペルシア帝国
アッシリア
スキタイ
後 漢
前 漢
古 墳
弥 生
縄 文
日本

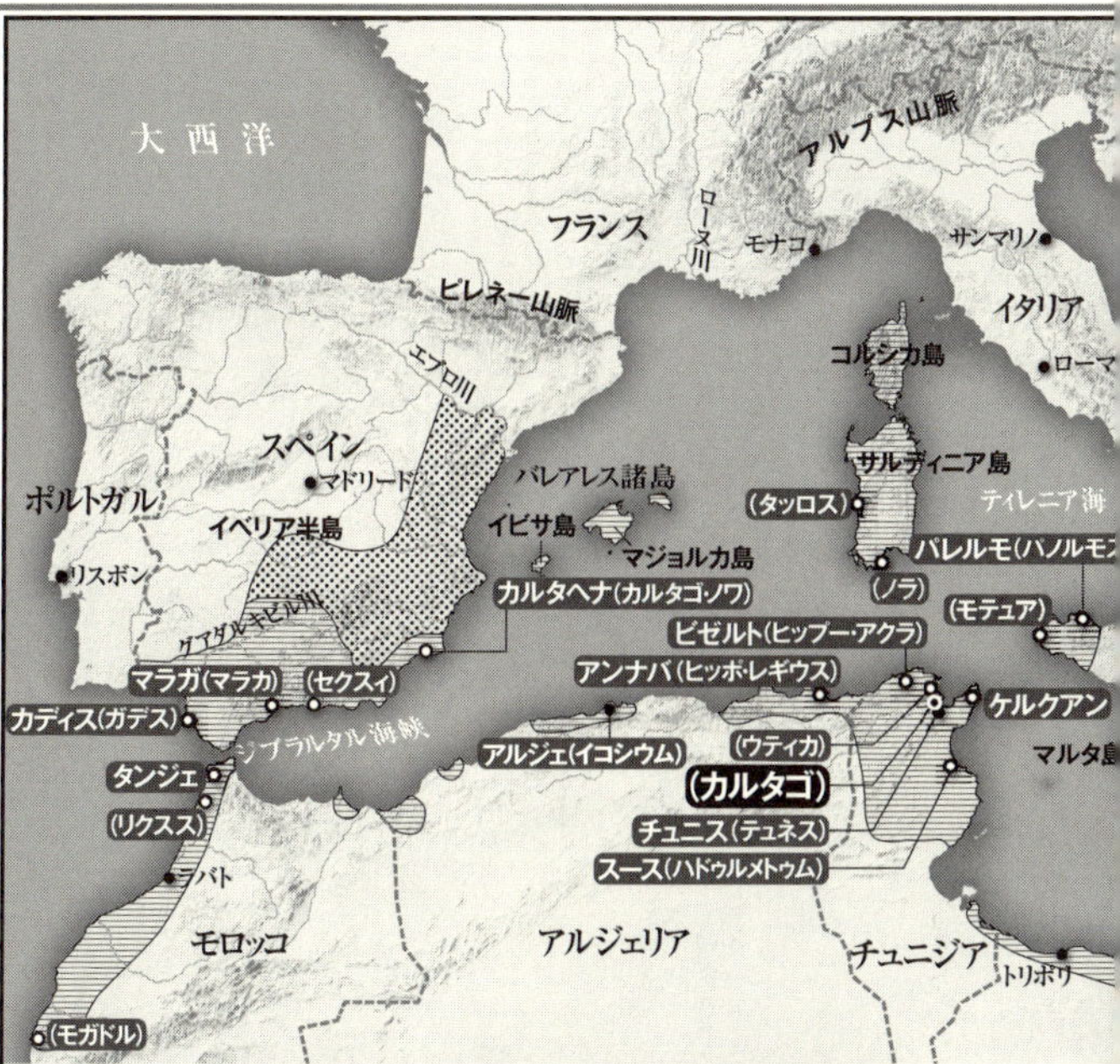

カルタゴとフェニキア人諸都市

旧約聖書に海上を行き交う商人として登場するフェニキア人の都市国家は、紀元前15世紀頃から、現在のシリア・レバノン沿岸部を中心として活発な活動を開始した。テュロス、シドンなどがその代表的な例である。これらフェニキア人の小さな都市国家群は、アッシリアや新バビロニア王国、アケメネス朝ペルシアなどの大国にその存続を脅かされながらも、完全に吸収されて滅び去ることなく、柔軟かつしたたかに生き抜いてゆく。フェニキアから西方への発展、その過程において産み落とされた唯一の例外的「大国」が、カルタゴであるといえよう。

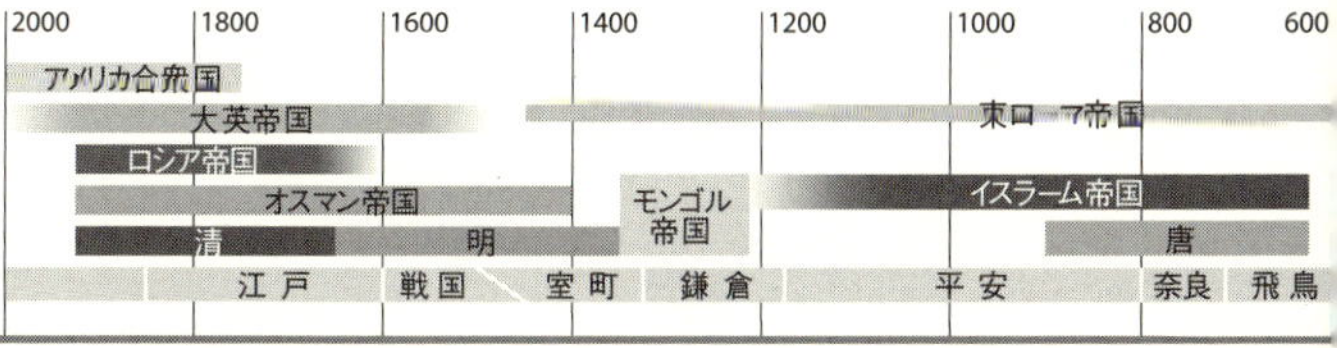

地図・図版作成
ジェイ・マップ
さくら工芸社

興亡の世界史

通商国家カルタゴ

プロローグ——地中海史の中のカルタゴ

古代の地中海と言った時、まず思い浮かぶのは何であろうか。エーゲ文明、クレタ島、ギリシア神話、ホメロスの世界、またアテネやスパルタ等のポリスの興亡の歴史、さらにはピラミッドの時代以来の古代エジプトとプトレマイオス朝、アレクサンドリア市の繁栄、ついにはそれらすべてを征服し、地中海を「われらの海」としたローマ……。こうした連想は古代地中海の文明史をその華やかな頂点に順次触れつつたどったものとして、ほぼ正しい。しかしまた、これは奇妙に背景と奥行きを欠いた認識法である。これらの、その時々にスポットライトを浴びている部分は、それ以外の、その周辺と背後の暗がりの中に半ば隠れている地中海の他の諸部分とどういう具合につながり、あるいは断絶しているのであろうか。

これら古代地中海の「主役」達の社会的発展とその他の部分の社会のあり方、その発展の方向とはどのような関係になっているのであろうか。いや、そもそも、いわゆるギリシア・ローマを除いた古代地中海世界の「平均的」な経験とはいかなるものであったろうか。

本書のテーマであるカルタゴ史、より広く言うならフェニキア史は、これらの問いに答えるための一つの入り口である。文明史的には、地中海の歴史はメソポタミアやエジプトの影響を受けつつ東方から開けてゆくが、西方地中海の人々に東からの風をもたらしたのは、紀

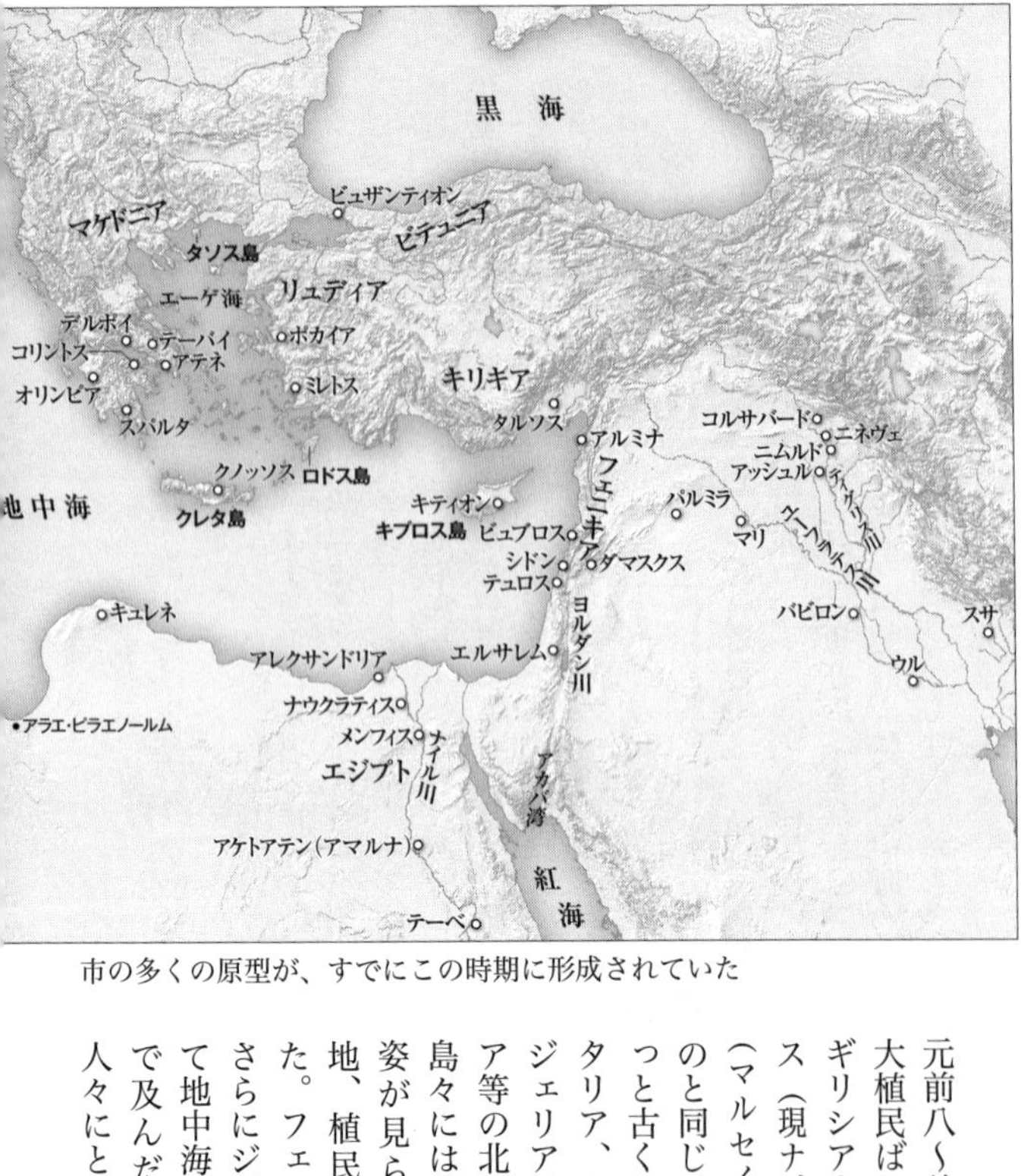

市の多くの原型が、すでにこの時期に形成されていた

元前八〜前六世紀のギリシア大植民ばかりではなかった。ギリシア人の植民市ネアポリス（現ナポリ）やマッサリア（マルセイユ）が建設されるのと同じくらい、あるいはもっと古くから、スペインやイタリア、またモロッコ、アルジェリア、チュニジア、リビア等の北アフリカの沿岸部や島々にはフェニキアの商船の姿が見られ、交易所、停泊地、植民市が点々と築かれた。フェニキア船の航跡は、さらにジブラルタル海峡を出て地中海の外へ、大西洋《オケアノス》にまで及んだ。古代ブリテンの人々にとっても、西アフリカ

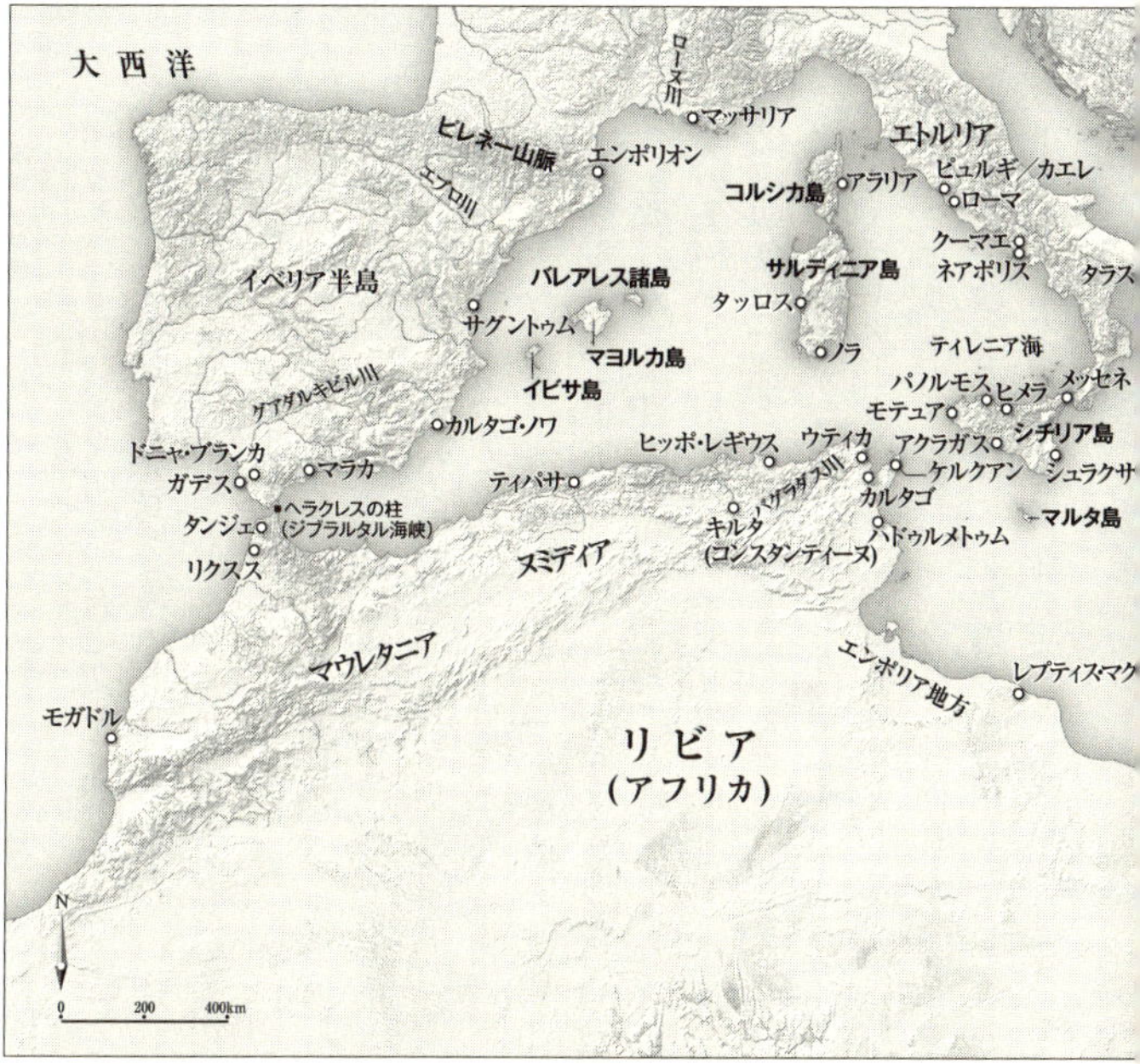

古代の地中海　本書に登場するおもな地名・都市名を記した。現在の都

の大西洋岸の人々にとっても、最初に目にした本格的な構造船はフェニキア船だったはずである。

西方地中海にとってばかりではない。ギリシア文明そのものについても、そのポリス社会としての発展の初期の重要な時点において、東方——オリエントからの影響をもたらしたものはフェニキア人との接触であった。ギリシア語のアルファベットがフェニキア語アルファベットをもとに、その幾文字かをフェニキア文字には欠けている母音に転用する形でできあがったものであることは、両者の接触が、まさにギリシア文明の土台に関わる問題であることを物語る。ギリシア語アルファベットが記された初期の有名な遺物である「ネストルの杯」はイタリア半島ナポリ沖のイスキア島のギリシア系植民市ピテークサイから出土しているが、同じイスキア島から運ばれたとおぼしきギリシア式陶器がカルタゴ市の遺跡の最古層（前八世紀中葉）から出土している。ギリシア人の活動が東はシリア地方のオロンテス川の河口から西はイタリアのかなたまで拡大した前八世紀とは、まさしくギリシア文化の「東方化」「フェニキア化」の時代、ギリシア人とフェニキア人の接近と混在の時代に他ならなかった。

ギリシアのポリス的発展より約一世紀遅れて都市国家としての歴史を歩みだしたイタリア半島の諸市も、フェニキア―カルタゴ的環境と無縁ではなく、ローマ市もその例外ではない。エトルスキ（エトルリア人）とカルタゴとの古い同盟関係、エトルスキ王政から共和政への転換の第一年目（前五〇九／八年）に締結され、その後何回か更新されたローマとカルタゴの条約等々、初期の古代イタリア史は「フェニキアの海」に浮かびつつ、それが織りなす国際関係の一部として展開していたとさえ想像しうる。

にもかかわらず、ギリシア、イタリア（ローマ）の都市国家史の展開のある段階において、フェニキア―カルタゴ的環境は異物として否定され破壊されねばならなかった。ポエニ戦争、つまりローマ・カルタゴ戦争の三回にわたる前後百数十年の歴史（前二六四～前一四六年）は、地中海史のこうした過程の現出したものとして、改めて分析される必要がある。ローマがカルタゴとともに葬り去ったものは西地中海のそれまでの社会構造のどのような要素であったのだろうか。そのことと、ローマが同時期に東方へレニズム世界も含めた地中海周辺全域への支配を開始したこととの間には何らかの必然的な関係があったのであろうか。

本書はこのように、西洋古代史を考えるうえで重要でありながら、従来、正面から取り上げられることの少なかった、古代地中海のいわば「失われた半分」の歴史を復元するためのささやかな試みである。フェニキア人のフェニキア本土および植民市の歴史――そのフェニキア人の活動がギリシア勢力と均衡しつつ作り出していたローマ以前の地中海の歴史――をある程度包括的に描き出すことで、ローマとカルタゴの対決に収斂《しゅうれん》しがちなこのテーマに、いくらかでも鳥瞰《ちょうかん》的視点を加えることができればと思う。

フェニキア人の西地中海への展開の中で、ある時期以降、突出した役割を担うことになる植民市カルタゴの歴史は、もちろん本書の中心的対象であるが、フェニキア人の歴史をカルタゴの興亡史に還元し尽くすことは必ずしも意図するところではない。むしろフェニキア史の諸段階のどの部分でカルタゴ市のヘゲモニーが問題となってくるのか、その位置づけを明らかにすることを目標としている。カルタゴの国制、宗教、社会の分析は、フェニキア史から見た地中海の歴史の、このいわばカルタゴ「帝国」と呼びうるかもしれない段階の特徴を解明するための手がかりを与えてくれるであろう。

この文脈で、カルタゴが立地した場所である北アフリカの歴史の問題が浮かび上がってくる。カルタゴを滅ぼすこととなった第三次ポエニ戦争が、カルタゴと隣国ヌミディアの紛争に端を発することは有名だが、このヌミディアはカルタゴ建設以前からの北アフリカ先住民の系譜に連なる勢力であり、その台頭をもたらした前三世紀以降の北アフリカ社会の発展が、結局カルタゴの命取りとなったとも見られるのである。

最後にカルタゴ滅亡後の残余のフェニキア人の問題、さらにフェニキア・カルタゴの「遺産」の問題がある。カルタゴ「帝国」消滅＝フェニキア人の消滅ではなく、またローマの属州となったからといって、旧カルタゴ領であったシチリア西部やコルシカやサルディニアやスペイン南部や、とりわけ北アフリカのチュニジア付近がただちに脱フェニキア化されたわけでもない。地中海にせり出したオリエント的なものの橋頭堡《きょうとうほ》とでも言うべきフェニキア人の社会とその経験は、「ローマ化」されてゆくこの世界に何を刻印したのか、――終章ではこのような問いを、特にカルタゴの故地であったアフリカのその後の歴史の中で考えてみたい。

本書は、古代オリエント史の視点からフェニキア・カルタゴ史を研究してきた佐藤育子と、ローマ史の立場からカルタゴ・ヌミディア等古代アフリカ史を研究してきた栗田伸子の二人による共同作業である。第一、二、六章を佐藤が、第三～五、七～九章およびプロローグとエピローグを栗田が執筆した。私達のこの試みから、古代地中海世界についての新たな像を読みとっていただければこれにまさる喜びはない。

第一章　フェニキアの胎動

紀元前二千年紀の東地中海世界

佐藤育子

ビュブロスの港から

現在のレバノン共和国の首都ベイルートから三十数キロほど北に、現ジュベイル、フェニキアを代表する古代都市ビュブロスの遺跡が残されている。一九八四年にユネスコの世界遺産に登録されたこの都市の歴史は古く、すでに新石器時代にさかのぼる居住の跡が確認されている。紀元前三千年紀前半の前期青銅器時代には、都市の守護神でもあったバアラト・ゲバル（ゲバルはビュブロスのこと、ビュブロスの女主人の意）を祀った神殿も建立され、以後、この場所には途切れることなく人々が住み続け、十字軍時代に至るまでの建造物が栄枯盛衰の歴史を物語っている。

このビュブロスの繁栄を支えたのは、背後に控える豊かな天然資源――現在、レバノン共和国の国旗にも描かれるレバノン杉の森であった。腐食しにくく、太くて堅い木材は神殿や船などの建築資材にうってつけであり、また芳しい香りを放つ樹脂は芳香剤や保存剤としてもすぐれていた。

レバノン杉とレバノン国旗
乱伐のため、レバノン杉は国内に現在わずかしか残っていない。佐藤育子撮影

ピラミッドで有名な古王国第四王朝時代のエジプト（前二六一四〜前二四七九年）は、ビュブロスと活発な交易を行ったことで知られている。クフ王（在位・前二五七九〜前二五五六年）の大ピラミッドの南側から発見された「太陽の船」は、全長四〇メートル以上にも及ぶ儀式用の大型船であるが、その資材に用いられたのはこのレバノン杉であり、ビュブロスの港は、エジプトに向けてこれらの貴重な木材を輸出する積み出し港であった。

また、ビュブロスはエジプトから大量の巻物（パピルス）を輸入し、のちにギリシアなど地中海沿岸諸国に転売した。ギリシア語で巻物（パピルス）を意味するビュブロスがこの町の地名となり、それが聖書（バイブル）の語源になったと言われるゆえんである。

アヒラム王の石棺

このように、古くからの歴史を持つビュブロスの名を一躍有名にしたのは、一九二三年のP・モンテによるアヒラム王の石棺の発見であった。この見事な石灰岩製の石棺は、現在、ベイルートの国立博物館一階に展示されている。

石棺の制作年代に関しては、石棺自体と刻字された碑文をめぐって長年論争の的であったが、近年、G・E・マーコウによって再びその見直しがなされている。彼によれば、石棺とそれに施された装飾は、初期鉄器時代（前一二世紀前半）のフェニキア美術を考えるうえで非常に重要である。石棺長側面の向かって左側に、ハスの花と杯を手にした一人の支配者が、有翼のスフィンクスに支えられた玉座に座っている。彼の前には供物の置かれたテーブルがあり、テーブルをはさんでその向こうに七人の従者が続く。短側面には、それぞれ四人の女たちが髪をかきむしり、あるいは露《あらわ》にした裸の胸を手で打ち、支配者の死を嘆き悲しむ様子が描かれている。石棺上部の縁取りには、ハスの花とつぼみが交互に描かれており、これらの様式にはエジプト美術の影響が見てとれる。

一方で、石棺台座の四隅や蓋に施されたライオン像は、アッシリアやヒッタイトの芸術品を我々に思い起こさせる。そこには、先行する近隣の文明を吸収し、それらを独自のものに発展させていった、北シリアで生まれた新しい芸術的潮流の息吹を感ずることができる。

ビュブロス王アヒラムの棺　石灰岩製の石棺に施された装飾は、初期フェニキア美術の粋を集めたもの。ベイルート、国立博物館蔵

ビュブロスの遺跡　かつてレバノン杉の積み出し港として栄えた。佐藤育子撮影

さらに、この棺に被葬された人物は前一〇〇〇年頃のアヒラムというビュブロスの支配者であったことが、棺とその蓋の縁に刻まれたフェニキア語碑文から特定できる。この碑文こそ現存するフェニキア語最古の碑文であり、碑文年代と石棺制作年代のズレは、この石棺が、アヒラム王の遺骸を葬るために息子であるイトバアル（エトバアル）王によって再利用されたからだと考えられる。

　ゲバル（ビュブロス）の王、アヒラムの息子、［イ］トバアル（エトバアル）が、彼の父アヒラムのために、彼を永遠の家に横たえた時に造った石棺。もし、王達の中の誰かが、総督（代官）達の中の誰かが、軍隊の指揮官が、ビュブロスに近づきこの棺を暴いたならば、彼の支配の笏《しゃく》は落とされ、彼の玉座は転覆させられるべし。ビュブロスから平穏は去るべし。……

レバノン内戦の戦火を生き延び、今日再び博物館で目にすることのできるこの石棺は、数千年の時を超えて、我々にフェニキア史の一端を垣間見せてくれる。このビュブロスを含む細長い東地中海沿岸部一帯は、地理的にはシリア・パレスティナ（古名ではカナン）と言われる地域に包含される。古くから交通の要衝の地として人やモノが行き交ったこの地は、さまざまな文明が出合い、混じり合い、溶け合うまさに文明の十字路であった。だが一方では、古代オリエント世界の陸の橋として、周辺の大国に蹂躪《じゅうりん》され、常に翻弄され続けた騒乱の地でもあった。その歴史を振り返るには、フェニキア人の活躍した時代から少し時計を逆戻りさせ、この地がカナンと呼ばれた時代に立ち返って叙述を始めなければならない。

アマルナ時代の大国と小国

『旧約聖書』の「創世記」第一〇章に見られる諸民族表は、大洪水のあと生き残ったノアの子孫たちの系図である。そこでは、ノアの三人の息子、セム、ハム、ヤフェトが、それぞれセム語を話す人々、エジプト語を話す人々、ギリシア語を話す人々の遠い祖先として描かれている。興味深いことに、言語学的にはセム語族に属するカナンは、ここではハムの子孫とされている。実はその背景には、古くからのエジプトとカナンの歴史的関係が投影されていると考えられるのである。

「エジプトのナポレオン」と称されるトトメス三世（在位・前一四七九〜前一四二五年、なお、前一四五八／七年まではハトシェプスト女王との共同統治）は、単独統治後まもなくアジア遠征を開始し、治世四二年までの一七回に及ぶ遠征で、シリア・パレスティナにエジプトの支配を確立した王として知られる。以後、この地はエジプトの植民地として、三つの属州――北からアムル州（州都シミュラ）、ウピ州（州都クミディ）、カナン州（州都ガザ）に分割され、統治されることになる。州都はエジプトの直轄領とされたが、エジプトの宗主権を受け入れて忠誠を誓った多くの都市国家は一定の条件と引き換えに大幅な自治を許され、その後も存続し命脈を保つことができた。『旧約聖書』で、カナンがエジプトと同じハムの子孫とされるのはこのためであろう。

やがて一世紀を経た前一四世紀前半から半ばにかけて、世界初の国際化時代といわれるアマルナ時代がオリエント世界に到来した。一八八七年、現在のテル・エル゠アマルナで一農婦が偶然にも掘り出した粘土板は、実はアメン・ヘテプ三世末期からアメン・ヘテプ四世（アケナテン）の時代にかけてのオリエント各国間の貴重な外交文書――アマルナ文書の一部であった。現在までに発見された三八二点の粘土板文書群のうち、その大部分が諸外国からエジプト宛に送られた書簡であり、それは数点を除いて当時の国際用語であるアッカド語で記されている。

前一五世紀から前一四世紀にかけてのオリエント世界は、メソポタミアでは南部のバビロニアにはカッシート王朝、北部にはミタンニ王国が支配権を拡大して一時アッシリアを制圧する勢いをみせ、さらにアナトリアにはヒッタイト新王国が勃興するなど、当時の列強諸国がエジプトとの友好関係を軸に互いに覇を競い合っていた時代でもあった。これら強国の諸王は、アマルナ文書では、自らを「大王」と豪語し、エジプト王を「我が兄弟」と呼び、対等な関係をアピールする。

一方、エジプトの支配下に組み込まれていたシリア・パレスティナの各都市国家の領主た

前2千年紀半ばのオリエント世界

ちは、「我が太陽」と崇めるエジプト王の「僕《しもべ》」と称し、競って現地の情勢を伝える手紙をエジプトに送り、少しでも自国に有利な外交政策を展開するためにファラオの歓心を買おうとやっきになった。

このように、アマルナ文書は、オリエントの大国同士の微妙な駆け引きや外交の舞台裏、さらには大国を軸とした小国同士のいざこざなど、当時のカナンの状況をうかがい知ることのできる貴重な一次史料となっている。

テュロスの領主、アビ・ミルク

では、当時カナンと呼ばれたフェニキア地方はいかなる状況にあったのだろうか。カナン時代の都市国家であるビュブロス、シドン、テュロスの各領主がエジプト宛に送った書簡からその概要をつかむことができる。中でも、テュロスのアビ・ミルクは、隣国シドンのズィムレッダがアムルのアズィルと手を結び、エジプトに反逆行為を企てていること、さらにシドンのテュロスに対する蛮行にほとほと手を焼き、何とかこの窮状を救ってくれるよう切々と懇願している。

一九七〇年代のP・M・ビカイによるテュロスの考古学的調査において、彼女の編年によれば前期青銅器時代（前二九〇〇～前二五〇〇年）には、すでに活発な建築活動の跡が認められるという。元来は島と本土に分かれていたテュロスであるが、前二〇〇〇年頃から前一六〇〇年頃にかけて島はなぜか突然放棄され、人口はウシュと呼ばれる対岸の本土部分に移っている。しかし、後期青銅器時代（前一六五〇～前一〇五〇年）には再び島に人が住み始め、発見された大量のアクキガイ（ムーレックス）の残骸が物語るように、染色産業が一大ブームを巻き起こした。アマルナ時代は、まさにテュロスにとって、このような繁栄の時代と重なる。だが、対岸のウシュがシドンによって占領された今、島に住む住民にとっては命に関わる水や燃料の補給ができなくなった。

王よ　我が主　我が太陽　我が神　［あなた］の僕《しもべ》アビ・ミルクの書簡

私は、［我が］主、王の足元に、七度と七度《たび》ひれ伏します。

（中略）

ズィムレッダは、僕からウシュを奪い取り、私はそれを放棄しました。そのために、私達には水も木材もありません。死者を葬る場所もありません。王、我が主が、彼の僕を顧みてくださいますように。王、我が主は、私に粘土板で書き送られました。「そなたが聞いたことすべてを、王に書き送れ」と。王に対して謀反を企てるシドンのズィムレッダとアルワダ（アラドス）の人々が、誓いを交わし、王の僕女《しもべめ》であるテュロスを攻略するために、艦隊、戦車、歩兵を集めました。もし、王の力強き手が臨んだら、敵を打ち負かしてくれるでしょう。彼らはテュロスを攻略することはできないでしょう。

（『アマルナ文書』一四九番　W・モランによる英訳より抜粋）

アビ・ミルクは、ひたすら平身低頭してテュロスの国情と危機をアケナテン王に訴えるが、アケトアテン（現テル・エル＝アマルナ）で、アテン神を唯一神とする宗教改革に熱中していたエジプト王には、もはやその声は届かなかった。

一方、カナンの情勢はますます緊迫の度合いを高めて行く。この時期、ビュブロスも拡大を続けるアムルの勢力に呑み込まれつつあり、むなしい救いを求めてたびたび送られたリブ・アッディの書簡からは、当時のビュブロス領主としての苦渋に満ちた状況がみてとれる。やがて、アムルとカデシュの有力諸侯が相次いでエジプトから離反してアムルは事実上ヒッタイトの支配下に入り、エジプトの属州支配が揺らぎを見せ始めた。とはいえその反面、互いに牽制し合う都市国家間の反目は、各々が競ってカナンの情勢をエジプト側に報告することにつながり、エジプトにとってはかえって好都合の場合もあったのである。

ウガリトの興隆

前述したアビ・ミルクが送った書簡には、隣国シドンに対する告発だけでなく、今述べたようにカナン全体の情勢について伝えるものも含まれている。中でも、シリア北部の港湾都市、ウガリトに関する情報は興味深い。アビ・ミルクは別の書簡（『アマルナ文書』一五一番）で、ウガリトの王宮が何らかの原因でその半分を消失したことを書き送っているのである。

ウガリトは遺跡名をラス・シャムラ（アラビア語で「茴香《ういきょう》の丘」の意）といい、シリア共和国の地中海沿岸部ラタキアの北方約一〇キロに位置する。アマルナ文書と同様、農夫が偶然掘り当てた遺跡であるが、その後の発掘により、現在では後期青銅期時代に至るまで五つの文化層が確認されている。政治的、軍事的にはエジプトやのちにヒッタイトの支配下に置かれたが、地中海方面と内陸の交通の要衝にあたり、前一四世紀に繁栄の頂点を極めた。

当時のウガリトは、商取引のためにやってきた多くの外国商人も居住する一大国際商業都市であった。その交易範囲は広く、内陸の諸都市と交易活動を行う一方で、外港ミネト・エル・ベイダを通して、エーゲ海に浮かぶクレタ島やギリシア本土とも活発な取り引きを行った。東地中海沿岸部のあちらこちらで、アナトリア南部のキリキアからキプロス島を経てエジプトまで行き来するウガリトの船が見られたに違いない。特にキリキア（タウロス山）の銀、キプロスの銅、東方（おそらくイラン）からの錫《すず》、エジプトの金など、ウガリトは貴重な鉱産資源を入手して加工し転売する金属交易・中継交易の中心であった。のちの鉄器時代のフェニキア都市の原型がここにあると言っても過言ではない。

ウガリト遺跡　廃墟に往時の生活がしのばれる。佐藤育子撮影

周辺に一五〇もの町や村を従えた王国の領域は二〇〇〇平方キロに及び、最盛期には人口およそ五万人を擁したとされる。二つの小川に囲まれた六〇〇メートル四方の都市部は城砦を兼ねており、王宮や神殿、図書館などのほか、役人や一般市民の家も多く立ち並んでいた。アクロポリスに建つバアル神殿の遺構周辺からは、多くの石製の錨が発見されており、無事に航海を終えた船乗りたちが神に感謝して奉納したものと考えられている。

国際都市であったウガリトでは四ヵ国語の語彙対応表も出土しており、アッカド語やフリ語、シュメール語も使用されていた。だが特に有名なものは、ウガリト語で書かれた『バアル神話』、『アクハト物語』、『ケレト物語』などの一連の文学テクストである。これらの神話や叙事詩は、カナン都市国家時代のこの地方の宗教や祭儀を知るうえで貴重な情報源としての価値を持つ。

加えて、ウガリトの書記はここで驚くべき発明をした。それまで知られていた楔形《くさびがた》文字を音節文字としてではなく、一字で一つの音価を表す表音文字として用いたのである。それは、わずか三〇文字からなる楔形文字による初のアルファベットであった。つまり、それまで、主にメソポタミアを中心に使われてきた五〇〇種類以上もある複雑な文字体系を一新するものであり、まさに一種の「言語革命」と言えるものであった。

ところが、前一二〇〇年頃、東地中海沿岸一帯を襲った「海の民」の席捲《せっけん》によって、町は滅亡、廃墟と化した。いわゆる青銅器時代の崩壊を象徴する事件の一つであるが、これととともに楔形文字のアルファベットも消滅し、ウガリトは歴史の表舞台から忽然《こつぜん》と姿を消してしまったのである。

青銅器時代から鉄器時代へ

紀元前一二〇〇年頃の大変動

青銅器時代の崩壊の原因については、実はいまだ定説はない。たとえば、以前喧伝《けんでん》された「ミケーネ文明はドーリア人の侵入により破壊された」とする説は、今日ではほぼ否定されている。大地震などの天変地異、気候変動による飢饉や疫病の蔓延、「海の民」に代表される大民族移動による混乱、いや外的要因というよりもむしろ内部からの崩壊、たとえば被支配民族の反乱など、そこにはおそらくさまざまな複合的要因が連関しているというのが、現在の大方の見方である。しいて言えば、すでに前一三世紀後半には、東地中海世界全域にかけて、これまでの社会システムをもはや維持できない深刻な状況が忍び寄っていたことを示唆するものであろう。

このような中、前一二〇〇年頃、オリエント世界および東地中海世界一帯にかけて大きな変動の波が訪れる。大国エジプトは第二〇王朝に入ってまもなく衰退し、アナトリアではヒッタイト新王国が滅亡した。鉄の王国ヒッタイトの滅亡は、それまでヒッタイトが独占していた製鉄技術を周辺諸国に伝播《でんぱ》することにつながり、やがて時代は、青銅器時代から鉄器時代へと大きく動いていくことになる。

海の彼方に目を向けると、ギリシア本土やクレタ島で諸宮殿が相次いで破壊され、ミケーネの海上覇権は瓦解し、エーゲ海交易も振るわなくなった。地中海方面あるいはアナトリア沿岸部からやってきた、複数種族の混成集団である「海の民」による東地中海沿岸部襲来は、その後多くの爪あとをこの地に残した。一方で、シリア・パレスティナには、半遊牧民であったイスラエル人が侵入し、先住のカナン人と多くの摩擦を経験しながら定着・共存の道を探っていく。

東方に目を移すと、この時期のメソポタミアは、ミタンニの凋落後、北方ではアッシリアが勢いを盛り返し、トゥクルティ・ニヌルタ一世（在位・前一二四三～前一二〇七年）のもとで周辺諸国に次々と遠征を繰り返して華々しい軍事成果を挙げ、中期アッシリアの一時代を画した。だが彼の暗殺後、東地中海沿岸部一帯が「海の民」の襲来によって打撃を蒙《こうむ》ったこととあいまって、西方との交易拠点を失い、国力は急激に衰退していく。南部のバビロニアでは、エラムの急襲により、カッシート王朝が数百年にわたる支配に終止符を打った（前一一五五年）。この時、バビロンの主神、マルドゥク神像などとともにエラムに持ち去られたかの有名なハンムラビ法典碑が再び日の目を見るのは、実に二〇世紀に入ってからのことなのである。

海の民とイスラエル人のカナン定着

メディネト・ハブにあるラメセス三世（在位・前一一八三〜前一一五二年）葬祭殿の壁の浮き彫りは、治世八年における「海の民」とエジプト軍の陸海の戦いを描いたものとして有名である。陸の戦いでは、「海の民」が戦士のみならず女性や子供を含む家族を連れて牛車に乗ってやってきた様子が描かれており、彼らの目的がたんなる略奪や破壊よりもむしろ豊かなエジプトへの移住にあったことがうかがえる。パピルスに記されたエジプト語の文献史料から、彼らの一部はその後、カナン南部の沿岸地帯に定着することになったと考えられている。

中でも『旧約聖書』でペリシテ人と呼ばれる人々は、今日のパレスティナ（「ペリシテ人の土地」の意）にその名を与えたことで有名である。『旧約聖書』は、このペリシテ人がカフトルから来たことを伝えるが、一般にカフトルはクレタ島ないしキプロス島を指すと考えられており、ペリシテ人の使用した最初期の土器がミケーネ様式を踏襲していることからも、彼らが地中海方面からやってきたことは間違いない。

その後、ペリシテ人は、パレスティナの海岸平野南部にアシュドド、アシュケロン、ガザ、エクロン、ガトの五都市からなる連合体を組織し、次第にその影響力を周囲に拡大していった。土器を中心とする彼らの物質文化の変容は、外来の文化が在地の文化に融合していく過程を物語るものと解釈される。

さて、ペリシテ人の到来に少し先立つイスラエル人のカナン定着に関しては、その時期の検討も含めて、これまでいくつか大きな学説が提示されてきた。代表的なものに「軍事征服説」、「平和的浸透説」、「内部変革説」、「周辺遊牧民定住説」などが挙げられる。征服説および浸透説が（その形態はどうであれ）外からの移住に重点を置くのに対し、変革説および定住説は「出エジプト」などに見られる外的要因を否定する。だが、これらの説にはどれも一長一短があり、もっとも説得力があると考えられる「平和的浸透説」も、それだけですべてを論証するには無理がある。今日では、考古学的調査に基づいた学説の再検討を含め、外的・内的さまざまな要因を総合して考える、より複合的・学際的な研究姿勢が求められていると言えよう。

ラメセス３世に捕われた人々　左からリビア人、シリア人、ヒッタイト人、ペリシテ人、カナン人。ルクソールのラメセス３世葬祭殿の壁の浮き彫り

エジプト第一九王朝のメルエンプタハ（在位・前一二一三〜前一二〇三年）の治世五年、カナンに遠征した際に相対した相手として「イスラエル」という名前が初めて登場する。つまり、前一二〇〇年頃

には「イスラエル」という集団がパレスティナに存在していたことを示すものであり、聖書の記述は、当時の「イスラエル」がゆるやかな部族連合を形成していたことを示唆する。

定着まもない諸部族にとって、土地の確保と生命の安全は何にも増して重要であり、そのために先住民や周辺の諸民族とのトラブルは常に警戒しなければならないことであった。そのような中、とりわけ危急存亡のときに部族を救うカリスマ的軍事指導者として登場したのが士師《しし》（大士師）と呼ばれる人たちである。職業軍人も恒常的な軍隊も存在しなかった時代、自ら武器をとって集まった農民主体の召集軍を率いて外敵と戦った彼らの軍事的才能は、まさに一代の英雄と呼ぶにふさわしいものであった。このようにして、まずは山間部に居住を開始したイスラエル人とパレスティナ南部の海岸平野に定着したペリシテ人とは、このあと、隣人でありながらも最大のライバルとなっていくのである。

「フェニキア人」の誕生——カナン人からフェニキア人への変容

青銅器時代末から初期鉄器時代（前一二〇〇年頃～前一〇五〇年頃）にかけてのシリア・パレスティナの様相は、まさに混乱と受難の時代であった。山がちで平坦な土地が少ない地理的環境に加え、イスラエル人や「海の民」など外来の人々の移住や侵入は、この地の先住民であるカナン人の居住区を、北西部の細長い海岸部一帯へとせばめていくことにつながった。

鉄器時代にフェニキア本土と呼ばれる地理的範囲は、北限がテル・スカス、南限がアッコあたりとされており、今日のシリア沿岸部、レバノン、イスラエルの一部にまたがった帯状の空間である。

　鉄器時代を代表する都市国家は、北からアラドス（アルワド）、ビュブロス（ジュベイル）、ベリュトゥス（ベイルート）、シドン（サイダ）、テュロス（ティールないしはスール）の五つの都市であり、アマルナ文書でも知られるように、これらの都市はすでに後期青銅器時代には活発な都市活動を展開していた。

「海の民」の侵入経路にあたっていたにもかかわらず、考古学的調査は、これら海岸沿いの諸都市についてはパレスティナ南部の状況とは対照的に、暴力的な破壊や途絶の痕跡を認めることができないとしている。テュロスにしても、後期青銅器時代末期に相当する第一五層から第一四層にかけて、産業活動の中断を含む衰微の兆候があったことは認められても、その後の鉄器時代の層位との間に断絶はなく、そこには青銅器時代の住人が連綿と住み続けていたことがうかがえる。では、カナン人はどのようにしてフェニキア人へと変貌を遂げたのであろうか。

　そもそもフェニキア人という名称自体、彼らが自らを指して呼んだものではない。ホメロスの作品に見られるように、ギリシア人が、東方（オリエント）から主に通商を目的として西方（ギリシア世界）にやってきた人々を「フェニキア人」と呼んだのである。「フォイニクス」、つまりギリシア語でフェニキア人を表す言葉の意味は、彼らの特産品でもあった赤紫の染料に由来すると言われる。カナンという言葉の意味も、アッカド語でこの染料の色を表す「キナッフ」に関連づけられる。確かに、古くからこの地が貝紫で名高い染色産業で賑《にぎ》わいを見せていたことは、考古学的見地からも明らかであろう。

後代のギリシア・ローマ史家の叙述によれば、この時期のフェニキア人たちは、すでに地中海のはるか西方に進出し、ジブラルタル海峡の彼方にガデスやリクスス、さらには北アフリカのウティカに植民都市を建設したとされる。むろん、このように早い彼らの植民を示す考古学的根拠は見あたらないが、この伝承の背景には、ギリシア世界のいわゆる暗黒時代（前一二世紀～前八世紀）における、フェニキア人を通した東と西との交流が反映されているのかもしれない。

そこには、青銅器時代のカナン人を母体としつつ、新しくこの地に到来した「海の民」との接触により影響を受け、またイスラエル人との軋轢《あつれき》のなかで、海の彼方へと積極的に乗り出していく、いや乗り出していかざるをえなかった人々、つまりカナン人からフェニキア人への変容が感じられる。領土の縮小やそれにともなう人口圧などさまざまな条件が重なっていたことは当然であろうが、この時期のオリエントの大国の沈黙も、彼らの海外発展にとって有利に働いたに違いない。

青銅器時代の「カナン人」から鉄器時代の「フェニキア人」が誕生した背景には、このような理由が存在するのだ。以後、前八世紀半ばにギリシア人の大植民時代が始まるまで、地中海はしばしフェニキア人の海へと転換していくことになる。

『ウェンアメンの航海記』――斜陽の大国エジプトとフェニキア

フェニキア本土は、東地中海一帯を襲ったカタストロフの波によって壊滅状態にこそ追い込まれなかったものの、産業活動の中断など経済的に一時衰退したことは否めない。

だが、この荒廃から徐々に復興していく前一一世紀のフェニキア諸都市の様子が、エジプト側の史料からうかがい知ることができる。ラメセス三世以降のエジプトは墓泥棒が横行するなど国内が混乱し、王権は政治的にはまったく無力で、アジアに対する宗主権ももはや完全に失われた。それをよく示すのが、第二〇王朝最後の王であるラメセス一一世の時代（在位・前一〇九九頃～前一〇七〇年頃）、アメン大司祭ヘリホルの命を受けてアメン聖船用の木材買い付けのためにフェニキア地方に派遣された一官吏、ウェンアメンが帰国後に提出した業務報告書『ウェンアメンの航海記』である。

ウェンアメンの最終目的地はビュブロスであった。すでに述べたように、ビュブロスとエジプトの経済的つながりは古王国時代にまでさかのぼることができる。古くからのよしみを頼りにして、途中、困難に見舞われながらもビュブロスに到着したウェンアメンに対して、時の領主ザカル・バアルの対応は冷たかった。港から出て行くようにという要求をつきつけられ、面会することもままならず、一ヵ月近くが無為に過ぎていく。やっと面会を許されたウェンアメンであったが、思うように商談は進まない。ザカル・バアルが父祖の例にならい、貴重なレバノン杉の伐採や積み出しにこころよく応じると思ったのは、ウェンアメンの完全な見誤りであった。王の親書も木材の代価も持たずにやってきたウェンアメンに、ザカル・バアルははっきりと「そなたの僕《しもべ》でも、（ビュブロスに）そなたを送った者の僕でもない」と言い放っている。

ウェンアメンに任務を与えたのがラメセス一一世ではなく、その当時上エジプトで権勢を揮っていたアメン大司祭ヘリホルであったことが一因であるかもしれないが、ウェンアメンはエジプトを出航する際に、下エジプトの摂政をつとめていたスメンデス（のちの第二一王朝の開祖）に拝謁し、時の政府当局のお墨付きをいただいている。しかたなくウェンアメンは、使者に託してスメンデスに木材の代価を払ってくれるように頼み、ザカル・バアルはその品々が到着したのを見て、ようやく木材の切り出しを命じる始末であった。

さらに興味深いのは、当時、フェニキア沿岸部の港には、エジプト方面と商いをする船舶がまとまって停泊していたことである。報告書から、ビュブロスには二〇隻の船、シドンには五〇隻の船があり、ビュブロスの船はスメンデスと、シドンの船はウェルケトエルなる人物と取り引きがあったとされる。研究者はこのウェルケトエルは、タニスに駐在していたフェニキア人の商人であったと考える。おそらく、当時のエジプトとフェニキア沿岸諸都市には、共同経営の形で海運事業を行う合弁企業が存在し、船の乗組員はフェニキア人によってまかなわれていたのであろう。

『ウェンアメンの航海記』が示すように、商談が思うように進まず困難な状況に追い詰められるウェンアメンの姿は、当時の斜陽の大国エジプトの様子を象徴するものでもあり、エジプトのアジアに対する影響力の低下をまざまざと見せつけるものであった。エジプトはこの直後、混乱期である第三中間期に突入し、以前の栄光は二度と戻らなかった。一方でフェニキア諸都市は、次の世紀に始まる大いなる海外発展に向けて、いよいよ本格的に始動することになるのである。

アルファベットの誕生

ところで、木材の代価としてスメンデスが送った品物の中に、パピルス五〇〇巻と牛革五〇〇枚が含まれていたのは興味深い。言うまでもなくこれは文字を記すための当時の「紙」であり、線文字であるフェニキア語のアルファベットを書くには最適の素材であった。

今日、我々が使用しているアルファベットのもととなる文字体系が出現したのは、前二千年紀中頃のカナンおよびシナイ半島である。この文字は象形的要素が強く残る線文字であったが、初期のアルファベットは文字数も二七個から三〇個と多く、また文字を書く方向も右から左、左から右、あるいは行ごとに交互に書く牛耕式とまちまちで一定せず、さらには縦書きまでもあった。

文字数二二個の子音文字からなり、右から左への横書きという、北西セム語の線状アルファベット、いわゆるフェニキア文字が完成するのはようやく前一一世紀の中頃のことである。これらの文字は、たとえば人の頭を表すrēš はr、水を表すmēmはm、というように、各字母の最初の単音を音価としている。つまり、「アルファベット」は、文字列のはじめの二文字、ʾāleph（アレフ＝牛の頭）とbēth（ベート＝家）をつなぎ合わせたものに他ならない。

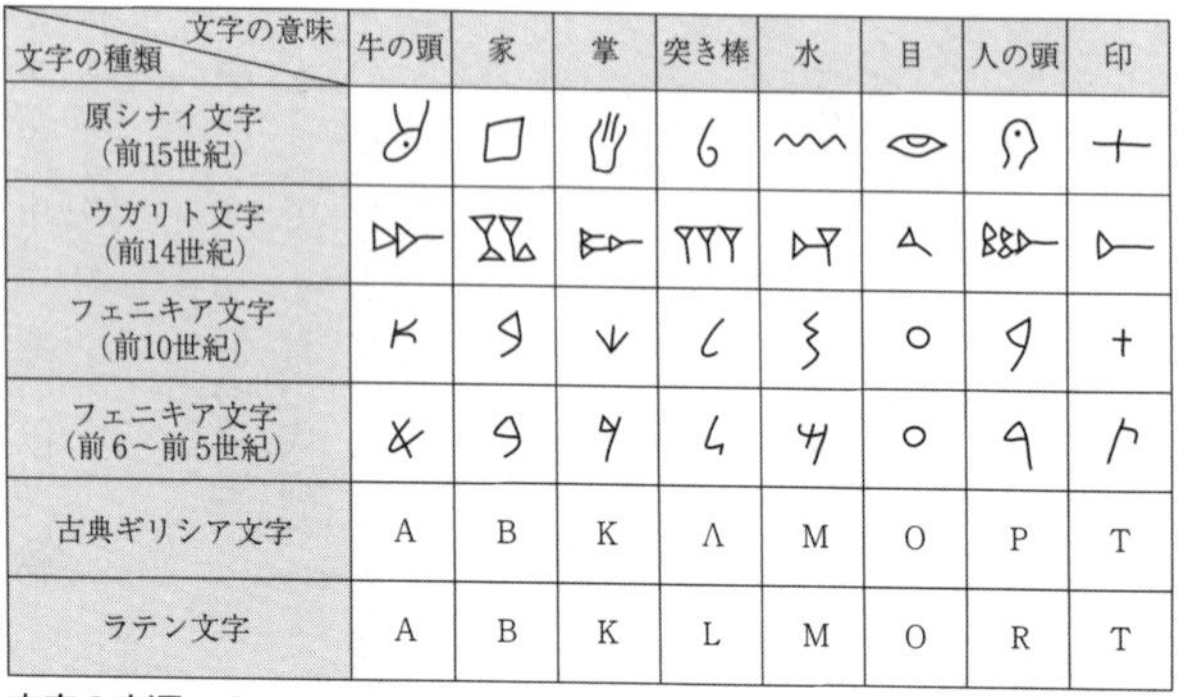

文字の種類＼文字の意味	牛の頭	家	掌	突き棒	水	目	人の頭	印
原シナイ文字（前15世紀）								
ウガリト文字（前14世紀）								
フェニキア文字（前10世紀）	K					○		†
フェニキア文字（前6～前5世紀）						○		
古典ギリシア文字	A	B	K	Λ	M	O	P	T
ラテン文字	A	B	K	L	M	O	R	T

文字の変遷　G. Garbini, "The Question of the Alphabet", in S.Moscati (ed.), *The Phoenicians,* 2001をもとに作成

アルファベットの発明によって、それまで高度な技術を持つ書記などごく一部の人々に限られていた文字の使用が、広く普及することになった。このアルファベットは、その後フェニキア人の海外発展にともなってギリシア世界に伝わり、ミケーネ文明崩壊とともに自らの文字（線文字B）を失ったギリシア人に、再び自身の記録を残す強いきっかけを促した。人々が口ずさみ慣れ親しんでいた『イリアス』や『オデュッセイア』などのホメロスの英雄叙事詩も、この新しい文字によって書き留められ、文学作品として長く後世に伝えられることになったのである。

残念なことに、アルファベットの伝播者であるフェニキア人自らが著した文献史料は現存しない。フェニキア諸都市に、公文書を書き記しそれを保管する制度があったことは他の文献史料からも明らかであるが、用いられた素材がパピルスや羊皮紙、蠟板といった非常にデリケートな材質であるがゆえに、湿度の高いフェニキア沿岸部の気候風土では長い年月の間に朽ち果てて、「沈黙の史料」となってしまったものと考えられる。

シドンからテュロスへ

さて、中期アッシリアのティグラト・ピレセル一世（在位・前一一一四～前一〇七六年）は、トゥクルティ・ニヌルタ一世のあと衰えたアッシリアの国力を回復させ、初めて地中海まで及ぶ軍事遠征を行ったアッシリアの王であった。彼は、フェニキア沿岸諸都市のビュブロス、シドン、アラドスから貢物を受け取り、アラドスからシミュラまで船に乗り、途中、海でナヒル（イルカ？）狩りを楽しんだことを碑文に刻ませている。だが、貢物を送った諸都市の中にテュロスの名前は見出されない。また、前一〇七〇年代に位置づけられる『ウェンアメンの航海記』では、テュロスについてはビュブロスに到着する前に通ってきた港町の一つとして触れてあるにすぎず、ビュブロスやシドンと比較するとその扱いは格段に劣る。

後代のポンペイウス＝トログスは、テュロスは、トロイア陥落の前年、アシュケロンの王に征服されたシドンからの難民によって建設されたとする。もちろん、すでにアマルナ文書にも登場するテュロスが初めてこの時期に建国されたと解釈するには無理があるが、当時のシドンとテュロスの優位性を物語る一つの材料となるかもしれない。実際、ホメロスの作品や『旧約聖書』で「フェニキア人」とほぼ同義に用いられる「シドン人」という言葉が示すように、青銅器時代末期の破局のあと、フェニキア諸都市で最も早く復興を遂げたのがシドンであると考えられるからである。

青銅器時代から鉄器時代にかけてのシドンに関する文献史料は十分であるとは言えず、考古学の分野でも、神殿や墓域は別として当時の居住部分に関しては、近年、本格的な調査の緒についたばかりである。だが、島を拠点としたテュロスが資源的にも経済的にも対岸の本土に依存して脆弱であったのに比べ、海岸平野に位置するシドンは肥沃な後背地を領有し、ベカー高原を経由しての内陸との交易路も活用できるという地の利に恵まれていた。

ところが鉄器時代に入ると、石灰を用いた漆喰《しっくい》で塗り固められた貯水槽の発明によって、漏水の心配もなく雨水を利用した長期間の水の保存が可能になり、テュロスが抱えていた水の確保という一番の泣き所が劇的に改善された。P・M・ビカイの発掘で前一一世紀に相当するテュロスの第一三層(前一〇七〇/五〇~前一〇〇〇年)は、島の空間利用が大きく変わったと確認されている層位でもある。東部方面には工業地区が拡大され、そこでは製陶や宝飾細工、おそらく織物産業なども営まれていた。つまりシドンからテュロスへの覇権交代が徐々に進み、テュロスにとって次の新たなステップへ踏み出す大きな転機が訪れるのが、まさにこの前一一世紀後半であったと言えよう。

初期鉄器時代の考古学が語るもの

このように目まぐるしく変わる情勢に大きな指標を与えてくれるのが、近年の発掘成果により東地中海各地から出土した遺物、特に土器の変遷である。初期のフェニキア人が使用した典型的な土器は二色彩文土器（バイクローム土器）であり、その出土時期や場所からフェニキア人の文化の及んだ範囲を特定することができる。それによると、前一一世紀後半、フェニキア人の関心はアッコ平原やカルメル山付近に向かって、南部方面へと拡大している。アクジヴ、アッコ、テル・ケイサン、テル・アブ・ハワムといった遺跡からは、この時期の物質文化がフェニキアの強い影響を受けていることを示す遺物が出土している。この地域は現在のイスラエルに含まれる領域であるが、一九八〇年代以降のイスラエルでの考古学的成果はめざましく、文献史料からはうかがい知れないフェニキアの政治的・経済的戦略の一端を明らかにしてくれるものでもある。

パレスティナ北部、カルメル山の南方に位置する港湾都市ドルの発掘からは、前一二世紀の半ば、ここには「海の民」の一派チェケル人が定着し、前一一五〇年から前一〇五〇年頃に相当する第一二層は、堅固な要塞都市の様相を呈していたことが明らかになった。ドルは『ウェンアメンの航海記』でも、ビュブロスに向かう前にウェンアメンが初めて到着したチェケル人の都市として描かれており、時代的にも合致する。

さて、このドルの第一二層は前一〇五〇年頃突然破壊され、その後ダビデによって再征服される前一〇〇〇年頃までの約五〇年間は、フェニキア人の居住の跡が確認されているのである。発掘報告によれば、第一一層と第一〇層の床面からはフェニキア特有の二色彩文土器が出土し、遺構の規模から推定して、公共的性格を持った建造物がいくつか構築されていた可能性が高い。興味深いことに、キプロス製の土器片が発見され、キプロスの土器編年によればやはり前一一世紀後半かそれより少しあとに年代づけられるものであると考えられる。同時期のキプロス島南西部のパレオ・パフォスの共同墓地からは、テュロス第一三層出土のものに相当するフェニキア製の土器が多数発見されており、これらの考古学的証拠は、フェニキアおよびパレスティナ沿岸部とキプロスとの活発な交易を示すものと解釈される。「海の民」による席捲《せっけん》の余波が去ると、直接的な破壊を受けなかったフェニキア諸都市は周囲からの難民も受け入れて都市拡大の時期に入り、それがこの時期のテュロスやサレプタでの盛んな建築活動につながった。さらに南部方面への発展は、下ガリラヤ地方に位置するアッコ平原の豊かな農業資源の開発やさらなる交易ルートの拡大といったもくろみがあったに違いない。ドルや上ガリラヤ地方のダン、さらには周辺の遺跡で見られるこの時期の破壊のあとをフェニキア人の進出の結果と受けとめる説も浮上しており、今日の考古学は、彼らの活動範囲の拡大にともなって、時には何らかの軍事力が行使された可能性を示唆している。

一方、シャロン平原中部に位置するテル・カシレからは、ペリシテ土器と並んでフェニキアやキプロスの土器も出土している。発掘者のA・マザールは、ここでは、紀元前一一世紀の後半、ペリシテ人とフェニキア人がすでに混在して居住していたと推測する。両者の共存は、当時のイスラエルに対して敵意を抱くものとして、ビュブロス、アンモン、アマレクと並んでペリシテとテュロスの住民を挙げる『旧約聖書』の記述や、ダビデがペリシテ人と戦った際にシリアとフェニキアがペリシテ側に加担したとする他の文献史料からも推察される。

だが、ダビデがついにペリシテ人勢力に勝利したあと、フェニキア、特にテュロスの外交方針はペリシテと決別し、親イスラエルへと転換した。それが、前一千年紀のテュロスの大いなる海外発展の推進力となったことは明らかであろう。

地中海交易の再開とギリシア人との邂逅

ギリシア神話に登場するフェニキアのテュロスの王アゲノルの娘エウロペは、牡牛に姿を変えたゼウスに連れ去られて地中海を渡り、クレタにたどりついた。彼女を探して旅に出た兄達のうち、カドモスはギリシア本土に渡り、テーバイを建国した祖として知られる。このカドモスらによって伝えられたのが、ヘロドトスによれば「フェニキア文字」であった。そしてこのフェニキアの王女エウロペこそ、今日のヨーロッパにその名を与えた女性なのである。

もちろん、無批判にこの神話の世界を現実の世界と混同するのは早計であるが、東西の文化交流が神話の成立に何らかの影響を与えたことは否めない。

すでに見たように、前一三世紀末から前一二世紀初頭にかけて東地中海世界一帯を襲った大変動の波は、ギリシア世界とオリエント世界に文化交流の断絶をもたらした。ギリシア人が再び海外に目を向け接触していくのは前一〇世紀以降のことであるが、彼らにそのきっかけを促すことになったのが東方からやってきたフェニキア人との出会いである。

ホメロスの『イリアス』や『オデュッセイア』に描かれるフェニキア人は、巧みに船を操

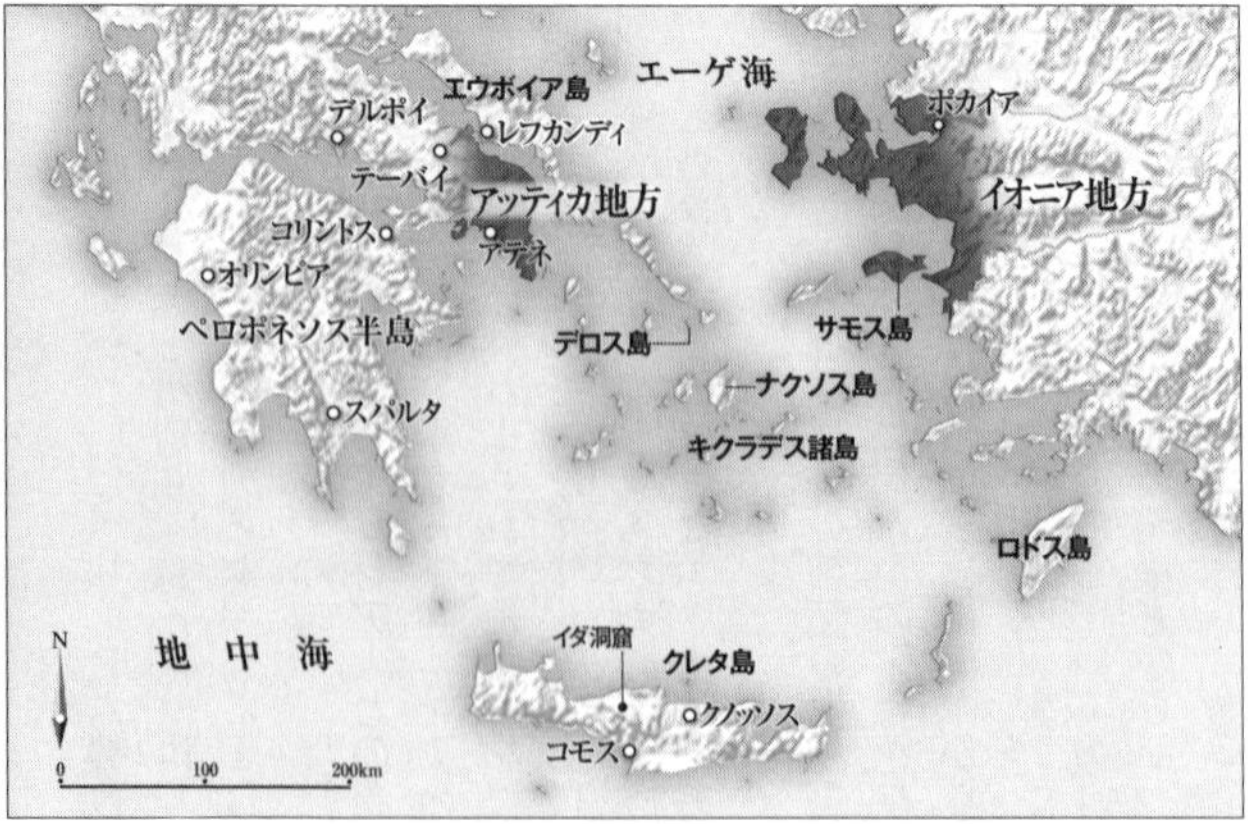

エーゲ海周辺図

り、小間物を売りさばきながら各地を回る商人であり、織物や金属加工などの手工業製品に才長《た》けた優れた職人集団でもあった。ホメロスの叙事詩がその舞台設定をトロイア戦争の時代としながらも、実際にはいつの時代を反映しているのか、大いに議論の余地が残る問題ではある。それでもそこに描かれるフェニキア人は、ギリシア人が接触した東方からやってきた人々の姿を投影していることは間違いない。

今日のギリシア考古学は、エーゲ海各地に東方文化の痕跡を積極的に認めている。例えば前一〇世紀のものとされるエウボイア島のレフカンディの「英雄廟」からは、明らかにオリエントとのつながりを感じさせる壺や宝飾品が出土しているし、クレタ島の南海岸に位置するコモスの神域からは、フェニキア製と見られる前九世紀の土器片や前八〇〇年頃に年代づけられるフェニキア式特徴を持つ神殿遺構が発見されている。さらにクノッソスの北方テッケの墳墓から出土した青銅製の鉢には前九〇〇年頃のものとされるフェニキア文字が刻まれており、すでにこの地にフェニキア人が住んでいたことを示すものと解釈されている。

近年、W・ブルケルトが提唱した「東方化革命」は、オリエントの文化がギリシア文化の隆盛を鼓舞したという点で刮目に値するが、オリエント世界の伝播者としてフェニキア人の果たした役割は単に商業レベルにとどまらず、文化面や技術面のいたる所に見出される。例えば、クレタ島のイダ洞窟のゼウス神域から発見された前八世紀の青銅製のタンバリンや盾に施された見事な細工は、東方からやってきた職人（おそらくフェニキア人）の手によるものと考えられている。だが、このような技術面のみならず、彼らが在地の人々に伝えたさまざまなインスピレーションこそ、ギリシア世界に「前八世紀のルネサンス」と言われる輝かしい新たな時代の到来をもたらしたに違いない。

すでに、前九世紀半ばには、キプロスの南東にフェニキアの植民都市キティオン（ラルナカ）が築かれており、フェニキア人がキプロス島を経由してギリシア世界やさらに西方との接触をも活発化させていくのが、まさにこの前九世紀から前八世紀にかけてのことなのである。

次章では、このフェニキア人の活躍した時代を、彼ら自身の歴史、つまり本土の歴史に焦点を当てて見ていくことにしよう。

第二章　本土フェニキアの歴史

佐藤育子

フェニキアの興隆

イスラエルとの友好

今からおよそ三〇〇〇年前、現在のイスラエルとレバノンの関係からは到底想像もできない蜜月期間が、両国の間で実現した。その立て役者となったのが、テュロスのヒラム（ヒラム一世、在位・紀元前九六九～前九三六年）とイスラエル王国のソロモン（在位・前九六五～前九二六年）である。すでに、前一一世紀末には他のフェニキア諸都市より優位にあったテュロスは、ヒラムの父アビバアルの時代にイスラエルのダビデと友好関係を結び、前一〇世紀にはフェニキアの西方への海外発展を主導していくことになる。

ヒラムの治世は、史料に乏しいフェニキア史の中では、例外的に文献史料が残されている時代であり、イスラエル側の史料である『旧約聖書』は、ソロモンの即位に際してヒラムが祝賀の使節を送ったことを記している。平和外交を推進したソロモンのエルサレムの後宮には数多くの異国から来た妻達が暮らしていたが、その中にはフェニキアの女性もいた。ヒラムが友好の証《あかし》として嫁がせた娘であろう。さらにソロモンの父ダビデ以来の両国の友好関係は、二人の時代に両国の経済的・技術的相互扶助という形で結実した。

ダビデが近隣諸国との戦いに明け暮れ、その生涯に果たせなかった神ヤハウェのための神殿建立は、即位以来のソロモンの悲願であった。そのためには大量の良質な木材、つまり（第一章の冒頭で触れた）レバノン杉が必要であった。ヒラムはソロモンに木材の提供と職人の派遣を快く引き受けることを伝え、その見返りとして、ソロモンはヒラムに大量の小麦と良質のオリーブ油を贈ることになった。両国は一種の経済協定を結んだのである。

二〇年の歳月を費やして完成したソロモンの神殿と宮殿は、目をみはる壮麗さであったという。両国からは多くの人員が動員されたが、木材の伐採や輸送はむろんのこと、建設に携《たずさ》わった石工や大工、さらには内部の備品や調度品の制作に至るまで、フェニキア側の優秀な人材を集めた技術的援助がなければ『旧約聖書』の記述に見られる素晴らしい建造物は完成しなかったに違いない。カナン時代の高度な建築技術や粋《すい》を集めた職人技は、鉄器時代のフェニキア人に確実に受け継がれていたのである。

「タルシシュの船」

ヒラムとソロモンの相互扶助は、これだけにとどまらなかった。両者はやがて、紅海を舞台にした大規模な共同海運事業に着手する。アカバ湾に面したエイラット近郊、エジオン・ゲベルから、ソロモンはヒラムの助けを得て大型船を建造し、紅海貿易に乗り出したのである。オフィルへ向かった船団は、そこから大量の金を持ち帰ったことが『旧約聖書』の「列王記」に記されている。今日、オフィルという場所の実在性は、テル・カシレで発見された陶片に刻まれた銘文からも明らかとなっており、現在のスーダンないしはソマリアなど、紅海に面するアフリカ東部沿岸に位置する場所のいずれかではないかと見る説が有力だ。「列王記」の別の箇所では、ソロモンが所有していた「タルシシュの船」が、三年に一度、異国の珍しい品々を積んでエジオン・ゲベルに入港したことが記されている。後述する「エゼキエル書」では、テュロスが諸外国と取り引きする際に用いた船も「タルシシュの船」と呼ばれている。以上のことから、『旧約聖書』に登場する「タルシシュの船」は、外海を航海できる装備を施された大型船としての性格を帯びていたと考えられる。

ところで、「タルシシュの船」のタルシシュという言葉の意味については、古来より論争の的となってきた。地名として考えるならば、音声学上の類似点からもスペイン南部の「タルテッソス」と同定する考えが有力である。だが一方で、鉱業に関連する場所と結びつけて考える説も興味深い。「タルシシュの船」が運んだ物品リストには、金、銀、鉄、鉛、錫《すず》など、当時の貴重な鉱物がふんだんに登場する。謎に満ちたいわゆる「タルテッソス」も、古代世界では比類なき鉱物資源の宝庫であった場所である。次章で述べられるように、フェニキア人の西方発展は、地中海域における金属資源獲得と密接に結びついていた。地中海各地に残るフェニキア人の痕跡が、キプロス島やクレタ島、サルディニア島などを経由する鉱物資源獲得ルートと重なることは非常に興味深い。前九世紀から前八世紀にかけて、こうしたフェニキアの交易ネットワークが地中海全域に網の目のように広がっていったことは、考古学的に立証されている。さまざまの物品や貴重な鉱石を満載した「タルシシュの船」が、各地に寄港しながら地中海を縦横無尽に航海した様子を彷彿《ほうふつ》とさせる。

このように、フェニキア本土を基地とする地中海交易は、海のことを知りつくしたフェニキア人にとっては、独占領域であったと言っても差しつかえあるまい。だが、スエズ運河もなかったヒラムの時代、アラビア海へとつながる紅海は、フェニキア人にとってはいまだ未知の海であった。ダビデの時代、急速に領域国家へと変貌を遂げたイスラエル王国は、細長いフェニキア海岸南部の後背地にまでその支配を広げており、紅海へのルートは、イスラエルを経由して初めて可能になるのであった。つまり、何よりもイスラエルとの友好こそが、紅海もまた「フェニキア人の海」となる前提条件であったのである。

同様にソロモンもヒラムの助けがなければ、艦隊を建造することも艤装することも、ましてや巧みに船を操り目的地までの航行を無事に果たすことなどできなかったに違いない。ソロモンは、紅海貿易での商業権益をヒラムに分け与えることを認める代わりに、船の建造資材や漕ぎ手に至るまでフェニキア側の多大なる技術援助を要請した。ここに両者のもくろみは見事に一致し、前一千年紀の初め、紅海をめぐる壮大な共同海運プロジェクトの幕が切って落とされたのである。

都市神メルカルト

紀元一世紀のフラウィウス＝ヨセフスは、ユダヤ人祭司の家系に生まれながら、後年、時のローマ皇帝ウェスパシアヌスの知遇を得てローマで著述生活を送ることになる、数奇な運命をたどった歴史家である。彼の残した『ユダヤ古代誌』、『アピオーンへの反論』などの書物は、その書かれた目的が何であるにせよ、初期フェニキア史に関する貴重な史料を我々に提供してくれることは間違いない。

書物の中でヨセフスが引用したエフェソスのメナンドロスという人物は、ヒラムの父アビバアルから数百年にわたるテュロス王家の系図を断片的ではあるが今日に伝えている。それによると、ヒラムは三四年間テュロスを統治し、五三歳で亡くなった。ヒラムの三〇年以上に及ぶ治世は、外交面での充実のみならず、内政面でも大きな飛躍を遂げた時代であった。

第一章で述べたように、テュロスはもともと島部分と対岸の本土部分との二つからなっていたが、ヒラムの時代には、島部分の強化・再構築が急速に進んだ。島部分の都市を拡張し街の外観を変え、古い神殿を壊し、メルカルト神とアシュタルテ女神に奉納する新しい神殿を再建したのも彼であった。紀元前五世紀半ばにテュロスを訪れたギリシア人歴史家のヘロドトスは、黄金とエメラルドの二本の柱が燦然《さんぜん》と輝くメルカルト神殿の威容に驚嘆している。

メルカルト神は、語義的には「都市の王」という意味を持つテュロス古来の男神であるが、前二千年紀にはまだたいして重要な神ではなかったようだ。彼の姿が前面に出てくるのは前一〇世紀以降、ヒラムの時代からである。メルカルトの属性は、豊穣をもたらすものの航海の安全をつかさどるものなど多岐にわたっているが、その名前の意味からテュロス王家の守護神としての役目も担《にな》っていたと考えられる。ヒラムは、この神の「覚醒《エゲルシス》」を祝った最初の王であったとメナンドロス（ヨセフス）は述べる。

史料によればこの儀式はペリティオスの月、つまり現在の二月から三月にかけて行われた。そのため、メルカルト神の「覚醒」＝死と蘇りの儀式は、オリエントに古くから伝わる豊穣を祝う「聖婚儀礼」と何らかの関連があると考える研究者もいる。時期的にも冬から春へと移り変わり、植物の再生と繁茂を祝う、いわば自然のサイクルと一致するものでもあったからだ。

アビバアル	？～前970
ヒラムⅠ	前969～前936
バアル・アザルⅠ	前935～前919
アブド・アシュタルト	前918～前910
ムトン・アシュタルト	前909～前898
アシュタルト・アモ	前897～前889
ペレス	前888
エトバアルⅠ	前887～前856
バアル・アザルⅡ	前855～前830
マッテンⅠ	前829～前821
ピュグマリオン	前820～前774
エトバアルⅡ	前750～前740
ヒラムⅡ	前739～前730
マッテンⅡ	前730～前729
エルライオス（ルリ）	前729～前694
バアルⅠ	前680～前640
エトバアルⅢ	前590～前573
バアルⅡ	前573～前564
ヤキン・バアル※	前564
カレブ※	前564/3
アブバル※	前563
マッテンⅢ※&ゲル・アシュタルト※	前563～前557
バアル・アザルⅢ	前556
マハル・バアル	前555～前552
ヒラムⅢ	前551～前532
※は裁判官	

テュロス王家の系図　H. J. Katzenstein, *The History of Tyre* (2nd ed.), 1997および M. E. Aubet, *The Phoenicians and the West* (2nd ed), 2001をもとに作成

国家の豊穣と安寧を祝うことこそ都市国家の王に課せられた責務であり、この儀式を主宰したヒラムの名声はますます高まったに違いない。そして、この時代以降、西方への海外発展でフェニキア諸都市の主導的立場に立っていくテュロスの都市神メルカルトは、やがて、地中海の至るところにその崇拝の痕跡を残していくことになる。

フェニキア人とギリシア人との邂逅《かいこう》は、のちに、ギリシアの英雄ヘラクレスとメルカルト神とを同一視させることになるが、これについては次章で詳しく見ていくことにしよう。

黄金時代の幕開け

ヒラムの平和な治世のあと、王国はその息子達によって引き継がれた。この頃メソポタミアでは、国力の一時弱まったアッシリアがアッシュル・ダン二世のもとで息を吹き返し、周辺諸国への遠征を再開した。エジプトでは、第二二王朝の開祖となったシェションク一世が、一時パレスティナに遠征しエルサレム神殿の宝物を略奪するなど、オリエントの大国の動きもまた目が離せなくなってきた。

約八〇年続いたヒラムの王朝は、前九世紀に入るとクーデターによって瓦解《がかい》する。アシュタルテ女神の神官であったエトバアルが先王を殺害し、王位を簒奪《さんだつ》したのだ。当時の慣例から、高位の神官職にあるものは王家の一族と縁戚関係にあったと考えられるが、こうして王位についたエトバアル（エトバアル一世、在位・前八八七〜前八五六年）は、三二年間テュロスを統治した。

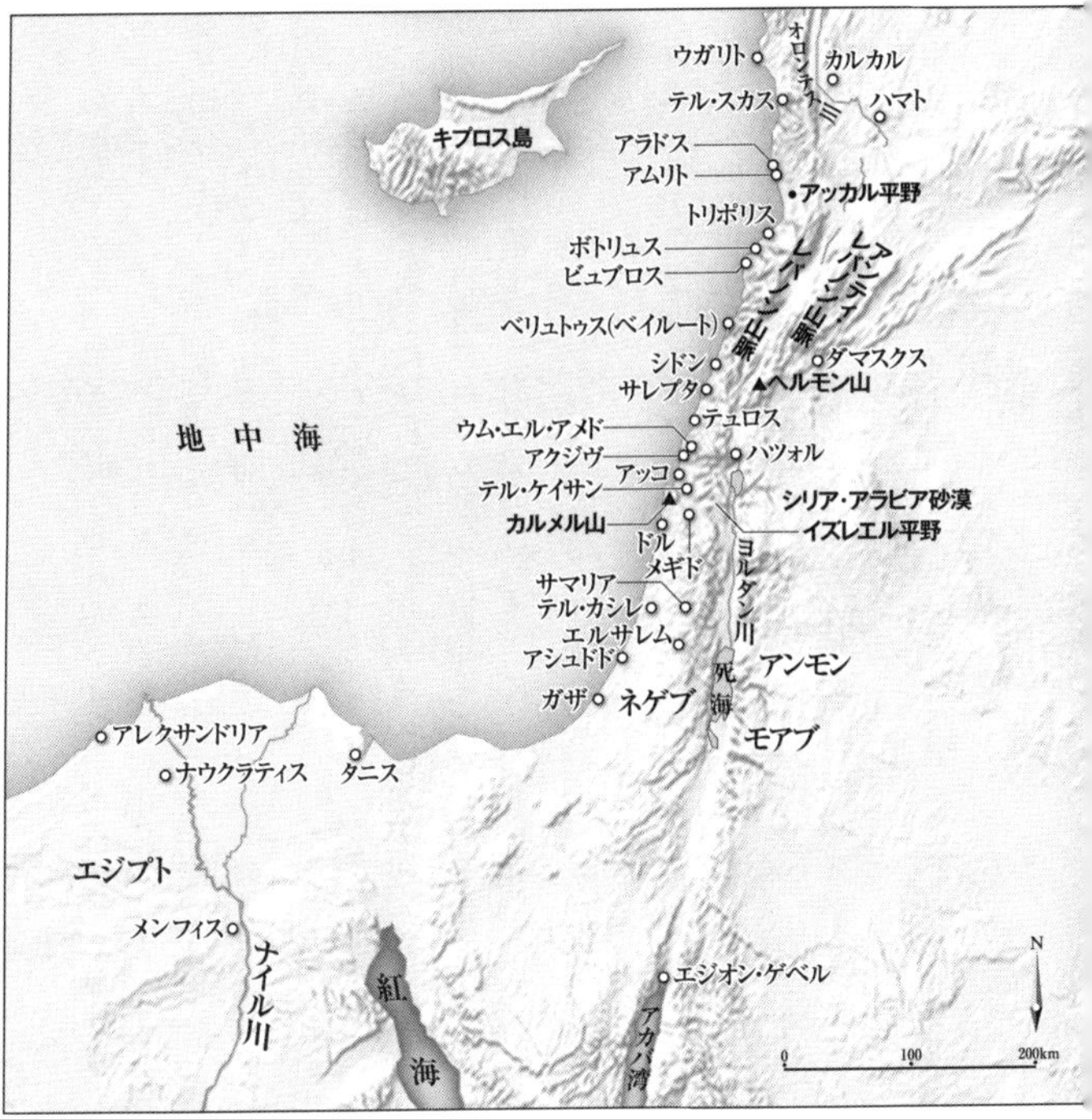
ウガリト
オロンテス川
カルカル
テル・スカス
ハマト
キプロス島
アラドス
アムリト
アッカル平野
トリポリス
ボトリュス
ビュブロス
レバノン山脈
アンティレバノン山脈
ベリュトゥス(ベイルート)
シドン
ダマスクス
サレプタ
ヘルモン山
テュロス
地中海
ウム・エル・アメド
アクジヴ
ハツォル
アッコ
テル・ケイサン
シリア・アラビア砂漠
カルメル山
イズレエル平野
ドル
メギド
ヨルダン川
サマリア
テル・カシレ
エルサレム
アシュドド
アンモン
死海
ガザ
ネゲブ
モアブ
アレクサンドリア
ナウクラティス
タニス
エジプト
メンフィス
ナイル川
紅海
エジオン・ゲベル
アカバ湾
N
0
100
200km

フェニキア本土周辺

この時期、テュロスの政治的覇権はシドンにまで及び、両国は一種の同君連合（パーソナル・ユニオン）を形成した。ヨセフスの史料の中で、エトバアルは「テュロス人とシドン人の王」、そして『旧約聖書』では、フェニキア人全体の呼称として一般的である「シドン人の王」と呼ばれており、以前のヒラムが「テュロスの王」と呼ばれていたのとは明らかに段階を異にしている。

彼の時代はテュロスを盟主とするフェニキアの本格的な海外発展と領土拡張の時代であり、フェニキア本土には新たにボトリュス（ビュブロス北方にある今日のエル＝バトルン）、リビア（アフリカ）にはアウザ（位置不明）という植民都市を建設したことが知られる。ヒラムの時代に始まった海外発展は、まさにこの時期以降、絶頂期を迎えようとしていたのである。

フェニキアの王女イゼベル

さて、前九世紀に入り、隣国のイスラエルでは、ソロモン亡きあと北のイスラエル王国と南のユダ王国に分裂して数十年が経過していた。ユダ王国が一貫して首都をエルサレムに置きダビデの子孫がその玉座を守ったのに対し、北のイスラエル王国は政権が不安定でクーデターによる王位簒奪がたびたび起こった。

エトバアルが即位して一〇年ほどが経った頃、北王国イスラエルでは内紛を制したオムリが新王朝を開き、やがてサマリアに遷都した。ヒラムとダビデ、ソロモン父子の友好関係と同様にこの時期のフェニキアとイスラエルの関係も良好で、オムリの息子アハブは、エトバアルの娘イゼベルを妻に迎えた。新都サマリアの建設が完成したのは、このアハブの時代になってからである。

しかし、このイゼベルとの結婚は大きな不幸を生んだ。イゼベルは男勝《まさ》りの性格で政治に口を出すことも珍しくなかったが、夫のアハブが欲しがった他人のぶどう畑を手に入れるために夫に代わって偽の手紙を書き、夫の印を押して送りつけるということまでやってのけたほどである。

イゼベルの銘があるスカラベ形の印章 N. Avigad, *Corpus of West Semitic Stamp Seals*, 1997より

実は、ここに興味深い遺物がある。現在、イスラエル国立博物館に縦三センチ、横二センチほどのスカラベ型の印章が所蔵されている。印章に描かれている王冠をかぶったスフィンクスや有翼の太陽円盤は明らかにエジプト美術の影響を受けているが、重要なのは図柄とともに刻まれた四つの文字である。「イゼベル」と読めることは間違いない。字体の特徴から、前九世紀から前八世紀にかけてのフェニキア語の可能性を考える説が浮上してきている。むろん、これがイゼベル王妃のものであったと断定することは早計である。だが、もし彼女が自らの印章を所持していたと考えると、想像の世界は一気にたくましく広がるのである。

『旧約聖書』はイゼベルを稀代《きたい》の悪女として描いているが、その原因は彼女との結婚によってフェニキアからもたらされたバアル崇拝にあった。北西セム語で「主」を意味するバアルは、カナン人の時代からフェニキアで長く崇拝されてきた神である。その土地で元来崇拝されていた神と結びつけられることも多く、テュロスではメルカルトがバアルとみなされた。

妻に影響されたのか、アハブはサマリアにバアルの神殿を建て、そこにバアルの祭壇を築き、自らが熱心な信奉者としてバアルに仕えたという。近年の研究は、王国時代のイスラエルの宗教が唯一神ヤハウェの信仰のみに特化したものではなく、そのシステムの中にすでに多神教的要素が組み込まれていることを指摘しているが、これもその顕著な事例であろう。

アラム人との戦いでアハブが亡くなったのちに相次いで即位した二人の息子の治世にも、イゼベルは多大なる権限を持って政治に介入した。このような彼女の権力の源泉は、バアル祭儀を実質的に統括することから得た経済的基盤にあったと考えられる。

だが、こうして三十数年続いたオムリ王朝も、やがて将軍イエフの謀反《むほん》によって幕が下ろされる時がやってきた。最期を悟ったイゼベルは正装し毅然とした態度でイエフを迎えるが、窓から突き落とされて無残な最期を遂げることになる。死体はイズレエル平原の野で野犬に食い散らされ、人々が葬ろうとした時にはわずかに骨が残るばかりであった。

イゼベルの物語は、悲しく哀れな、しかし、フェニキアの王女として誇り高く生きた一人の女性の一代記である。アハブとイゼベルの結婚は確かに宗教上の軋轢《あつれき》を生み出したが、一方で、北王国に商業経済の振興と建設事業の高揚をもたらしたことも事実である。サマリアにアハブが建てた宮殿は「象牙の家」と形容されるほど、象牙でできた豪奢《ごうしゃ》な調度品や家具の見事さが際立っていたという。すぐれた技術を持つフェニキア人のたぐいまれな職人技が、この宮殿建設にもいかんなく発揮されたのであろう。

ところで、アハブの対外政策は父王オムリの外交路線を受け継いだものであったが、その一つに分裂以来紛争の絶えなかった南のユダ王国との協調外交を挙げることができる。和平の証としてアハブは娘アタルヤをユダの王ヨラムに嫁がせたが、彼女の母はイゼベルであった可能性がある。

実はこのアタルヤこそ、王国時代のイスラエル・ユダ両国において、単独で六年間王位にあったと考えられる唯一の女性である。だが彼女の王位は合法的なものではなく、息子の死に伴い、その王位を簒奪したものであった。つまりこの期間、ユダ王国では脈々と続いてきた統一王国以来のダビデ王家の支配が一時中断してしまったのである。

このように見てくると、イゼベルやアタルヤの事例は、当時の家父長制の原理からすれば、非常に数少ない例外中の例外であったということが言えるだろう。そして彼女たちが、古代イスラエル社会の中では「異邦人」であったという事実も、また注目に値《あたい》するのである。

国際商業都市テュロスの繁栄

前九世紀に入ると、国際商業民族としてのフェニキア人の活躍は、世界交易における彼らの名声と信望をいやが上にも高めた。特に、テュロスを中心とした国際的な交易網が地中海各地に張り巡らされ、これについては『旧約聖書』の「エゼキエル書」の中に詳しい史料が残されている。

「イザヤ書」「エレミア書」と並び『旧約聖書』の三大預言書を構成する「エゼキエル書」の作者エゼキエル自身は、ユダ王国末期の激動の時代に生きた人物であり、前五九七年の第一回バビロニア捕囚の折、エホヤキン（ヨヤキン）王と共に連行された上層市民の一人であった。

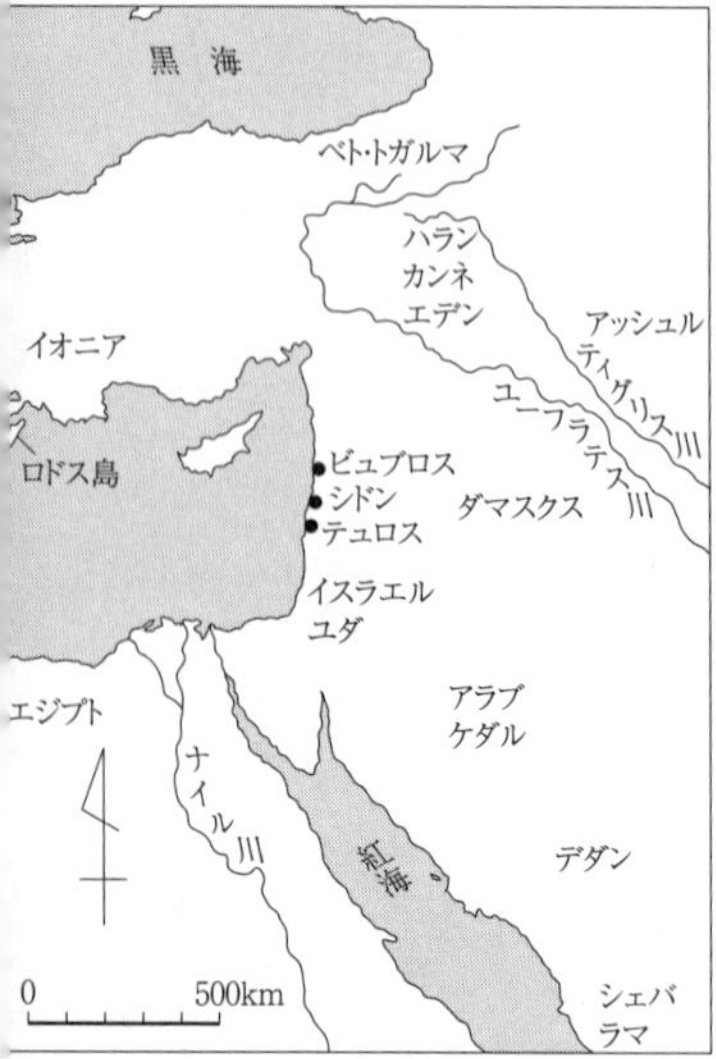

とに作成

異国の地で聞き集められた古き良き時代のテュロス繁栄の様子は、その交易相手国と取り引きされた物品リストとして「エゼキエル書」二七章一二節から二四節の中でまとめられた。しかし現在の研究では、このリストはあとから挿入されたものであり、しかもエゼキエルの生きた時代ではなく、エトバアル一世の時代から前八世紀にかけてのテュロスの全盛時代を反映させたものであろうと考えられている。各地の物品を

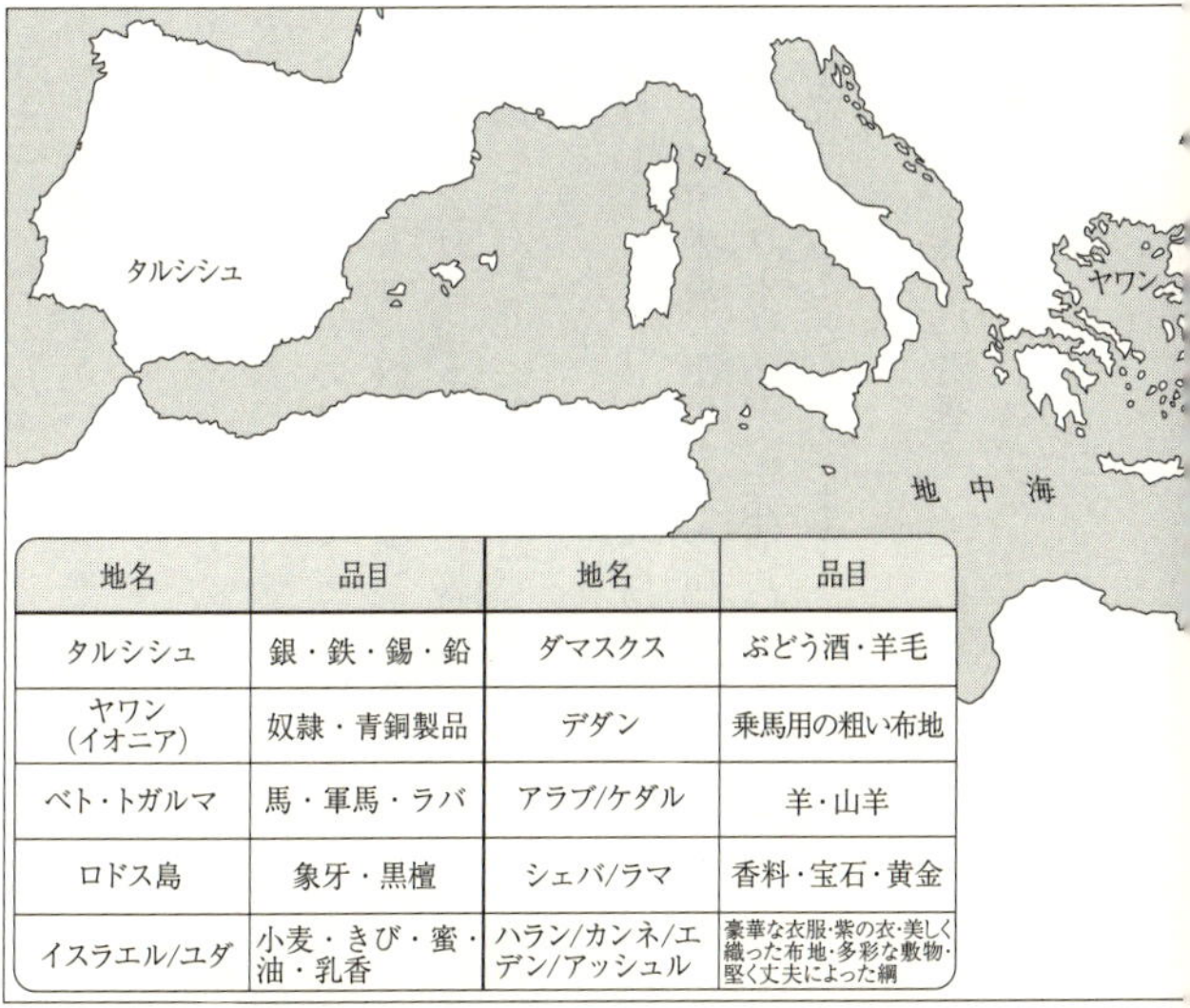

地名	品目	地名	品目
タルシシュ	銀・鉄・錫・鉛	ダマスクス	ぶどう酒・羊毛
ヤワン（イオニア）	奴隷・青銅製品	デダン	乗馬用の粗い布地
ベト・トガルマ	馬・軍馬・ラバ	アラブ/ケダル	羊・山羊
ロドス島	象牙・黒檀	シェバ/ラマ	香料・宝石・黄金
イスラエル/ユダ	小麦・きび・蜜・油・乳香	ハラン/カンネ/エデン/アッシュル	豪華な衣服・紫の衣・美しく織った布地・多彩な敷物・堅く丈夫によった綱

テュロスの交易相手国　『旧約聖書』「エゼキエル書」27章の記述をも

売りさばき、中継貿易で名を馳せたテュロスの商人たち。『旧約聖書』の一節は、彼らの活躍を次のように謳《うた》いあげる。

ティルス（テュロス）は王冠を戴き、その貿易商人たちは貴族。
取り引きする者らは世界に重んじられていた。
（「イザヤ書」二三章八節　新共同訳）

この詩句からは、世界中の物品が集まり、活発な商取引が行われた当時の国際商業都市テュロスの姿が生き生きとよみがえってくる。

「エゼキエル書」によると、近隣のユダやイスラエルからは上質の小麦やきび、蜜、油、乳香が、ダマスクスからは薫り豊かなぶどう酒と羊毛がテュロスに運ばれてきた。ハラン、カンネ、エデンなどのメソポタミア地方の国々とは、豪華な衣服、丈夫な綱、多彩な布地が取り引きされた。アラビア半島の国々は乗馬用の布地、羊や山羊、さらにシェバ（シバ）やラマの商人たちは香料や宝石、金を携えてやってきた。

アルメニア地方のベト・トガルマからは、軍馬や馬、ラバを仕入れ、小アジアのイオニア地方の人々とは、奴隷や青銅製品を交換した。エーゲ海に浮かぶロドス島からは、象牙や黒檀が献上された。そして鉱物資源の宝庫であったスペイン南部のタルシシュは、銀、鉄、鉛、錫をふんだんに供給した。ここは、当時の地中海交易の最西端に位置すると考えられる場所である。

このように、テュロスの交易相手国を列挙して地図に載せてみると、メソポタミア北部からアラビア半島、小アジアを包含し、エーゲ海から地中海西方に至るテュロスを中心とした交易ネットワークが、紀元前八〇〇年頃（遅くとも紀元前八世紀半ば）には確立していたことを確認することができよう。

カルタゴ建設の背景

ところで、ヨセフスが伝えるメナンドロスの史料には、エトバアル一世から数えて三代目にあたるピュグマリオンの治世（在位・前八二〇〜前七七四年）に、姉妹の一人が逃亡し、カルタゴを築いたことが記されている。伝承によれば、それは前八一四年のこととされる。考古学的に裏付けられるカルタゴの確実な「存在」は前八世紀に入ってからであるが、前九世紀にはすでにフェニキア人の西方発展が顕在化しており、カルタゴの建設もこの一連の動きの中に位置づけることができよう。

フェニキア人が海の彼方に続々と拠点を見出し、乗り出していった理由の一つに、その当時オリエントで大帝国へと変貌を遂げつつあったアッシリアの脅威をみてとることができる。アッシリアの歴史は古く、前二千年紀の初めには、独立した都市国家として政治の表舞台に登場し、前六一二年に新バビロニアとメディアの連合軍によって首都ニネヴェが陥落するまで、千数百年の命運を保った強国である。アッシリアが周辺地域に対して繰り返し行った軍事遠征は、征服された国々から、戦利品や貢納という形でもたらされる経済的効果を見越してのことであった。つまり資源に乏しいメソポタミアの内陸国家にとっては、領土拡大を目論み、軍事的に他国を侵略することは必要悪であったのである。特に、すぐれた森林資源を有し、当時の国際港として栄えたフェニキア諸都市への遠征は、アッシリアの諸王にとっては見たこともない異国の品々を目のあたりにする絶好の機会であったに違いない。

地中海方面へ向けて初の本格的軍事遠征を行ったのは、前章で述べたように、前一二世紀末から前一一世紀初頭にかけてのティグラト・ピレセル一世であった。前九世紀に入ると、アッシュルナツィルパル二世とシャルマネセル三世の父子が、地中海遠征を常態化した。

現在、大英博物館でそのレプリカを見ることのできる、イムグル・エンリル（現バラワ

世。大英博物館蔵

ト）の宮殿跡から見つかった青銅製の門扉装飾帯の一本は、シャルマネセル三世の治世一年目（前八五八年）にテュロスとシドンの住民に対して行われた遠征の模様を物語っている。島から小船で運ばれた貢物の数々が、本土で待ち受けるアッシリア王のもとに届けられる、まさにその場面を描いたものだ。二艘の船は船首に馬の頭部がかたどられており、ヒッポス（ギリシア語で馬の意）と呼ばれた沿岸航行用の船である。

島で小船を見送る王族は、おそらくエトバアル一世とその妃であろう。すでに述べたように、エトバアル一世はテュロスの覇権を拡大し、その海外発展を推進した王であるが、一方で強国アッシリアにはこのように屈服せざるをえなかったのである。

しかし、一旦貢納することを認めれば、それはこの時期のフェニキア諸都市にとってそれほど苦痛を伴うものであったとは思われない。平和な経済活動を行うには何よりも政治的安定が必要であり、強国の傘下に組み込まれることは、ある意味それを保証するものでもあったからである。アッシリアも、フェニキアの領土を蹂躙《じゅうりん》し政治的にそれを支配下に置くことよりも、

バラワト門の青銅製門扉装飾帯　テュロスから貢物が船で対岸の本土へ運ばれる。右端から２人目が朝貢行列を待ち受けるシャルマネセル３

彼らの世界交易における実力を温存させつつ、間接的にその利益を戦利品や貢納という形ですくいあげることに主眼を置いた。海洋商業民族としての彼らの特質を理解していたからである。

だが、このような大国の傘下である程度の収奪に甘んじて追従するか、あるいは真の自由・独立を求めて新たなる新天地へ旅立つか、テュロス王家内部において、何らかの政治的対立があった可能性は十分ありえよう。事実、前八五三年には、アラドスなどのフェニキア諸都市を含む海沿いの一二の王国の連合軍が、オロンテス河畔のカルカルでアッシリアと一戦を交えており、その後もしばらくの間しぶとく抵抗を続けているのである。

第四章で見るように、ポンペイウス＝トログスが伝えるカルタゴの建設は、王家内部の対立、もしくは王家と神殿勢力との財産がらみの確執に端を発する、一種の逃亡伝説である。もちろん、アッシリアとの関係をあからさまに述べるものではない。しかし、前八世紀には明らかになるオリエントの大国と小国との関わりをこの伝説の背後にみてとることも、まったく不可能なことではないであろう。いずれにせよ、前九世紀から前八世紀にかけてのフェニキアの西方への海外発展は、カルタゴ「建設」でもって、まさにクライマックスを迎えようとしていたのだ。

黄金時代の終焉

国際関係の構図

これまで見てきたように、前九世紀から前八世紀前半にかけては、すぐれた造船技術と航海術を持つフェニキア人が、地中海の海上交易を独占していた時代である。のちに地中海における植民活動でフェニキア人のライバルとなるギリシア人も、この時期はいまだ本格的な活動を始めていない。本土のオリエントに目を向けてみると、大国エジプトは第三中間期の混乱の真っ只中にあり、成長著《いちじる》しいアッシリアも、政治的にフェニキアを脅かす段階には至っていなかった。

アッシリアは、アダド・ニラリ三世の治世（在位・前八一〇～前七八三年）のあと、国内の分裂や疫病の流行もあり、国力が一時衰退に向かった。この内乱に終止符を打ってアッシリアを再び当代随一の強国に発展させたのは、ティグラト・ピレセル三世（在位・前七四五～前七二七年）である。

彼は、軍制改革を断行し軍事面を強化して周辺諸国への遠征を繰り返し行い、新たに併合した国を属州として再編あるいは属国としてその支配下に置き、アッシリアの中央集権化を推し進めた王として知られる。被征服民の反逆防止を目論んだ強制移住政策は、この王以降規模を拡大して大々的に行われるようになり、のちの新バビロニア時代にも踏襲されるようになっていく。

このようにして前七三八年頃までには、ビュブロスを除く北部フェニキア沿岸諸都市（地理的にほぼ今日のラタキア周辺からトリポリまでを含む）は、北シリアのアラム人国家とともにアッシリアの属州の一部として吸収合併されてしまった。だが、フェニキア南部を代表するテュロスは、幾多の困難に見舞われたものの、政治的には無傷のままであった。いやむしろ、条件つきではあるが自由な経済活動を認められ、特恵的属国の地位を与えられていたと言っても過言ではなかろう。アッシリアの史料には、ビュブロスの王とともに極上の貢物を献上したテュロス王としてヒラム二世（在位・前七三九〜前七三〇年）の名前が登場する。一方、東地中海最大の銅の島キプロスの都市キティオンは、当時このヒラムの代官によって治められていたことがフェニキア語史料から確認できる。

ところで、アッシリアの支配領域に組み込まれた属州や属国には、河川や港湾を管轄する出先機関が設けられ、そこで取り引きされる商品に対する関税や貢納の取り立ての任務を負う王直属の専門役人が派遣されていた。ヒラムの次の王マッテン二世（在位・前七三〇〜前七二九年）は、ティグラト・ピレセルに対してこれまでとは比較にならない・五〇タラントという大量の金を納めなければならなかった。テュロスの経済がアッシリアによって次第に蚕食されていくさまは明らかであった。シャルマネセル五世の短い治世のあと王位を継いだのは、サルゴン二世（在位・前七二一〜前七〇五年）である。彼はアッシリアの王として初めて海を渡りキプロス島にまで遠征し、七人の王たちから直接貢物を受け取った。海を越えてアッシリアの支配が広がったことは、これまでのようにフェニキア人を通した利益の収奪にもはや満足できなくなったことを示している。以後、テュロスの政治的独立は保たれたとはいえ、アッシリアによるフェニキアの経済活動に対する締め付けはますます強まっていく。

シドン人の王・ルリの逃亡

前八世紀の終わり頃、テュロスを治めていたのはエルライオス（別名ピュアス、在位・前七二九〜前六九四年）と言われる王であった。『ユダヤ古代誌』によれば、三六年間テュロスの王位にあったと考えられる人物である。アッシリア側の史料はこの王をルリと呼ぶ。

前七〇一年、アッシリアのセンナケリブの治世三年目の遠征で、テュロスは領土を侵犯される危機に瀕した。アッシリアの強勢に恐れをなした他のフェニキア諸都市は次々とテュロスから離反し、言い換えればこの遠征は、一五〇年以上にわたって続いてきたテュロスとシドンの同君連合の幕引きを意味した。否、シドンのみならず、テュロスの本土部分ウシュ、南方のアクジヴ、アッコを含めたテュロスの覇権が及んでいた全域にアッシリアのくびきが下ろされたのである。かろうじて難を逃れたのはテュロスの本丸、島部分のみであった。

ルリ（エルライオス）は海の彼方へ逃げ、キプロスで不幸な死を遂げた。この時期のキプロス島はアッシリアの直接支配に組み込まれ、フェニキア人といえども、もはやそこは安住の地ではなくなっていたのである。

このルリの逃亡を伝えるレリーフの模写が、大英博物館に残されている。模写したのは、一九世紀のオリエント考古学に大きな足跡を残したA・H・レヤード。残念ながら、ニネヴェのセンナケリブの宮殿跡から発見されたレリーフそのものは現存しない。「ルリの逃亡」と題されるこのスケッチ画からもわかるように、テュロスの町は高い城壁で囲まれ、城壁のやぐらの間には盾が掛けられていた。町の様子は「エゼキエル書」に描かれた『旧約聖書』の記述とも一致する。

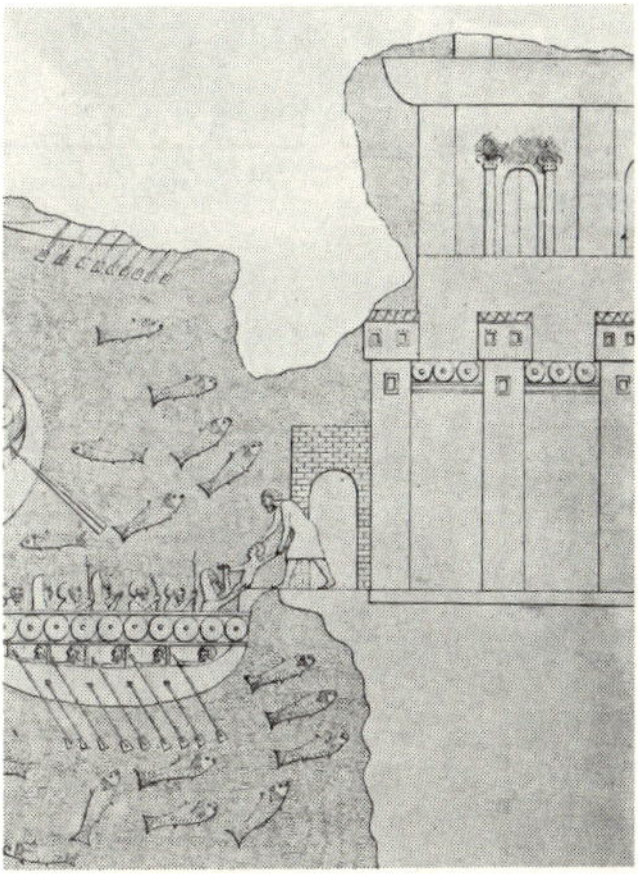

「ルリの逃亡」のレリーフ模写　城から脱出する王の一族が描かれている。前700年頃。D. Harden, *The Phoenicians*, 1980より

描かれた場面に、ルリ自身は登場しない。城門から従者によって船上の乳母らしき女性に手渡される子供は、あるいはルリの王子かもしれない。槍と弓を持った戦士に囲まれて中ほどに座る高貴な女性は、おそらくルリの妃であろう。船は船首を岸壁に向けて停泊中だが、実はこの模写の左部分に

は続きがあり、そこにはフェニキアを代表する二種類の船が描かれている。

一つはマストと帆を備え、鋭い衝角《しょうかく》を持つ大型船で、長距離の航海にも十分耐え、軍船としての役目も果たした。もう一つは船首と船尾が高く持ち上がり、全体に丸みを帯びた印象を与える船で、通常の商業活動に用いられた。これらの船とは別に、浅瀬や沿岸のごく近距離の航海に用いられた船が、すでに述べたバラワト門の青銅門扉やコルサバード出土のサルゴン二世の宮殿の壁の浮き彫り「木材運搬図」に登場する川船である。

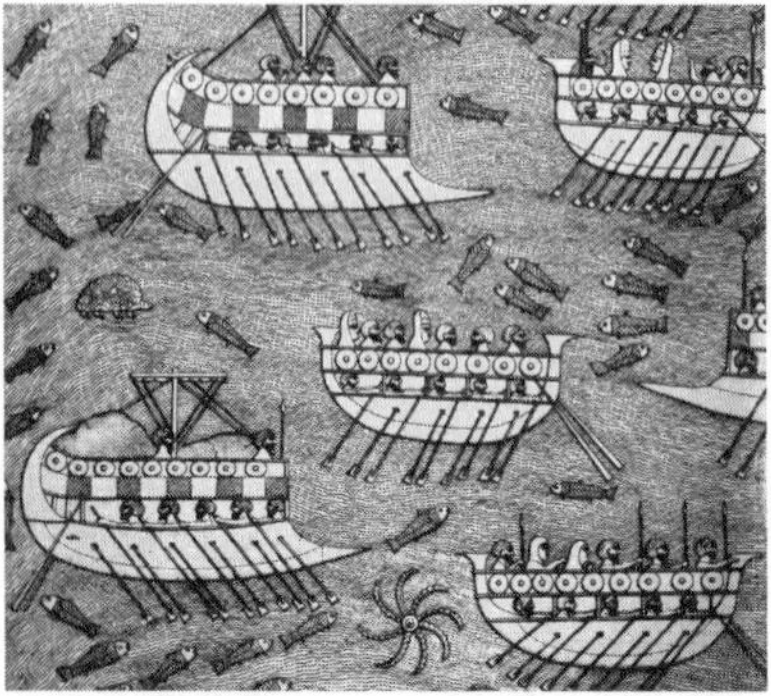

フェニキアの船　フェニキアの商船と軍船。ともに二段櫂船で、遠距離の交易では両者が船団を組んで航海した。「ルリの逃亡」の左部分。D. Harden, 1980より

「木材運搬図」　右上に島と宮殿が見える。コルサバードのサルゴン２世の宮殿の壁の浮き彫り。前８世紀末。ルーブル博物館蔵。D. Harden, 1980より

アッシリア側の史料によれば、ルリの船が目指したのはキプロス島であったが、そこで彼らを悲惨な運命が待ち受けていたことは前述したとおりである。前八世紀末には、フェニキア人が真に自由・独立のうちに海上交易の覇権を掌握していた時代は、過去のものとなりつつあったのである。

フェニキアの落日

センナケリブは、ルリに代えてトゥバル（エトバアル）をシドンの王とし、アッシリアの傀儡《かいらい》政権を樹立させた。トゥバルはアッシリアの忠実な僕《しもべ》として振る舞ったようで、その後二〇年あまりは、フェニキア諸都市とアッシリアとの間の緊張関係を示す史料はない。

センナケリブが彼の後継者選びの政争で暗殺されたのち、王位を継いだのは末子のエサルハドン（在位・前六八〇〜前六六九年）であった。前六七七年、彼は反旗を翻《ひるがえ》したシドンに遠征して都市を破壊し、翌年、王アブディ・ミルクティを処刑した。一方、テュロスのバアル（一世、在位・前六八〇〜前六四〇年）は進んでアッシリアに従い、その後両国の間で結ばれた条約の中で、テュロスはアッシリアの規制のもとでの交易を甘受しなければならなかった。

このように表面上はアッシリアに忠誠を誓いながらも、ことあるごとに反乱を企てようとしたフェニキア諸都市を背後から援助したのは、勢いを盛り返しつつあったエジプトである。テュロスがエジプトの支援を受けてアッシリアに背《そむ》いたことをきっかけに、前六七一年、エサルハドンはメソポタミアの王として初めてナイル河を越え、一時的であるにせよメンフィスを征服することに成功した。エサルハドンを継いだアッシュルバニパル（在位・前六六八～前六二七年）は、前六六七年と前六六三年の二度にわたりエジプトの反乱を鎮圧して、ついにテーベも陥落させた。最初の遠征でエジプトに向かった彼に対して貢物を献上し、軍船やその漕ぎ手を提供した二二人のシリア・パレスティナの王達の中には、アラドスやビュブロスの王と並んでテュロスのバアルの名前も見られる。だが次なる標的は、再びアッシリアに背いたテュロスに向けられることになった。海上を封鎖され備蓄を絶たれた島は降伏するほかなく、この時、バアルの娘はじめ王族の女性達は、人質としてアッシュルバニパルの後宮に送られたのであった。

さしもの栄華を誇ったアッシリアも、しかし、英王アッシュルバニパルの治世のあと、急速に衰退する。エジプトは第二六王朝のプサメティコス一世のもとで前六五五年にアッシリアの支配から独立し、帝国各地で起こる反乱の鎮圧に疲弊したアッシリアに、もはやかつての栄光は戻らなかった。メディアと新バビロニアの連合軍によって首都ニネヴェが陥落したのは紀元前六一二年、その三年後、アッシリアは最終的に息の根を止められることになる。

新アッシリア帝国が瓦解した紀元前七世紀の最後の四半世紀は、ある意味ではフェニキア諸都市にとっては、つかのまの自由と休息を謳歌できた時ではなかっただろうか。ヘロドトスによれば、エジプト第二六王朝のネコ二世（在位・前六一〇～前五九五年）の勧めに従って、フェニキア人が三年がかりでアフリカを時計回りに周航したのもこの頃のことである。

近代初頭の大航海時代、ポルトガルのバスコ・ダ・ガマが通過した喜望峰を、二〇〇〇年以上も前に、それも反対回りに越えたのはフェニキア人であった。

ネブカドネザルのテュロス包囲

ネブカドネザル二世（在位・前六〇四～前五六二年）は新バビロニア王朝の開祖ナボポラッサルの息子で、その最盛期を築き上げた王である。古都バビロンの再建に執念を燃やした王としても有名で、この故事になぞらえて、近年ではイラクのサダム・フセインがネブカドネザル三世を標榜したことも記憶に新しい。

新バビロニアに対して反旗を翻す者にとっては、容赦のない仕打ちが待っていた。ユダ王国の首都エルサレムも、ついに前五八六年、彼の攻勢の前に屈服し、百数十年前のアッシリアによる北王国の首都サマリア陥落に続いて、フェニキア人と深いつながりのあった『旧約聖書』のイスラエルの民は歴史の表舞台から姿を消した。さらにネブカドネザルはユダ王国の人々を強制連行してバビロニア領内に住まわせた（バビロニア捕囚）が、民族の総入れ替えを目指したアッシリアの双方向型の強制移住政策と違い、バビロニア領内への一方向型移住政策であったため、これが北王国の場合と違い、のちのユダヤの人々にとって命運を分けることになったのである。

ネブカドネザルの次の矛先は、なんとテュロスであった。海に浮かぶ最後の砦、島部分はいまだ健在だった。ネブカドネザルの攻囲は一三年にも及んだという。ヨセフスによれば、当時のテュロスの支配者はエトバアル三世（在位・前五九〇～前五七三年）であったが、この堅固な島は十数年に及ぶ艱難辛苦に耐えた。明らかにバビロニア側の圧勝とは言いがたいが、降伏したエトバアルは、王族や上層市民とともにバビロニアに送られた。エトバアルのあとに王位についたのは、バアル二世（在位・前五七三～前五六四年）である。彼の出自ははっきりしないが、おそらくネブカドネザルによって樹立された傀儡政権であったのであろう。

だが、このあとテュロス王家に一つの異変が起こる。これまで脈々と続いてきた世襲の王政が一時中断したのだ。新しく政治の表舞台に登場したのは、五人の裁判官である。バアル二世の一〇年間の統治のあと、短期間に次々と任命された彼らは、新バビロニアの役人の監視下で、おそらく制限された権力しか持っていなかったと思われる。これについては、第六章で詳しく見ていくことにしたい。

王の不在期間が七年ほど続いたあと、再びテュロスでは王政が復活する。前五五六年頃のことである。一方、新バビロニアではネブカドネザルが前五六二年に亡くなったあと、ナボニドスが前五五五年に王朝最後の王位につくまで、王位継承をめぐり国内は分裂した。史料の乏しさもありこのあたりの両国の事情は定かでないが、テュロスでの王政復古に何らかの影響を与えている可能性はありえよう。だが、バアル・アザルがテュロスの王位についてわずか一年で亡くなったあと、王家の支持者たちはバビロニアに赴《おもむ》き、囚われていた王族のマハル・バアルを王としてテュロスに連れ戻した。彼が四年後に死ぬと、彼の兄弟のヒラム

（三世）がバビロニアから帰還して王位につき、二〇年間統治した。ナボニドスは月神シンの崇拝に熱心で、彼の政治に対する無関心が、やがて新バビロニアの命取りになった。アケメネス朝ペルシアのキュロス二世がバビロンを無血開城させたのは、このヒラム三世の治世の出来事であったという。時に前五三九年のことであった。

フェニキアの繁栄と自治——ペルシアの支配のもとで

メディアから独立し、その後、リュディア、新バビロニア、さらにはエジプトを次々と滅ぼし、最終的に全オリエントの覇者となったのはアケメネス朝ペルシアである。その開祖となったキュロス二世は、征服した諸民族の宗教や文化的慣習を重んじた「寛容な征服者」として知られる。

バビロンに入城した彼は、翌年勅令を発し、ネブカドネザルによって囚われの身となっていた人々を解放し、故国への帰還を許した。さらにバビロンに集められていた各都市の守護神を返還し、故国での神殿再建をも許可したのである。エルサレムに戻ったユダヤ人たちの神殿再建には、フェニキア人もまた一役買うことになる。

彼らは石工と大工に銀貨を支払い、シドン人とティルス人に食べ物と飲み物と油を与え、ペルシア王キュロスの許しを得て、レバノンから海路ヤッファに杉材を運ばせていた。

（『旧約聖書』「エズラ記」三章七節　新共同訳）

四〇〇年以上も昔、最初の神殿建築の際のヒラムとソロモンの事例が鮮やかによみがえってくる。だがこの第二神殿の建築工事は困難を極め、ようやく完成したのはそれから二〇年以上も経った紀元前五一五年、第三代ダレイオス一世の治世のことであった。

キュロスの次に王位についたのは息子のカンビュセス二世であるが、前五二五年、カンビュセスはエジプト第二六王朝を倒し、ペルシア人による第二七王朝を樹立させた。ヘロドトスによると、カンビュセスはエジプト攻略後、さらに三つの遠征を計画していたという。その一つがカルタゴ遠征であったが、これはペルシア海軍に加わっていたフェニキア人によってものの見事に拒否されている。フェニキアの諸都市はペルシア軍に海軍を提供するものの、それはあくまで自発的な行為であり、ましてや、フェニキアにとって娘にあたる都市を攻めるのは言語道断であるというのがその理由である。カンビュセスもしぶしぶその申し出に従わねばならなかった。

だがこの話は裏を返せば、すでに地中海の彼方ではカルタゴが独立した国家として急成長を遂げてきている証拠であり、事実、前六世紀半ば以降のカルタゴに関する文献や碑文史料はともに飛躍的に増加するのである。

帝国の再編に着手した次のダレイオス一世は、広大な領土を統治するために帝国全土を二〇強の行政区に分割し、そこにサトラプ（総督）を派遣してアケメネス朝の中央集権化政策を推し進めた。この時フェニキア諸都市は、シリアやパレスティナ、キプロス島とともに、第五番目の行政区として登録されている。だが、納税額は他の行政区と比較しても格段に安く、そこには明らかにペルシア側の政治的配慮がみてとれる。アケメネス朝の支配下に置かれても、フェニキアの各都市では以前と変わらず土着の王政が存続し、行政や法慣習も従来のままであった。前四世紀のビュブロスでは、フェニキア語の王名が刻印された銀貨が発行されている。アラドス、シドン、テュロスの住民によって、ペルシア時代に新しく建設されたトリポリス（ギリシア語で「三つの都市」の意）には三市の同盟の中心が置かれ、重要事項について協議する評議会が開催された。

このようにペルシア時代のフェニキア諸都市が大幅な自治を許された背景には、アケメネス朝の諸王が東地中海沿岸一帯の勢力確保と安全を保つには、フェニキア諸都市の持つ海軍力に大幅に依存せざるをえなかったという事情があるからであろう。

残された碑文は語る――シドンの栄光

ペルシア時代のフェニキア諸都市の中で、首位の座を占めたのはもはやテュロスではなかった。前六世紀前半のネブカドネザルの一三年間にわたる包囲で、明らかにその経済力は大きな打撃を被《こうむ》った。代わって登場してくるのがかつてのライバル、シドンである。ペルシア時代の最晩年を除いて、フェニキア諸都市におけるシドンの優位が変わらなかったことは、シドンで発行された貨幣の分布範囲の広さが証明している。

一九世紀後半の発掘成果により、シドンのネクロポリス（共同墓地）からは多くの貴重な

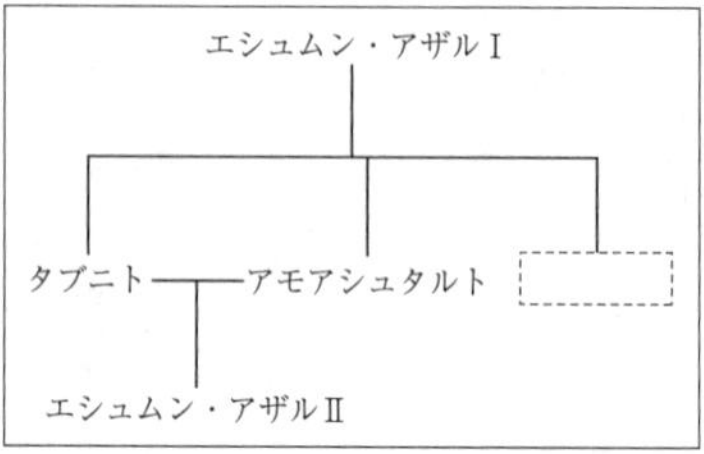

ペルシア時代のシドン王家の系図

石棺が発見された。そこに刻まれた銘文から、前六世紀半ばから前五世紀にシドンを統治した王家の系図を復元することができる。

現在、イスタンブール考古学博物館に展示されているタブニト王の石棺、その足元に刻まれている碑文に注目してみよう。

我はタブニト、アシュタルテの神官、シドン人の王なり。アシュタルテの神官、シドン人の王、エシュムン・アザル（一世）の息子である。この棺に眠る。誰であろうともこの棺を見つけるものは、けっしてこの棺を暴くな。我が眠りを妨げるな。我のために銀は集められていないから。金も集められていないから。いかなる貴石のたぐいも。この棺に眠るのは我だけだ。けっしてこれを暴くな。我が眠りを妨げるな。

タブニト王の息子のエシュムン・アザル二世も父と同じような石棺に葬られたが、こちらはパリのルーブル美術館に収蔵されている。治世一四年目のブルの月（現在の一〇月から一一月）に亡くなった王は、生前、母と共同で行った自らの業績について誇らしげに語る。

我々は神々の家（神殿）を建てたものなり。〝海の土地〟のシドンに、〔アシュタル〕テ〔の家（神殿）〕を。（中略）そして…聖なる〔君〕エシュムンに家（神殿）を建てたものなり。（中略）我々は、〝海の土地〟のシドンにシドン人の神々のために家（神殿）を、シドンのバアル（＝エシュムン）に家（神殿）と〝バアルの名〟であるアシュタルテに家（神殿）を建てたものなり。さらに王たちの主（＝ペルシア王）は、我がすぐれた行いのゆえに、我らにシャロンの野にあるダゴンの力強き土地、ドルとヨッパを与えた。我々は、その土地を我が国の境界に加えた。それらが永遠にシドン人のものとなるように。

これらの碑文から読みとれることは、シドンでは世襲の王政が敷かれ、古来よりの都市神

タブニト王の石棺　エジプト様式の石棺。タブニト王の時代に再利用され、新たに銘文が刻まれた。下は佐藤育子撮影。イスタンブール考古学博物館蔵

エシュムンとアシュタルテの神殿を再建し、独自の宗教祭儀を行うことが許可されていたことである。王家と神官一族には深いつながりもあった。さらにペルシア王の特別な計らいによって、シドンからテュロスを越えて南方への領土拡大も認められるなど、新アッシリア時代のテュロス同様、特恵的地位を与えられていたことがうかがえる。

だがその一方で、墓泥棒を警戒してか、思わず失笑してしまうようなタブニト王の懇願にも似た叫びは、一国の王としての無力さを露呈する。そこには、もはや前一〇〇〇年頃のビュブロスのアヒラム王の石棺に見られるような王としての威厳と誇りは感じられない。

このように、あくまでもアケメネス朝の支配に服属するという条件のもとではあるが、シドンを中心として、フェニキア諸都市は約二〇〇年間の自由と自治を享受することになるのである。

ペルシア海軍の旗のもとに

元来、海戦には不慣れなアケメネス朝は、支配下の諸民族から軍船と乗組員の提供を受けて、帝国海軍の骨格をなした。その中でもっとも優秀であったのはフェニキアが派遣した艦隊である。

前五世紀初頭、アケメネス朝の統治下にあった小アジアのイオニア諸都市の反乱は、その後のオリエントとギリシア世界に大きな波紋を投げかけることになった。ペルシア戦争の勃発である。前四九〇年、ダレイオス一世が差し向けた大軍は、マラトンの戦いでミルティアデス率いるアテネ軍の奇襲に遭い大敗を喫した。父王の遺志を継ぎ、捲土重来《けんどちょうらい》を期して自ら遠征軍を率いてギリシア本土に進攻したのは次王クセルクセス一世（在位・前四八五〜前四六五年）である。

ヘロドトスによれば、この時徴発された三段櫂船一二〇七隻のうち、約四分の一がフェニキア人とシリア人が提供したものであったという。シドンからはテトラムネストス王、テュロスからはマッテン王、アラドスからはメルバロス王が自ら艦隊を率いて参加している。王の御前会議では、上座に座るのはまずシドン王であり、次がテュロス王であった。さらに、クセルクセスが船上で指揮をとる時、乗船するのは決まってシドンの船であった。ペルシア時代にシドンが優遇されたのは、何よりもこのようにすぐれた海軍力のゆえだったのである。

だが、前四八〇年のサラミスの海戦では、ペルシア軍は地の利を生かしたアテネ海軍に大打撃を被《こうむ》り、フェニキア艦隊も手痛い目に遭わされて、その場から逃げ去るほかなかった。ちょうど同時期の地中海では、シチリア島を舞台に、カルタゴとギリシア系都市との間でヒメラの戦いが行われ、こちらもカルタゴの大敗北という結果に終わっている。はからずも、地中海の東と西でギリシアとフェニキア・カルタゴが相まみえたのは、まったくの偶然であろうか。ヘロドトスによる史料は沈黙しているが、ディオドロスなどの他の史料から、母市テュロスと植民市カルタゴとの間に何らかの密約があったと考えても不思議ではないであろう。

アケメネス朝の支配も創始から約一世紀を過ぎた前五世紀の終わり頃には、次第にほころびが見え始めてくる。前四〇四年、エジプトは一〇〇年以上続いたペルシアの支配からついに離脱し、その後も絶えず不穏な存在となってアケメネス朝を脅《おびや》かし続けた。前四世紀の中頃には、アナトリアを中心に帝国西部のサトラプ達が大反乱を起こし、アケメネス朝の衰退に拍車をかけた。

そのような中、アルタクセルクセス三世（在位・前三五八～前三三八年）の高圧的態度に反感を抱いたシドンはエジプトと手を結び、ペルシアに対する反乱を企てる。ディオドロスによれば、前三五一年ないしは前三五〇年にその反乱は起こった。シドンに置かれていたペルシア王家の施設は破壊され、駐在していた役人は捕縛され処刑された。

これに対して、アルタクセルクセス三世は断固とした報復でもってシドンを蹂躙《じゅうりん》した。シドンの有り様に恐れをなしたテュロスや他のフェニキア諸都市は、無駄な抵抗はあきらめておとなしく降参したようだ。シドンの優位はこの時いったん崩壊しただろう。それから十数年後、アレクサンドロス大王がフェニキアへ侵攻することになるのである。

ヘレニズムからローマへ

アレクサンドロスによるテュロスの陥落

オリエント世界に君臨したアケメネス朝ペルシアにとどめを刺したのは、マケドニアの若き風雲児アレクサンドロスである。志半ばに暗殺された父フィリッポス二世の遺志を継ぎ、アレクサンドロスが東方遠征の途についたのは、前三三四年春のことであった。

　遠征軍は小アジアを経由し、イッソスの戦いで初めて相まみえたダレイオス三世を敗走させ、前三三三年の秋も深まった頃、フェニキア沿岸部に到達した。

　アラドス、ビュブロス、シドンの諸都市は、戦わずしてアレクサンドロスに恭順の意を示した。アッリアノスによれば、当時、海上で軍務にあたっていたアラドスとビュブロスの王は、城門が開かれたのを知るや、自らの艦隊を率いてペルシア海軍から離脱しアレクサンドロス側に投じたという。さらに、つい先頃のペルシアによる暴挙を経験したシドンは、市民自らがアレクサンドロスの軍門に降ることを望んだ。

　降伏に際して結ばれた協定には、おそらく帰順した都市の経済活動を保証する旨《むね》がしたためられていたのであろう。アレクサンドロス軍が、内陸部への遠征を前にまず海岸部を平定する目的は、先例にならって、東地中海沿岸一帯の安全確保という狙いがあったと思われる。

　だが、これらフェニキア諸都市の中で最南端にあるテュロスだけは違っていた。一旦は帰順を決めながらも、アレクサンドロスがメルカルト（ヘラクレス）神殿で犠牲を捧げたいという申し出を拒絶したのである。テュロスの都市神メルカルトは、前四世紀のギリシア世界では英雄ヘラクレスと同一視され、マケドニア王家の系譜をヘラクレスにさかのぼるものと自負するアレクサンドロスにとって供犠は当然のことと思われた。拒否されたアレクサンド

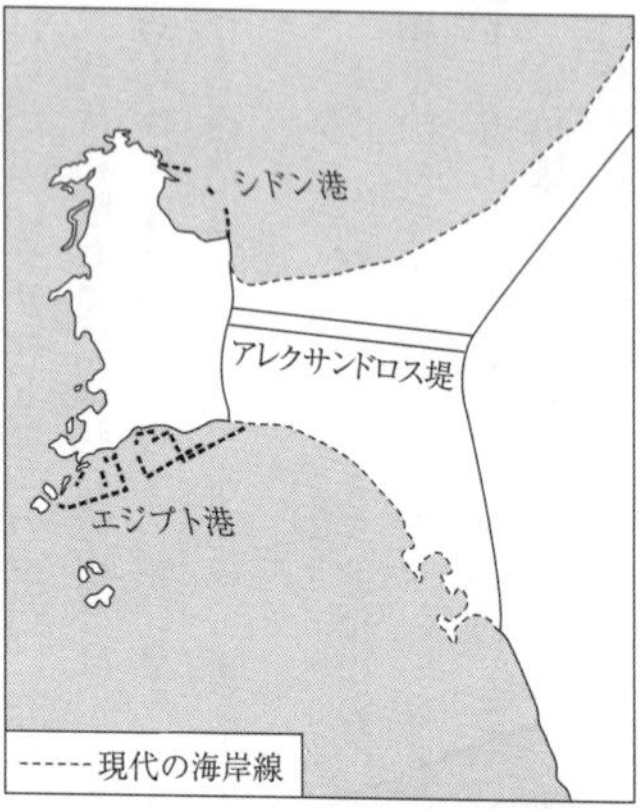

テュロスの地形　S.Moscati(ed.), *The Phoenicians*, 2001をもとに作成

ロスは、テュロスを徹底的に攻め落とすことを決意する。

前三三二年一月、本土と切り離された島、テュロスに対する攻囲戦が始まった。この時期、古くからの慣習に従って、母市のメルカルト神殿に奉献するためにテュロスを訪れていたカルタゴの使節団は、やがてカルタゴから援軍が来ると言ってテュロス市民を励ました。老人や婦女子の一部は、本格的な戦闘の開始前に安全のためにカルタゴへ移送され、都市は緊迫の度合いを高める。

だが、七ヵ月にわたる両軍必死の攻防戦の末、ついに島は陥落した。これまで何人もの王が挑んでも、けっして攻め落とせなかった難攻不落の堅固な要塞都市テュロスは、初めて一人の大王に屈服したのである。この時、攻城のためにアレクサンドロスが本土から沖合の島に向かって築かせた突堤は、やがて砂州となって本土と島をつなぎ、現在では半島となりその景観をすっかり変えてしまっている。

凄惨な市街戦のあと、多くの市民が虐殺され、また奴隷に売られた。その数、数万に及ぶ。だが一方で、メルカルト神殿に逃げ込んだアゼミルコス王をはじめ一部の高貴な人々およびカルタゴからの使節団は恩赦を与えられ、命を救われた。メルカルト神殿が一種のアジール（聖なる避難所）の役割を果たしたことは明らかであり、アレクサンドロスにしても神聖なる神域を冒瀆《ぼうとく》することは憚《はばか》られたのであろう。彼はメルカルト神に犠牲を捧げたあと盛大な観閲式と観艦式を挙行し、さらに神域内で種々の体育競技や松明《たいまつ》競技を催させた。

結局、カルタゴからの援軍は到着せず、カルタゴに対するアレクサンドロスの宣戦布告も実行されることはなかった。しかし、他のフェニキア諸都市が相次いでアレクサンドロス軍に追従する中、テュロスとカルタゴとの紐帯《ちゅうたい》は、テュロスが「地中海の女王の座」をカルタゴに譲り渡したあとも途切れることなく続いていたのである。

フェニキアを代表する都市テュロスの陥落は、確かに一つの時代の幕引きであった。歴史にイフは禁物だが、もしアレクサンドロスが十分に人生を生き永らえていたならば、その野望の矛先がいつかカルタゴに向けられる日が来ていたかもしれないのである。

ギリシア文化を受容した都市

前三二三年、アレクサンドロスは一一年に及ぶ遠征の末、満三三歳を目前に熱病のためバビロンでこの世を去った。まもなく彼の残した広大な未完の帝国は、後継武将たちの領土争奪戦の舞台となり、フェニキア沿岸部を含むシリア・パレスティナ地方は、目まぐるしく変わる支配者たちに翻弄《ほんろう》された。この過程において、一旦は徹底的に破壊されたテュロスも、また急速に復興を遂げる。すでにペルシア時代に、エーゲ海方面との活発な交易を通してギ

フェニキア語の碑文が刻まれた墓碑　ウム・エル・アメド出土。ベイルート、国立博物館蔵

リシアの文物が流入していたフェニキアにも、ヘレニズム化の波が大きなうねりとなって押し寄せてきた。特にヘレニズム化が急速に進展したのは、前一九八年、この地がプトレマイオス朝の支配から離脱し、セレウコス朝シリアの支配下に入って以降である。

なお、第二次ポエニ戦争時の将軍であり政治家でもあったハンニバルが、カルタゴでの失脚ののち、セレウコス朝のアンティオコス三世（在位・前二二三〜前一八七年）のもとに亡命すべくテュロスを訪れたのも、この頃のことであった。息子のアンティオコス四世（在位・前一七五〜前一六四年）は、熱烈なギリシア文化の信奉者であり、ユダヤでは、そのヘレニズム化政策に反対した人々によりマカベア戦争を惹起《じゃっき》した君主としても知られるが、この王のもとで、ギリシア文化はさらに広まり、いっそうの高揚をみた。

こうして、前一世紀を迎える頃には、フェニキア諸都市のヘレニズム化はおおむね完了したとみなしてよいだろう。むろんこの地にやってきて定住したギリシア人との混交も進んだに違いない。教養ある人々はギリシア語（コイネー）を話し、ギリシア語の名前を持っていた。ギリシアの様式にのっとった祭礼や供犠、演劇、体育競技が、人々の生活に浸透した。

だが、在地の文化や宗教がまったく途絶えてしまったわけではないことは、テュロス近郊のウム・エル・アメド出土のフェニキア語碑文を見ても明らかであり、そこには新しい文化を受け入れつつも、旧来の伝統を保持し続けた人々の姿が垣間《かいま》見られる。

土着の王政は廃止されたが、残された碑文の断片から、テュロスではカルタゴと同様に民会や政務官スーフェースの存在が確認され、一種の共和政体が機能していたことがうかがい知れる。セレウコス紀元暦と並んで都市独自の紀年法を用いることも許され、各都市で貨幣の発行を行うなど、ヘレニズム時代のフェニキアでは一定の自治が認められていたこともまた事実である。

ポンペイウスの登場

さて、セレウコス朝による支配は、常に王国の継承問題をめぐる内紛にさらされており、その基盤は当初から脆弱《ぜいじゃく》であった。そのような中で、アンティオコス四世の死（前一六四年）は、その後まもなく勃発する内乱の序曲となったのである。

特に前一四五年以降、セレウコス朝の内部では、複数の王が同時に擁立される分裂状態が

タニト女神の印が刻印された分銅　日本隊の発掘調査で2003年に出土した鉛製の分銅の表面（左）と裏面。泉拓良氏提供

顕在化し、前一二九年のアンティオコス七世の死は、セレウコス朝の解体に一層拍車をかけることになる。

　だがそれは一方では、王国内部にくすぶっていた被支配下の諸民族の独立の気運に火花をつけた。フェニキア沿岸部でもアラドス、テュロス、シドンにおいて、セレウコス朝からの独立の動きが活発化した。政争に敗れ、テュロスに逃げ込んだデメトリオス二世がそこで暗殺されている事実（前一二六年頃）からも、これを裏づけることができる。以後、テュロスではセレウコス朝の王名を刻印しない貨幣が発行され、シドンでも、前一一一／〇年以降、同形式の都市独自の貨幣が発行されることになる。同じヘレニズムの王国であるプトレマイオス朝との長年にわたる確執、内部から湧き上がる自治独立の流れ、王位簒奪をめぐり弱体化した王国に、もはやそれらを押さえる力はなかった。

　実は一九九九年から、我が国でも日本西アジア考古学会のメンバーを中心に、テュロス（ティール）で精力的な学術調査が続けられているが、二〇〇三年度の発掘調査では、同時期のものと思われるタニト女神（後述）の印が刻印された分銅が見つかり大きな話題を喚起した。発掘者の泉拓良氏によれば、テュロスにおけるナショナリズム高揚の表れと解釈できる可能性があるという。その後も調査は継続しており、いずれ日本隊による新たな遺物の発見が歴史の一頁を飾ることも、そう遠い夢の話ではないかもしれない。

前一世紀に入ると、混乱に乗じてシリアに侵入したアルメニアのティグラネスが、前八三年から前六九年までセレウコス朝の支配を受け継ぎ統治したが、それもつかのまの出来事であった。地中海の向こう側では、すでにローマがカルタゴとマケドニアを滅ぼし、虎視眈々《こしたんたん》と西方および東方世界への覇権拡大を狙っていたのである。

前六四年、ローマのポンペイウスは、セレウコス朝の長年にわたる内乱に終止符を打ち、王国にとどめを刺した。これにより、名実ともにセレウコス朝シリアは瓦解《がかい》し、フェニキア諸都市はローマの広大な領土の中に属州シリアの一部として再編され、包含されていくことになる。

最終的に地中海世界の覇者となったローマ帝国の中におけるフェニキア諸都市の運命については、また別の話となろう。

フェニキア人から学ぶもの

第一章から第二章にかけては、カナン時代からローマ時代の幕開けに至る千数百年の歴史をフェニキア本土に焦点をあてて概観してきた。

フェニキア人は地中海随一の船乗りとして、大海原をまたにかけ、国際交易に活躍したたぐいまれなる商人である。前九世紀以降、海上交易と陸上交易の結接点となった東地中海沿岸部のフェニキア諸都市は、当時の世界中の物品の一大集散地として栄えた言わば国際商業都市であった。だが、彼らは単なる中継交易に従事した商人であっただけではない。カナン時代の伝統を受け継ぎ、自らが染色や織物産業、金属加工や象牙細工に熟練した職人集団であり、さらには、木材の伐採や運搬、建築、造船の分野に至るまで卓越した技術者集団でもあったのだ。モノを運ぶだけではなく、モノを創り出すことができる、そこにこそ彼らの強みが隠されている。

アッシリアやペルシアに代表されるオリエントの大国と小国フェニキア諸都市との関係を見ていくと、小国が大国に完全に吸収されて滅びてしまうのではなく、自らの経済力や技術力を武器に、大国の狭間でしなやかに力強く生き抜いた小国の姿が鮮やかによみがえってくる。彼らの柔軟ではあるが強靱な生き方こそ、現代の国際化社会を生き抜く我々に、多くの指針とヒントを与えてくれるものであろう。

独自の王政を敷き、固有の都市神を擁したフェニキア諸都市は、一つ一つが独立した都市国家であり、それらが政治的に一つの統合体としてまとまることは、その長い歴史においてついになかった。有事に際して互いに臨機応変に対処する姿勢は、時として変わり身の早い処世術ともとられかねないものである。だが裏を返せば、既成の枠組みにとらわれず、各都市、各個人が自らの意志でつかみとった判断であり、それを支えていたのは比類なき自信に裏打ちされた天賦の才ともいうべき人々の資質であった。

交易に赴く先々でさまざまな異文化との衝突を経験したに違いないフェニキア人は、そこから多くの物事を学び、物事に柔軟に対処する自らの生きる術を身をもって体得したはずである。

本国に残ったものは大国の代替わりをものともせず、激動の千数百年を生き延びた。海の彼方の新天地を目指した者は、やがて地中海の覇者となって君臨する。次章では、地中海西方におけるフェニキア人の活動を中心に見ていくことにする。

第三章　フェニキア人の西方展開——伝承と事実

栗田伸子

西地中海のフェニキア植民伝承

消された地図

ネアポリス（現ナポリ）、シュラクサイ（シラクサ）、マッサリア（マルセイユ）、ビュザンティオン（イスタンブル）……地中海周辺の東西に散在するこれらの港町は、もとはすべてギリシア人の植民市として建設された。紀元前八〜前六世紀、バルカン半島と小アジアのエーゲ海岸ですでにポリスの時代を迎えていたギリシア人は、母市の内紛や人口過剰から新天地を求めて大植民運動を展開し、その結果、ギリシア人の活動の範囲は黒海沿岸を含む地中海全域へ広がった。地中海が一つながりの内海として意識され、統一的な歴史の舞台として立ち現れるのは、まさにこのギリシア人の活動と軌を一にしてのことである——世界史の常識はこう教える。

しかしここには大きな欠落がある。多くの忘れられた港、いわば丸ごと消された一枚の地図がある。リクスス、ガデス（フェニキア名ガディル、現カディス）、マラカ（マラガ）、イビサ、シチリアのモテュア、マルタ島、そして北アフリカのウティカ……あまり耳慣れないかもしれないこれらの地名は、フェニキア人と呼ばれたカナンの人々が遠く西地中海に、そして大西洋岸にまで——ガデスはスペインの、リクススはモロッコのそれぞれ大西洋岸にある——残した活動の跡である。

これらの港のうち、あるものは信じられないほど古い起源伝承を持っている。たとえばローマ帝政時代初期（一世紀中葉）の地理学者ポンポニウス＝メラによれば、ガデスにはテュロス人が建立《こんりゅう》した「エジプトのヘルクレス（ヘラクレス）」の神殿があり、そこにはヘルクレスの遺骨が埋まっていて、神殿の起源は（ホメロスの描く）トロイア時代にさかのぼるというのである。ギリシアの伝承ではいわゆるトロイア戦争は前一一九〇／八四年のこととされているので、ガデス市の誕生はそれより前、紀元前一二世紀以前であると主張されていることになる。

ポンポニウス＝メラ自身が、ガデスに近いスペイン南部のティンゲンテラという町の出身なので、この記述には多少お国自慢が入っているのかもしれない。このティンゲンテラ市もフェニキア人の入植地だったらしく、メラの時代、つまりクラウディウス帝治下のローマ時代にもなお、アフリカから渡ってきたフェニキア人（の子孫）が住みついていたという。

別の伝承ではガデス市はトロイア滅亡の八〇年後、つまり前一一一〇／〇四年頃にフェニキアの艦隊によって建設され、その少しあとに北アフリカのチュニス近郊のウティカ市も建設されたという（一世紀の歴史家ウェッレイウス＝パテルクルスらによる）。有名な地理学者ストラボンも博物学者大プリニウスも、ガデスがトロイア滅亡のすぐあとに建設されたとする点で一致している。さらに大プリニウスは、北アフリカ大西洋岸のリクスス市に言及して、リクススにもヘルクレスの聖域があり、それはガデスのものよりも古いと述べている。

トロイア時代のフェニキア植民？

これらの伝承は何を物語るのであろうか。

スペインの歴史家M・E・オーベットによれば、イベリア半島等、西地中海でのフェニキア人の植民を示す考古学的証拠は前八世紀以前にはほとんどさかのぼらないという。彼女はその著書『フェニキア人と西方』の中でガディル（ガデス）建設をトロイア滅亡の八〇年後とするウェッレイウス＝パテルクルスの記述をあまり信用できないとして、おおよそ次のように述べる。

ウェッレイウスらの叙述は、フェニキア人の西方到来の年代や場所についての大いなる混同を特徴とするヘレニズム（アレクサンドロス大王の死以降）の歴史学の産物である。ヘレニズム時代の歴史叙述はホメロスの叙事詩を歴史的事実とし、西方の諸都市の起源を、「トロイア陥落」後の英雄達の（西への）帰還――いわゆるノストイ神話――に結びつけたがる傾向があるのであり、ガデス建設を英雄（半神）ヘラクレスの西方遠征と結びつけるのもその一種である。ギリシアの半神ヘラクレスがスペインで死んだとする先述のポンポニウス＝メラらの考えもここから出ている。

このような伝承が生み出された前二〜前一世紀は、ガデス市の繁栄の時期であり、当地のヘラクレス神殿にハンニバルやユリウス＝カエサルといった有名人が訪れた時期と重なる。おそらくまず前四世紀、ギリシアの半神ヘラクレスがフェニキア本土のテュロスのメルカルト神と同一視され始めた時期にアテネでイベリア半島におけるヘラクレスをめぐる神話が生まれた。当時すでにガデスのヘラクレス神殿の「古さ」がよく知られていたために、ガデスもその建設者であるフェニキア人達の西方への航海も「ヘラクレス／メルカルト」の西征と混同されて結びつけられた。

ヘラクレスがスペインへ旅したことにし、その旅とガデスの神殿――ヘレニズム期に実在したヘラクレイオン（ギリシア式のヘラクレス神殿。したがって少なくとも当時はもうすでにテュロスのメルカルト神のフェニキア式の神殿ではなかったとの意――筆者）――を関連づけるためにこれらの事件をトロイア戦争後の「ヘラクレスの子ら」のギリシアへの帰還神話の中に位置づける必要が生じ、こうしてガデスだけでなく、リクススやウティカといった西方の（フェニキア人の）植民市の建設年代全体がトロイア戦争の頃へと移された。

フェニキア人の西地中海、大西洋岸への到来を前一二世紀とみる伝承はこうした操作の結果生じたものであり、現代の厳密な歴史学の検証には堪《た》えないものである。

やや複雑な議論であるが、要は本来別物であるギリシアの英雄ヘラクレスとフェニキアのテュロス市の都市神メルカルトの同一視を背景に、ヘレニズム期の歴史家が当時有名だったガデスのヘラクレス神殿の由来を英雄ヘラクレスの西方旅行に結びつけて、神殿とガデスの「古さ」に箔《はく》をつけたのだ、ということである。ガデスがよりフェニキア的なガディル（「囲われた場所」、城砦）の名で呼ばれ、フェニキア人の植民市であったのは確かなので、ヘレニズム期にあったガデスのヘラクレス神殿は、ある時期までは本当にテュロス市直系のメルカルト神殿であったのであろう。

二世紀のギリシア系のローマ元老院議員アッリアノスは、『アレクサンドロス大王東征記』の中で、おそらくガデスを指していると思われる「タルテッソスの町」について、ここはフェニキア人の植民市であり、この町のヘラクレス神殿は造りも供犠の仕方もフェニキア風だと述べている。ヘレニズム時代のガデスのヘラクレス神殿についてはまた、オーベットも触れているように財務官時代のユリウス＝カエサルが、この神殿にあったアレクサンドロス大王像を目にして世界征服の野望に目ざめたというエピソードもある。

いずれにせよ、このフェニキアのメルカルト神とギリシアのヘラクレスの「混同」ないし同一視の結果、ガデスの神殿の最初の建設者であるフェニキア（テュロス）人達の西方植民の年代まで、英雄ヘラクレスが活躍したとされるトロイア戦争以前（ポンポニウス＝メラ説）あるいは「ヘラクレスの子孫達（ヘラクレイダイ）」がギリシアのペロポネソス半島に帰還したとされるトロイア戦争の二～三世代後（ウェッレイウス＝パテルクルス説）に引き上げられてしまい、こうして「フェニキア人は前一二世紀にすでにジブラルタルを越えて大西洋岸にまで植民していた」と主張する一連の伝承が生まれることになったというのである。

「プレ植民段階」仮説

このように、フェニキア人の西方到来——ガデスやリクスス、ウティカの建設——を前一二世紀までさかのぼらせるための史料的根拠は、実は薄弱と言わざるをえない。にもかかわらず、確実な考古学的証拠のある前八世紀以前にも、「プレ植民段階」を想定して、前一〇世紀あるいはもっと以前にフェニキア人が西方に来航していたとする説は根強い。これらの説では、この段階のフェニキア人は貴金属の鉱石等を得るために西地中海の先住民に主として装飾品等の威信財を贈与し、物々交換を行うのみで、まだ植民や都市建設には至らなかったために、「プレ植民段階」の考古学的証拠は残らなかったのだと説明される。

オーベットも批判しているとおり、これらの説は、前一二世紀の来航を主張するリェッレイウス＝パテルクルスらの古典文献史料と前八世紀以降の証拠しかない考古学資料の間の隔たりを埋めようとする妥協説という性格が強い。しかしこうした論が繰り返し登場する背景には、「プレ植民段階」の開始期とされる前一二世紀という時代が、フェニキア人の故地カナン地方を含む東地中海全体にとってきわめて重要な歴史の転換点であったという事実があることを見逃してはならないであろう。

前一二世紀は青銅器時代の終わり、鉄器時代への移行の始まりの時代であった。青銅器時代の東地中海の文明中心、新王国エジプトは「海の民」の侵入を受けて衰退し、ヒッタイト帝国は滅び、ミケーネ文明――この文明に属するポリス以前のギリシア人の諸王国が、小アジアのトロイア市を攻撃・破壊したとされる事件が、いわゆるトロイア戦争である――もまた滅亡した。「カナンの地」つまり、のちにフェニキア人と呼ばれることになるカナン人の都市国家が分布していたシリア地方も、この大変動を免《まぬか》れはしなかった。主要都市の一つウガリトは前一二〇〇年頃に最終的に破壊・放棄され、また前一二三〇年頃からは古代イスラエル人（ヘブライ人）が侵入し、さらに「海の民」特にいわゆるペリシテ人（フィリスティネス）の侵入と破壊、カナン南部の海岸地方占拠（前一一八〇年頃）も加わってカナン人の社会は大打撃を受け、変貌を余儀なくされたと思われる。カナン人の居住地はせばめられ、北西部の海岸地帯に局限されていった。この部分がフェニキア地方と呼ばれることになるのである。

カナン地方の「暗黒時代」、つまり青銅器時代の終わりと鉄器時代への移行期は前一二〇〇年頃から前一〇五〇年頃まで続くが、この時代がようやく終わった頃には、かつてのカナン地方は解体され、カナン（フェニキア）人の住む北西部海岸、アラム系諸族の住む内陸シリア、古代イスラエル王国が成立する南部へと三分割されていた。本来農耕社会を形成していたカナン人が、商工業、特に鉱石貿易や金属加工に特化した古代世界ではまれな「商業民族」フェニキア人へと変身せざるをえなかった契機が、「暗黒時代」におけるこの居住地域の縮小、その結果としての人口過剰等々にあったことは明らかであるので、その「暗黒時代」の間にカナン人／フェニキア人の西方への進出の準備的活動があったかもしれぬという説には、オーベットの否定にもかかわらず、なお仮説としての説得力はあるように思われるのである。

西方展開の実際の年代

ノラの石碑

ともあれ、現在までに発見されている、西地中海におけるフェニキア人の存在を示す考古学資料の多くは前八世紀以降のものである。最古の、前九世紀後半から前八世紀初めのものとされる石碑が、サルディニア島南端のノラ（現プーラ）から出土している。この碑文は八行分しか残っていないが、プマイ神という神に捧げられた神殿の建設にかかわるものであり、おそらく、この地に漂着したフェニキア人の航海者が到着を記念して神殿を建てた際に残したものと考えられている。ガデスやリクススにフェニキア人がメルカルト（ヘラクレス）神殿を建てたのも同様の慣行

ノラの石碑　サルディニア島、ノラ出土。前9世紀後半～前8世紀初め。カリアリ、国立考古学博物館蔵

だったのであろう。この碑文の読みと解釈についてはさまざまな説があるが、エドワード・リピンスキは次のように英訳している。

一行目　タルシシュへ（で）、
二行目　そして彼は吹き寄せられた
三行目　サルディニアへ。
四行目　彼は助かった。助かったのだ、
五行目　水夫達もまた、
六行目　「女王」号の（別の読みでは「キティオンの王の」）。この建造物は
七行目　布告官（nāgir）が建てたもの、
八行目　プマイ（神）のために。

第一行目の「タルシシュ」は、第二章で見たように『旧約聖書』の「列王記」等に登場するフェニキア船の航海の目的地で、そこから金、銀、鉄、鉛、錫《すず》等々を持ち帰ってくることになっている謎の場所である。ガデスに近いスペイン南部のいわゆる「タルテッソス」がタルシシュだとする説も有力である。

この碑文からわかることは、ここに記されたフェニキア人の一団は「タルシシュ」に行こうとしていたか、そこに立ち寄ったかしたのに、難破してサルディニア（碑文ではb-šrdnと

記されている）に運んでいかれ、ようやくノラに上陸して助かり、おそらくは救難の感謝のために「プマイ」神に神殿を捧げたのだということである。第七行目の「布告官」（碑文ではngr）と訳した役人はリピンスキによれば、ウガリトで外国船を監督したnāgiruという役人やメソポタミアのマリで徴税を担当した同名の役人と関係があるらしい。この「布告官」が難破船に同乗していたのか、それとも以前からノラにフェニキア人の停泊地があって、そこに常駐していたものかはわからない。

ともかくもこの文面からは前九世紀後半頃にはすでにフェニキア船がイタリア半島よりも西のサルディニア島あたりまで航海して来ており、それも一回きりの冒険的航海というよりも、もっと行き先の定まった、航路がある程度決まった航海が普通になりつつあったことが想像される。「布告官」というような役人の存在も、フェニキア人の西方航海がこの時期にはもう日常的になっており、それを監督・コントロールするための制度が生まれつつあることを裏付けるものであろう。

前九世紀後半か？

ノラの石碑の年代の上限である前九世紀後半は、伝承上のカルタゴ市建設の頃である。カルタゴ市の実際の建設年代は考古学資料によれば前八世紀中葉であるが、古典史料であるティマイオスの断片では前八一四／三年とされている。

カルタゴを建設したのはフェニキアのテュロスの王女エリッサとされているが、同じテュロスの王エトバアル一世は北アフリカにアウザという植民市を築いたと言われ、彼の在位年代は前九世紀中葉（前八八七〜前八五六年）である。要するに前九世紀後半という数字は、フェニキア人の西地中海進出の年代としてかなり正確なものだということである。

このあとの一世紀半ほどの間に、フェニキア本土のテュロス等から西方への橋頭堡《きょうとうほ》となるキプロス島を経由して、シチリア島、マルタ島、サルディニア島、そして北アフリカのウティカ、カルタゴを中継点としつつジブラルタル海峡の向こうのガデス、リクススに至るフェニキア人の西方への航路、交易網の原型が完成したのであろう。

ガデス、リクスス、ウティカの建設年代をアウザ、カルタゴ、キプロスのキティオン等の植民市の建設よりはるか昔のトロイア戦争時代におく古典史料の年代設定は批判されてしかるべきであるが、これらの伝承からなお読みとることができるのは、フェニキア人の西方への展開が、かなり短期間に一気に地中海の西端まで及んだということである。もしフェニキア人が地中海の東西の中央部にあたるカルタゴ、シチリアあたりまでを先に押さえたあとで、ずっとのちの時代に西の端であるイベリア半島のガデス付近に到来したのだったら、いかに伝承とはいえガデス、リクススがカルタゴより前に建設されたという主張は成り立ちにくかったと思われるからである。

前九〜前八世紀のオリエント

ガディル（ガデス）など、スペイン南部がかなり早くからフェニキア人をひきつけたのは、一つにはこの付近がジブラルタル海峡を抜けて大西洋に出た際の寄港地として重要だからである。しかし、一五～一六世紀の大航海時代のポルトガル人やスペイン人が、地理学上の好奇心だけで「インド」をめざしたのではなかったのと同じように、フェニキア人にとっても地中海を端まで探検し、その外の大洋に至ることが自己目的だったのではない。彼らの目的は当時、東地中海では不足気味だった金、銀、銅、鉄、鉛、錫等の鉱石、とりわけ銀であったと考えられている。

前九～前八世紀のオリエント・東地中海世界には、まだ金属のコインは存在しておらず、貨幣の材料としての金・銀が問題だったわけではなかったが、王や神官等の支配層の人々はその地位を可視化し、神聖化するためのきらびやかな装身具、玉座、家具、宮殿の装飾等の威信財を必要としていた。またすでに鉄器時代に入ったオリエントの発達した農業社会は、鉄や銅等の道具の多様な利用によって支えられていた。武器としての鉄器の重要性は言うまでもない。特に前八～前七世紀にエジプトを含むオリエント全体を史上初めて統一したアッシリア帝国（新アッシリア帝国）は鉄器の大量使用によって成立したと言ってよく、サルゴン二世（在位・前七二二～前七〇五年）の宮殿跡からは一六〇トンもの鉄が発見されている。

オーベットによれば、このような金属使用の大量化を背景に、前一〇〇〇年頃以降のオリエントでは、銀が商取引の際の尺度としての位置を獲得し、銀と金、銅、錫の交換比率も定まり、銀の量目を基礎とした一種の「貨幣」単位（シェケル）が使われ始めていた。アッシリアに銀・金を供給した町の筆頭に挙げられているのがフェニキアのテュロスであり、ダマスクス等がこれに続く。つまりテュロスは遠隔地貿易を通じて地中海各地からオリエントへ、アッシリア帝国へと銀をもたらし、この新たに成立しつつある商取引経済の血流を保つセンターとしての役割を果たしていたと言えるのである。

スペイン白銀郷

テュロスの西方植民はしたがって、このオリエントでの金属流通との関係でとらえる必要がある。ポエニ戦争期の歴史を書いたポリュビオスも認めるように、古代のイベリア半島といえば銀と金で有名であった。テュロス人が「囲まれた場所」ガディルを建設したのは、スペイン南部を東西に流れるグアダルキビル川が大西洋に注ぐ河口に近いあたりであるが、この川とそのすぐ西のティント川（リオ・ティント）流域は実際、古代のエルドラド（「黄金郷」の意であるが、ここではむしろ「白銀郷」か）とでも呼ぶべき銀の産地であった。

次章で見るように、フェニキア人は自ら銀を採掘するというよりは、イベリア半島の先住民との物々交換によって銀を入手したらしい。先住民はオリーブ油やワイン、雑貨と引き換えに、貴重な銀を渡したのであった。グアダルキビル川流域にはカランボロ、カルモナ等、「タルテッソス王国」と総称される先住民の居住地群が古くからあったが、これらの遺跡からは前八世紀以降、アンフォラ（両側に取っ手のついた壺）等のフェニキア人の運搬用具や香料・香水を入れたと思われる小壜《こびん》類、象牙細工、金・銀・ビーズの宝飾品等のフェニキア製品が多数発見されている。「タルテッソス」の貴族の墓（ウェルバのラ・ホーヤの墓域）は前七世紀頃にはこの銀輸出のおかげで豪華になり、明らかにフェニキア・東方の文化の影響を示すようになるという。

　ガディルは、このタルテッソス先住民社会を後背地として、グアダルキビル川の少し東のグアダレーテ川の河口の沖合にあった二つか三つの小島の上に建設された。ギリシア・ローマ人の書物でガディルが「ガデス」、あるいは「ガディラ」といずれも複数形で呼ばれるのは、島が複数であったためらしい。これらの小島は現在では地形が変わって本土とつながってしまっているために、古代のガディル市の正確な姿はわからないのであるが。細い海峡をへだてて目と鼻の先だった本土のタルテッソス系の集落からは、前七七〇〜前七五〇年頃のフェニキア製の輸入品が発見されている。前八世紀半ばまでには、フェニキア人の交易は先

プロト・アイオリス式の柱頭
カディス出土。この付近へのフェニキア人の入植を示す。スペイン、カディス博物館蔵。佐藤春萌撮影

青銅製水差し　スペイン、ウェルバ出土。M. E. Aubet, *The Phoenicians and the West*, 2001より

に述べたようにグアダルキビル川流域の内陸のタルテッソス集落にも広く及んでいた。ガディルはこれらの先住民社会との接触によって銀、金、鉛を手に入れ、テュロス等のフェニキア本土、オリエントへと積み出す銀の港であった。前一〇～前八世紀のオリエントの人々を西方へと駆り立てたゴールドラッシュならぬ「シルバーラッシュ」の終着点がこのガディルだったのであり、この植民市がすでに建設されていることが確実である前八世紀までには、テュロスからガディルに至る地中海およびジブラルタル付近は「フェニキア人の海」としてひとまず探検され終えていたと見てよいと思われるのである。

ヘラクレスの西方行

ヘラクレスの足跡

フェニキア人到来の時期の問題はこれくらいにして、ヘラクレス／メルカルトの西征伝承をもう少し検討したい。メルカルト神についてはすでに前章で詳述されているので、ここではギリシア側の伝承、つまり有名な英雄ヘラクレスと西地中海、大西洋の関係について振り返ってみよう。それによってギリシア・ローマ人の抱いていた西方イメージと、そこに見え隠れするフェニキア人の姿がより明らかになるであろう。

ギリシアのヘラクレスは神ではなく半神である。父は神々の王ゼウス、母は人間の女アルクメネであり、この出生のゆえにゼウスの妻である女神ヘラの怒りを招いたヘラクレスは狂気に陥って妻子を殺し、アルゴスの支配者エウリュステウスの下僕とされて、いわゆる十二の難業を課せられる。難業の舞台の多くは、ネメア峡谷に出没するライオン退治の場合のように、ギリシア本土のアルゴス付近であるが、残りのいくつかは文字どおり地の果て、世界の端に位置づけられている。冥府に下って地獄の犬ケルベロスを鎖につなぎ、地上に連れ帰る――そしてエウリュステウス王をおびやかす――十二番目の難業などその最たるものであるが、地上における最果てへの旅行は、ヘスペリデスの黄金の林檎《りんご》の探求と、そしておそらくはゲーリュオンの牛の群れの奪取の旅である。

黄金の林檎とは女神ヘラが結婚の時に大地《ガイア》から贈られたもので、この樹を「ヘスペリス達（ヘスペリデス）」と呼ばれる娘達が、はるかかなたの――多くのバージョンではアトラス山脈のかなたの――庭園の中で守っていたことになっている。この伝説の庭園について博物学者大プリニウスは、マウレタニア（現在のモロッコ）のリクススの町の河口にゼニアオイの巨木があり、そこがヘスペリデスの園があったと言われる場所だと述べている。先に触れたように大プリニウスはこの巨木が「ガデスのそれよりも古いと言われるヘルクレス神殿の近く」にあるとも言っており、この記述が前一二世紀にフェニキア人がリクススに植民した根拠とされているのである。ヘラクレスは黄金の林檎の樹を守っていた竜のラドンを殺して林檎を取ってきてもらって――別の説では天空を支えていた巨人アトラスを一時的に肩代わりし、その間にアトラスに林檎を取ってきてもらって――無事に難業を成し遂げたという。ヘスペリデスの園がアトラス山脈のむこうの大西洋岸のどこかにあり、到達がきわめて困難である、という観念がこの難業のコンセプトになっていることは間違いない。

大洋を渡るヘラクレス

ゲーリュオンの牛達をめぐる地理的観念はもっと曖昧模糊《あいまいもこ》としている。三つの胴体を持つ怪物ゲーリュオンの持ち物であるこの牛達はエリュテイア島、つまり「赤い島」と呼ばれる土地に飼われていたのだが、『ギリシア神話と英雄伝説』の著者トーマス・ブルフィンチは、この「赤」は夕陽の色、太陽の沈む西方を意味するとして、スペインを想起している。

ヘラクレスが山を分かってアフリカとヨーロッパを隔てる海峡の両側に半分ずつ並べ、いわゆる「ヘラクレスの柱」（ジブラルタル海峡）としたのも、エリュテイア島に至る途中であったとされる。牛の番人である巨人エウリュティオーンと二頭の番犬を殺して牛達を手に入れたヘラクレスは追ってきたゲーリュオンを射殺《いころ》し、帰りはローマ付近で巨人カークスに牛を盗まれかけたりしながら、ギリシアのエウリュステウス王のもとへ戻るのである。

興味深いのは、おそらくこのゲーリュオンの牛達の探求の過程でヘラクレスがオケアノス（大洋、大西洋）を渡ったという伝承があったらしいことである。ヘラクレスが太陽の盃に乗ってオケアノスを航行する図柄が、前五世紀初頭のアッティカの皿に描かれている（次頁参照）。

このヘラクレスは右手には彼のいつもの武器である棍棒を持っているが、左手で弓を握っている点に特徴がある。この弓は、ヘラクレスがゲーリュオンの島へ向かう途上で、大洋《オケアノス》から昇りつつあった太陽《ヘリオス》に向かって引き絞ったと伝えられるもので、すなわちこの図のヘラクレスの大洋航行が、ゲーリュオンの牛達の探求に関連するエピソードであることを示すものである。ギリシア神話を集大成したアポロドーロスによれば、ヘラクレスは旅の途中、暑さに耐えかねて太陽に弓を引き、彼の剛気に感心した太陽が黄金の盃を与えたので、これに乗って大洋を渡ったという。しかもエリュテイア島からの帰路、ヘラクレスは「タルテッソス」に渡り、そこで盃を太陽に返すのである。

　大洋を渡るヘラクレスというイメージは、たしかにフェニキアのメルカルト神との関連を連想させる。しかも太陽の盃に乗って、太陽に狙いを定めた弓を携えての航海という観念には、何かしら地理学的な、天文学的知識——例えば南中時の太陽の角度というような——をふまえての遠洋航法を想起させるものがあるのではないだろうか。

オケアノスを渡るヘラクレスを描いたアッティカの皿
W. H. Roscher(hrsg. von), *Ausführliches Lexikon der griechischen und römischen Mythologie*, 1886-1890 (rep.1978) より

　ギリシアの半神ヘラクレスの西征伝承は、このようにギリシア人が遅くとも前五世紀頃までにはすでに抱いていたと思われる北アフリカ、イベリア半島、大西洋方面への関心の表現であると同時に、彼らにとっての西方、大洋への到達の困難さ——英雄の難業の一つとして描かれざるをえないような——の反映でもあったといえよう。おそらくこの困難性の認識の先に、ギリシア人よりも早く大洋に達

した人々であるフェニキア人を競争相手として強く意識し、同時に彼らの神メルカルトを「ヘラクレス」として自分達の側の伝承に取り込むというオーベットの指摘するようなギリシア人による「同一化」の過程も存在した。

世界をめぐって活躍する有名なヘラクレス伝説のかなりの部分が、世界中でいつも自分達の先回りをしているフェニキア人に対するギリシア人のコンプレックスの産物である可能性も、あながち否定できないのである。

ポンポニウス＝メラが語るもの

ヘラクレス、スペインに死す？

ところで、このようなものとしてギリシア・ローマ人の伝える西方諸市建設伝承、「ヘラクレス／メルカルトの西征伝承」を眺め直してみる時、やや他とは異質なものを感じさせるのは、本章の初めのほうで紹介したスペイン出身の地理学者ポンポニウス＝メラの叙述である。メラは、ガデス市にあるテュロス人（フェニキア人）が建てた神殿は、「エジプトのヘルクレス」のものであると明言しており、これは十二の難業のギリシアのヘラクレスとは別人であることをあえて主張した表現のように見えるのである。同じ箇所で彼は、この神殿に「ヘルクレス」の遺骨が埋葬されているとも言っている。

ギリシアの半神ヘラクレスは、新妻に着せられたケンタウロスの血染めの肌着に身をさいなまれて、ギリシア北部のテッサリア地方のオイテー山の上で自ら火葬されたことになっているので、スペインのガデスに遺骨があるヘルクレスはいよいよもって別人ということになるのであろう。つまり、メラは、本人のつもりとしては、ギリシアのヘラクレスと別の民族の別の神（メルカルト？）を同一視する立場に立っているのではなく、ギリシアのヘラクレスと「エジプトのヘルクレス」を区別したうえで、後者こそがガデス市の創建に関わる存在だと主張しているわけである。

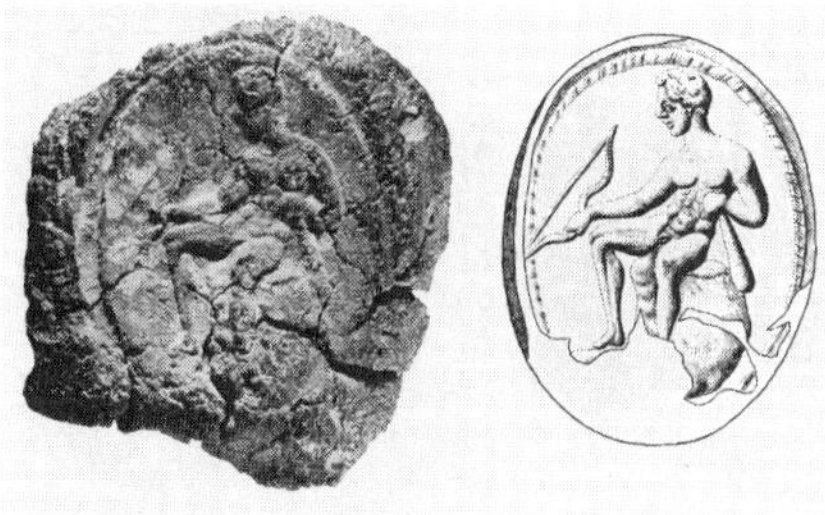

封泥に印された、弓と棍棒を持つヘラクレス　カルタゴ出土。前５世紀末～前４世紀初め。F. Rakob(hrsg. von), *Karthago* II, 1997より

さらに面白いことに、この「スペインで死んだもう一人のヘルクレス」という観念はメラ一人の思いつきではないらしい。前一世紀の歴史家サルスティウスの『ユグルタ戦争』の中に、北アフリカの諸種族の起源を述べた箇所があり、そこでは、当の北アフリカ（特にカルタゴに隣接するヌミディア地方等）の住民が「ヘルクレスはスペインで死んだ」と信じていると報告されているのである。

ポンポニウス＝メラの故郷であるスペイン南部から、西地中海におけるフェニキア勢力の中心とも言うべきカルタゴ市のあった北アフリカにかけて、ギリシアのヘラクレスではない、もう一人のスペインで死んだヘルクレ

ス（ヘラクレス）という伝承が広がっていたとするなら、これは、ギリシア本土起源の英雄ヘラクレス伝承が伝播し、地方化したものと考えるより、本当に何か別の系統のもの――フェニキア人が植民した地域に固有の、おそらくはメルカルトと関連する伝承――であったと考えたほうが合理的である。メラは、自分がこの「フェニキア的」な伝承に立脚することを自覚したうえで、故郷の近くの都市ガデスが、フェニキア本土から来たテュロス市の人々によって建設されたことを強調しようとしているように思われるのである。

反時計回りの世界地誌

ポンポニウス＝メラの『地誌』に示された世界観については、最近、ロジャー・バッティが興味深い研究を発表している。「メラのフェニキア地理学」と題されたこの論文は、メラのアイデンティティーが、北アフリカからスペイン南部に渡ってきたフェニキア人の入植地に根ざすものであり、メラはストラボン等のギリシア地理学とは異なったフェニキア人側の地理学を、自分とフェニキア的アイデンティティーを共有する読者のために書いたことを論証している。

中でも注目すべきなのは、メラが世界各地の地誌を順番に叙述していく際の回り方の特徴についてである。メラの叙述は海岸沿いに、ちょうど船の航海誌のように地中海を、そして世界を巡回する。この巡回は三回にわたっている。第一の巡回は地中海に面する諸地域を北アフリカ↓エジプト↓フェニキア↓小アジア↓ギリシア↓イタリアとめぐるもので、スペインで終わる。第二のそれは地中海と黒海の内側に浮かぶ島々をめぐるものでスペインのガデスの島々から始まり、黒海の島々↓東地中海↓北アフリカ沿岸↓エーゲ海北部↓ヨーロッパ海岸と回って最後はまたスペイン周辺に戻る。第三の最後の巡回はスペイン↓ブリテン島↓スカンディナビア半島とヨーロッパの外周を北へたどったあと、セレス（中国）↓インドとアジアの東端に下り、ペルシア湾↓紅海↓アフリカ大陸の外周、大西洋岸へとめぐり、最後はリクススからジブラルタル海峡に戻って終わるのである。

バッティも指摘するように、周航記（ラテン語でいうペリプルス）的な形式で海岸沿いに叙述を進めるやり方自体はストラボンにも見られるので、この形式をとっているからただちに「フェニキア的」、航海民族的だとは言えない。しかしメラの場合、周航記的巡回による叙述が三回にもわたっていてそれが『地誌』という書物全体の骨組みになっていることはやはり特徴的である。しかもメラの巡回の方向は今みたように地中海内部をめぐる場合必ず「反時計回り」であり、これはストラボンの場合とは逆方向なのである。

フェニキア人の地中海航路

前八世紀頃までに成立したフェニキア人の西地中海への航路、交易網がどのようなものであったかについては、先に触れたオーベットの著作が、地中海の海流、風向きを検討しつつ考察している。結論から先に言えば、こうして復元されたフェニキア人の地中海航路は、まさに反時計回りなのである。地中海の海流は季節により変化し、風向きにも左右されるが、

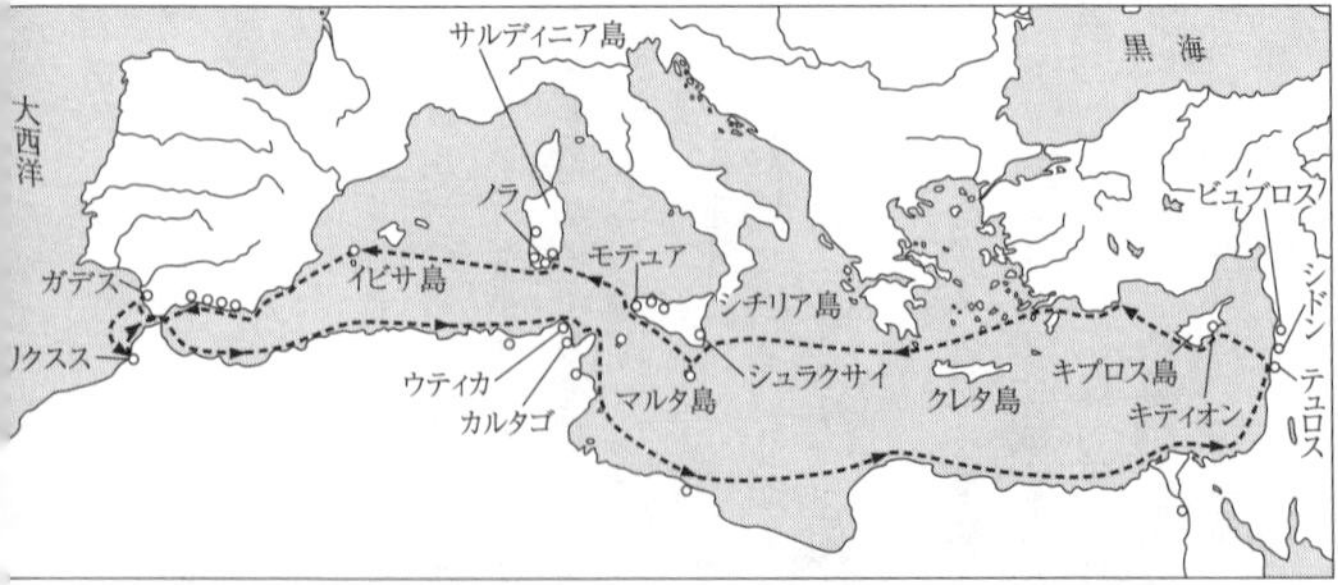

フェニキア人の地中海航路　M. E. Aubet, 2001の図をもとに作成

おおむね海岸沿いに反時計回りに流れており、他方、大西洋の方が地中海よりも海水面が高いために、ジブラルタル海峡では常に外洋から地中海へ向かう、毎時五ないし六ノットの速さの海水の流入があるという。

イベリア半島南部で物々交換で得た鉱石・地金等を満載したフェニキア船が大西洋岸のガデスからフェニキア本土のテュロス等に戻る場合、海流に逆らって進むことは困難であり、この反時計回り海流の南の流れに従って、ジブラルタル↓現在のモロッコ・アルジェリア沿岸↓カルタゴ↓現在のリビア沿岸↓エジプト↓シリア・フェニキア地方へと進むのが自然である。

逆にテュロス市から西地中海へ出発する場合は、このアフリカ北岸沿いの西からの海流を避けて、フェニキア地方↓キプロス島↓小アジア南岸↓ギリシア↓シチリア西端のモテュア島↓サルディニア島↓バレアレス諸島のイビサ島等々と地中海の北寄りに島々をたどりながらイベリア半島の南部に達し、ジブラルタル海峡を抜けて大西洋岸のガデス付近に出たのであろう。

この航海の一番の難所は季節によって強い西風、東風の吹くジブラルタル海峡を通過する地点であり、特に、地中海側から大西洋に出ることは、先に述べた海峡の外からの流れに逆らう必要があるために海流や風や地形についての十分な知識と入念な計画性が必要であったろう。イベリア半島南部のアンダルシア海岸にはマラカ、トスカノス、セクスィ、アブデラといったフェニキア人の港町が並んでいたが、これらは海岸地方をコントロールすると同時に、地中海側から大西洋へと出る際に好適な風、季節を待つための風待ち港であったと考えられている。

こうして見ると、ポンポニウス＝メラの『地誌』に現れる、あの反時計回りの周航記的叙述、特にガデス等スペイン南部を起点として北アフリカ沿岸を東へ進み、エジプト、フェニキアに至る叙述の順番には、かつてのフェニキア船の地中海航路（ガデス—テュロス航路）の記憶が反映されているとみなしてもよいと思われる。さらに言えば、それはカルタゴ滅亡と共に無用となった何百年も前の航路の記憶なのではなく、ある程度はメラ自身の時代、つまりローマ帝政時代初期の船乗りにとっても役に立つ実用的な地中海周航記だったのではないだろうか。もちろんそれは、イベリア半島南部、ガデスの港を母港とする人々にとって、という限定つきではあったかもしれないのだが。

とするならば地中海、海としての地中海を一体のものとして把握し、これを周航する知識と技術は、やはり最初にそれを獲得したフェニキア的伝統に立つ人々のものであり続けた——のちになってギリシア人が来ようとローマによって征服されようと、その伝統が西地中海諸地域から完全に消え去ることはなかったのだ――と想像することもできよう。航路の最大の難所であり、同時に地中海と大洋《オケアノス》との分節点でもあるがゆえに地中海から世界全体を見渡す鍵を握る場所であるジブラルタル付近に、この「フェニキア的伝統」の奥義が残存しつつ、メラの『地誌』のような形で再生産されていくというのは、ありうる仮説なのである。

第四章　カルタゴ海上「帝国」

栗田伸子

カルタゴ建設

一枚の皮の土地

ある日の北アフリカ海岸――。季節はいつとも知れないが、たぶん冬ではないだろう。時代は――古代の伝承では紀元前八一四／三年というのだが、半世紀ほどあとのことかもしれない。現在のチュニジア共和国の首都チュニス（古代のテュネス市）に近いそのあたりは、地中海が大きく入り込んだ雄大な湾になっていて、そこに上空から見るとちょうど船の錨《いかり》のような形の岬が突き出している。海は穏やかだが、夏の気候は快適とは言えない。八月ともなると気温はしばしば四〇度を超え、目もくらむばかりの白い日ざしが照りつけ、海からの風もあまり効果はない。

前九世紀末（?）のその頃、フェニキア人の姿はこの地ではすでに見慣れぬものではなくなっていた。海岸線に沿って北へ少し行くとこの地方随一の河川バグラダス川（現メジェルダ川）の河口に行きあたる。その川の向こうにフェニキア人はすでにウティカという港町を築いていた。伝承ではウティカもガデスと同じく前一二世紀にできたというのだが、実際に

カルタゴ周辺　S. Gsell, *Histoire ancienne de l'Afrique du Nord*, Ⅲ　1921-28（rep. 1972）をもとに作成

は前九世紀頃というのが妥当なところであろう。ウティカにあった「アポロン」の神殿の梁《はり》は、この都市の建設の際、後背地ヌミディア産の杉材で造られ、そのまま一一七八年間も持ちこたえたと大プリニウスが伝えてはいるのだが。

北アフリカのこの付近はガデス―テュロス間の航路のちょうど中間点にあたるので、ガデスから銀を運ぶフェニキア船は、ウティカで小休止して船の修繕、物資や水の補給を行ったあと、フェニキア本土、テュロスへと帰りの路を急いだであろう――もっとも当時の地中海の船はフェニキア人のものに限らずまだ本格的遠洋航海に耐えるようにはできていなかったので、何日かおきに停泊、あるいは船を陸に揚げて修繕することが不可欠であった。フェニキア船はそれゆえ、地中海の真ん中を突っ切って行ったのではなく、海岸線に沿い、いつでも小休止して上陸できるよう陸を見ながら航海を続けたというのが通説となっている――。そのようなわけで、テュネス近郊のこの錨のような形の岬の住民達にとって、沖合をフェニキア船が通って行くのはすでに何十年か前から見慣れた光景となっていた。

しかし数日前に岬に現れた船は、いつもの、ガデスから来てウティカへ寄る船とは様子が違っていた。立派な造り――「王家の船だ」と誰かが言っていた――、でも長く厳しい航海を経てきたのか、傷みが目立つ。そのうちに、今度の船は停泊しに来たのではなく、亡命してきたのだ、土地を買いたいと言っている、という噂が広がり始める。交渉が行われる。「ただ一頭の牛の皮で覆えるだけの土地が欲しい、そこで長い航海で疲れた仲間の者達を休ませたあと、出発しますから」というのがフェニキア船の人々の言い分である。

この船の指導者は女性であった。その名はエリッサ。テュロス王ピュグマリオンの姉妹で、このピュグマリオンは前八二〇年から前七七四年までテュロスを統治した実在の人物である。岬の住人は快諾した。以前から外国人と交易したいとは思っていたのだ。フェニキア人達は牛の皮を持ち出した。それを細く細く切り、長い紐をこしらえた。その紐で土地を囲っていく。「一頭の牛の皮の土地」とは結局、岬の先のほうにあった丘全体のことであった。こうして、都市国家カルタゴが建設されることになるこの土地は、ビュルサ、つまりギリシア語で「皮」の土地と呼ばれることになる。

牛の頭と馬の頭

以上は、前一世紀末頃にローマ人の歴史家ポンペイウス゠トログスが著した『フィリッポス史』（マケドニア王フィリッポス二世の歴史の意であるが、実は地中海全史である）のユスティヌスによる抄録（後三世紀頃）から得られるカルタゴ市建設の情景を、多少の想像を交えつつ再現したものである。テュロス市から、兄弟である王ピュグマリオンの迫害を逃れてこの地に至った王女エリッサは、巧妙に先住民から土地を巻き上げるが、先住民のほうも抵抗らしい抵抗もせずに、むしろフェニキア人の入植を歓迎する。

ビュルサ獲得後、近隣の人々が儲けを期待して商品を持参して集まり住むようになり、この人混みから一種の都市のようなものが生まれた、とユスティヌスは続ける。そこへウティカ市からの使者が同族（フェニキア人）の者として贈り物を持って挨拶に訪れ、偶然が定めたこの場所に都市を建設するように勧めると、「アフリカ人達」もエリッサ一行を引き留めておきたいという望みにとらわれた。こうして皆の同意のもとにカルタゴが建設され、この都市の土地のための毎年の貢租（地代）が定められた、というのである。

「一頭の牛の皮の土地」は、完全にフェニキア人の所有に移ったのではなく、「租借地」のような形に落ち着いたわけである。この「アフリカ人達への毎年の貢租」は、『フィリッポス史』によれば前五世紀まで実際に支払われていたらしい。前五世紀初頭のペルシア戦争の頃、シチリアでギリシア人に敗北を喫したカルタゴが、北アフリカ内陸のマウリー人、ヌミディア人に戦いをしかけるなかで、「アフリカ人達」もカルタゴ人に対して都市建設以来の土地の貢租を免除せざるをえなくなった、とユスティヌスは説明している。

さて都市の基礎を据えるために地面を掘り始めると、牛の頭が出てきた。これは、豊かではあるが労多く隷属する前兆だというので、場所を移すと、今度は馬の頭が掘り出された。これはその国民が好戦的で強力になる予兆であったという。

実際、「馬」はカルタゴ市の人々にとって特別な、シンボル的存在であったらしい。のちのカルタゴの貨幣には馬の頭あるいは全身像を描いた図が多いし、また近年、カルタゴの神殿の文書庫跡から発見されている封泥《ふうでい》に押された刻印にも、多くの流麗な馬の像が見られる。

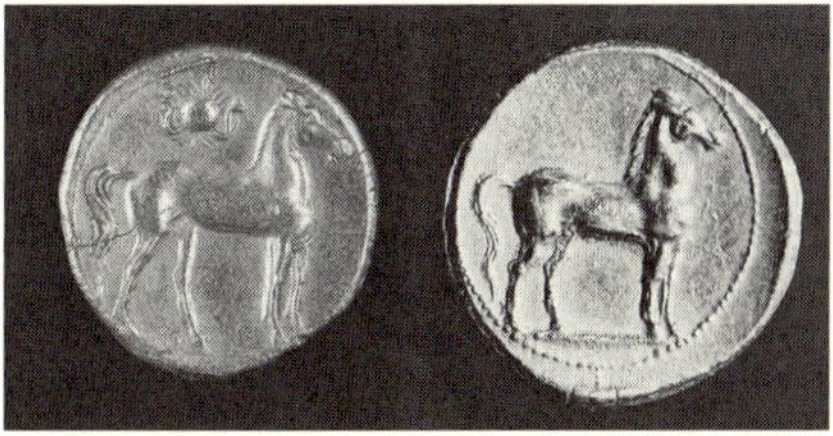

カルタゴ貨幣に描かれた馬　（左）前260〜前240年頃。チュニス、バルドー博物館蔵。（右）サルディニア島出土。カリアリ、国立考古学博物館蔵

こうして順調に進むかに見えたエリッサのカルタゴ建設には、しかしながら意外な展開が待ち受けていた。先住民のマクシタニー人の王ヒアルバスからの結婚の強要である。ヒアルバスはまずカルタゴ人の有力者一〇人を呼び出し、拒絶すれば戦争をしかけると脅しつつ女王エリッサとの結婚を求めた。一〇人の者はことの次第を女王には隠し、ポエニ（カルタゴ人）流の手管でこう話した。「王（ヒアルバス）は自分とその臣下であるアフリカ人達に、より文明的な生活を教えてくれる者を求めているのでございますが、しかし血縁の人々から離れてあんな野蛮人――獣のような暮らしをしている者どもの所へ行こうとする者などありましょうか？」「場合によっては命さえも捧げるべき祖国のために、少々厳しい生活をすることを拒むのか」とエリッサは一〇人を叱った。一〇人の者は真相を暴露し、人に命じたことを自分でせよ、と罠にかかった女王を追いつ

める。

女王の過去

実はエリッサはテュロスで夫を失っていた。そしてそのことが彼女の放浪のそもそもの原因であった。テュロス王ムット（マッテン）は美貌の娘エリッサと息子のピュグマリオンを死後の相続人として残したが、人々が王として選んだのはまだ少年のピュグマリオンのほうであった。

エリッサは彼女の叔父でヘラクレス（メルカルト）の神官であり、王に次ぐ地位にあったアケルバスと結婚するが、王ピュグマリオンはアケルバスが隠し持っていた財宝に嫉妬して彼を殺害する。エリッサは彼女と同様に王を憎むテュロス市の貴族、元老院議員達とともに故国を脱出したのであった。ユスティヌスによれば彼女は脱出の際、財宝とともにメルカルト神の祭具を持ち出すか、あるいはこの神に犠牲を捧げるかしたらしい。以上の経緯は、前四世紀後半から前三世紀にかけて活躍したシチリア生まれのギリシア人歴史家ティマイオスの断片からもおおよそ確認できるので、古代ギリシア・ローマ世界での通説となっていたと見てよいであろう。

テュロスを逃れたエリッサらの船が最初に上陸したのはキプロス島であった。この島のユッピテル（あるいはユーノー）神の神官はエリッサに同行を申し出、彼の協力のもと、エリッサは約八〇人のキプロス人の娘達を彼女の部下のテュロス人達の妻として連れ去ることができた。この娘達はキプロス人の習慣に従って、結婚の前に海辺で売春していた女達の中から選び出されたのであり、この婚前売春は持参金を稼ぐためであると同時に結婚後の貞節を祈願してウェヌス（アシュタルテ）女神に捧げる供物を購《あがな》うためであったという。このユスティヌスの話に従えば、エリッサ一行によって建設されたカルタゴ市の市民は、父方はテュロス（フェニキア）人だが、母方はキプロス人ということになるわけである。

実際、キプロス島とカルタゴの建設には何らかの関係があるらしい。前章で見たサルディニアのノラの碑文に出てくるプマイ神はキプロスのキティオン市（ラルナカ）で信仰されており、この神にちなんだ名前であるらしいプマイヤトンというフェニキア系の王名が見られるという。「プマイヤトン」と「ピュグマリオン」はよく似た音である。キティオンはキプロス島の南東に位置し、フェニキア人が最初に作った海外植民地とされる。

一説によればキティオンも古くは「カルタゴ」（カルト・ハダシュト）と呼ばれていた。「カルト・ハダシュト」とはフェニキア語で「新しい都市」の意であり、母市と対比して植民市のことを指す名前なのだろう。前一〇世紀のテュロス王ヒラム一世が反乱を起こしたキティオン市の人々を鎮圧したという伝承もあるので、この頃までにテュロスがキプロスの一部を勢力下に置いていたことはほぼ確かである。

いずれにせよ北アフリカのカルタゴ建設の前提として、フェニキア地方から見ての西方に対する前哨基地であるキプロスの存在が重要であったことを、エリッサのキプロス上陸の伝承から読み取ることができるだろう。

キプロスを出発したエリッサがその後どういう経路をたどって北アフリカ海岸に至ったのかについての伝承はない。しかしティマイオスの断片は、彼女は多くの試練ののちにアフリカに上陸し、アフリカの先住民は彼女をその遍歴のゆえに「ディードー」と呼んだと述べている。ディードーとは「さすらう者」のような意味であろう。

エリッサ伝説

このような過去を背負った女王エリッサであった。今、カルタゴ市はすでに完成し、繁栄のきざしが見え始めた時に降りかかってきたアフリカの王ヒアルバスとの結婚の話である。彼女を言葉巧みに罠にかけた一〇人の有力者は、テュロスからの逃避行の苦難を共にしてきた腹心の者達であった。女王は悲しみの声をあげ号泣し、亡き夫アケルバスの名を長いこと呼び続けた。そして最後に、自分はこの都市（カルタゴ）と自分の運命が呼ぶ所に行く、と言った。

エリッサは準備を始めた。三ヵ月かけて市の一番高い所に薪の山を築かせた。あたかも再婚を前にして亡夫の霊を鎮めるためであるかのように、次々と犠牲獣を屠《ほふ》り、そして剣を持って薪の山に登ると、人々のほうを見て「あなた方が望んだように私も夫の所に行きます」と言いつつ剣で命を絶った。以後、カルタゴが不敗であった間、彼女は女神として崇拝され続けた――『フィリッポス史』抄録はこうつけ加えている。

以上のカルタゴ市建設をめぐるエリッサ伝説は名高いものであり、のちのローマ人達もこれをローマ市建設の淵源にかかわるトロイアの英雄アエネアス伝説と関係づけて利用している。アウグストゥス時代の詩人ウェルギリウスによれば、アエネアスはトロイアを落ちのびて放浪の末、カルタゴに上陸し、ディードー（エリッサ）の愛人となる。しかし神々に促されて彼女を捨ててイタリアへ向かい、ディードーは彼の船が遠ざかるのを見て自殺するのである。現実の世界でカルタゴを滅ぼしたローマが、それだけでは足りずに神話の世界でも双方の建国者同士の関係において「女を捨てる男」という形で優位に立っていたと言いつのるようなストーリーである。

カルタゴのアエネアスとディードー　クロード・ロランがローマ側の伝説を基に描いた。1675年

しかしこれはあくまでもローマ人の創作であろう。カルタゴ建設についてのカルタゴ人自身の記述は残っていないが、それがギリシア人・ローマ人の世界に伝わって一種の定説となったものが、先述のユスティヌスの『フィリッポス史』抄録のエリッサ伝だと考えられる。特に、そのうちのティマイオス断片と重なっている部分、つまり兄弟であるテュロス王ピュグマリオンに夫を殺されたエリッサがアフリカに渡ってカルタゴを建設するが、アフリカ（リビア）人の王に結婚を迫られて

自殺（ティマイオス断片では彼女は火中に身を投じるのだが）する、という部分はティマイオスが活躍した前四～前三世紀にすでに広く知られた伝承だったと思われる。ティマイオスは前二六四年の第一次ポエニ（ローマ・カルタゴ）戦争開始の頃までは生きていた可能性があるが、戦争の終結（前二四一年）とカルタゴのシチリア島喪失を知らないのは確実なので、このエリッサ伝説、「エリッサの自殺」に、将来のカルタゴの対ローマ敗北という不吉な影が投影されているというようなことは考えにくい。それではこの伝承の核にあるものは何であろうか。

宗教的逃避行？

ユスティヌスの叙述はエリッサの自殺——生贄《いけにえ》の薪の山の上での死——を、のちにカルタゴ人がしばしばおこなったとされる人身御供、特に幼児を神々への犠牲として捧げる習慣と結びつけているように見える。彼によればカルタゴ市の人々は様々な不幸や特に疫病から救われるようにと、大人やいたいけな子供を祭壇に供えて神々の加護を願ったのであり、『フィリッポス史』抄録のエリッサ伝説の記述は、カルタゴのこの祭儀に言及して終わっている。カルタゴの幼児犠牲に関してはその真偽を含めて諸説あり、詳しくは第六章で検討されるが、ギリシア・ローマ人がカルタゴに幼児犠牲の習慣があると信じていたことはシチリアのディオドロス（ディオドルス＝シクルス）等、他の史料からも明らかである。ユスティヌス（によって抄録されているポンペイウス＝トログス）は彼のローマ人読者のそのような

「予備知識」を前提として、「エリッサの自殺」をカルタゴ幼児犠牲の起源説話のような形にして提示したのであろう。

　この、いわばギリシア・ローマ的な額縁をはずして眺めてみると、エリッサ伝説には次の三つのポイントがあるように思える。第一は、エリッサ伝説に従えば、カルタゴはフェニキアのテュロス市の植民市ではあるが、テュロス王が作った「正規の」植民市ではなく、テュロス王に迫害された王族の女性が作った亡命者の町である、という点である。この点でカルタゴはエトバアル一世が建設した同じ北アフリカのアウザ市、またユスティヌスによればテュロス人が送った若者達によって作られたというウティカ市（もっとも考古学の成果によればカルタゴとウティカはどちらもフェニキア系とはいえかなり違いがあり、別々の母市——たとえば一方がテュロス市なら他方はシドン市というような——を持つと考えられているのだが）とは異なっている。

メルカルト神に犠牲を捧げるエリッサ　E. Gubel, E. Lipiński, B. Servais-Soyes (eds.), (Studia Phoenicia I - II), 1983より

　第二のポイントは、にもかかわらずカルタゴ市を建設したこの亡命者達は、宗教的にはテュロス王ピュグマリオン本人よりも「正統」であるということである。エリッサは王の姉妹であるだけではなく、テュロス市の主神メルカルトの神官の夫人であり、夫を殺害した不正なる王の手から逃れて夫の宗教の守り手として新天地を求めたのであ

って、現に脱出の際、メルカルトに犠牲を捧げ加護を願っている（史料のこの箇所は難解であり、「メルカルトの祭具を持ち出した」とも読める）。この点でカルタゴの建設はテュロスからカルタゴへのメルカルト信仰の「本山」の移動とも言いうる出来事であり、エリッサ一行の逃避行はいくぶん、イギリスでの迫害を逃れて新大陸を目指したメイフラワー号の清教徒の移住にも似ている。

第三の最後のポイントは、この古代におけるピルグリム・ファザーズの指導者であったエリッサは、それゆえにこそアフリカの王ヒアルバスの妻となることはできず、メルカルトの神官の未亡人という立場のまま死なねばならなかった、という点である。非業《ひごう》の死を遂げた神官にしてテュロスの王族アケルバスの妻が、メルカルト神に守られつつ建設した新たな聖都、というのがカルタゴ建国の理念であったとすれば、それは女王エリッサが亡夫への貞節を貫いて死んで初めて完全なものとなるのである。

ローマ帝政後期にテュロス市で発行された一連の貨幣には、テュロス出発を前にしてヘラクレス／メルカルト神に犠牲を捧げるエリッサの姿が刻印されている。エリッサをカルタゴ建設へとつき動かしたものはメルカルト信仰護持という宗教的信念であったというこの伝承全体の「核」が、古代末期にもなお母市テュロスで記憶されていたことを示す貴重な証拠といえよう。

考古学的証拠

しかし以上はあくまで伝承である。しかもカルタゴ建設に関する伝承はここに挙げたティマイオスおよびユスティヌスのエリッサ伝承以外にも複数あり、中には例によってカルタゴがトロイア戦争より少し前（前一二世紀）に建てられたとするものもある。それでは考古学は何を明らかにしているのであろうか。結論を先に言えば、ティマイオスらの言う前九世紀末（前八一四／三年）という建設年代は、やはり少し早すぎるのであり、実際に本格的な入植が始まったのは、前八世紀の後半、前七三〇～前七二〇年代であろうということである。

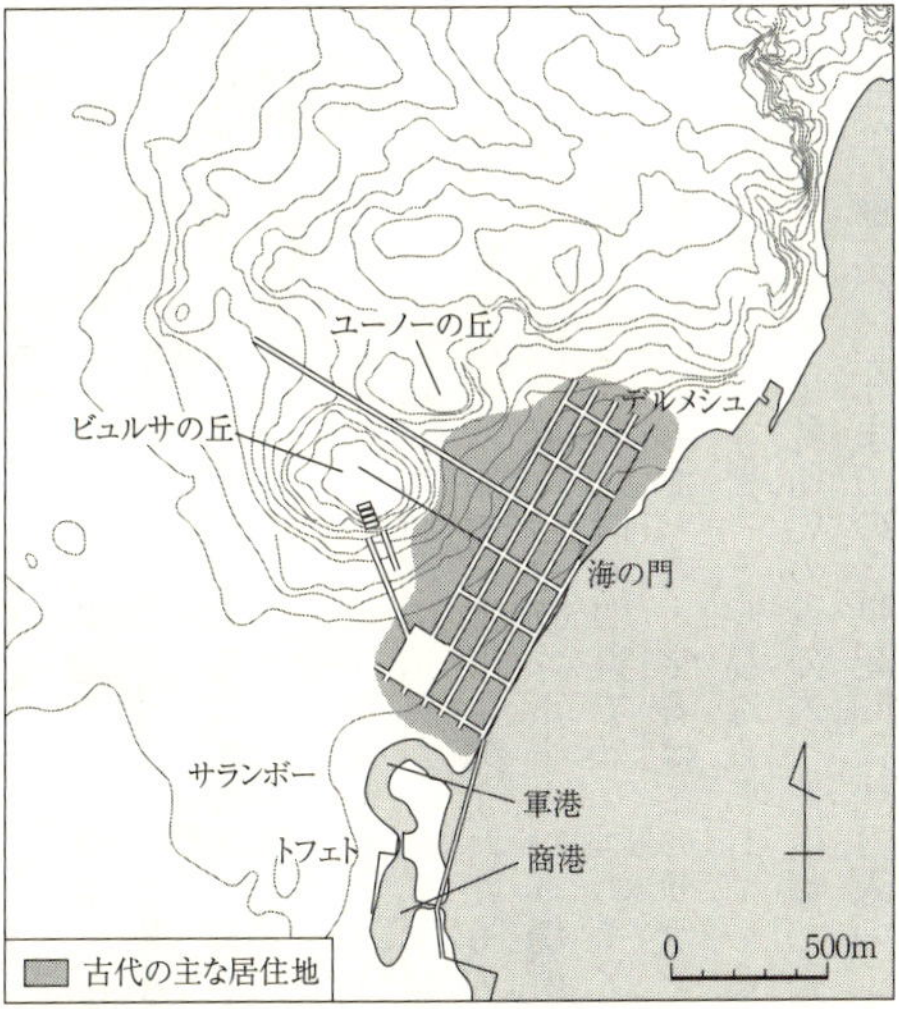

カルタゴの都市プラン　W. Huss(hrsg. von), *Karthago*, 1992の図をもとに作成。「海の門」は前2世紀にはすでになかったらしい

伝承中のビュルサの丘は現在のサン・ルイの丘であるが、この丘からその北に隣接するユーノーの丘、さらに海岸寄りのデルメシュあたりまで前八～前六世紀のカルタゴ市の墓域が分布しており、これらのうち最古のものと考えられるユーノーの丘

の墓域の使用開始年代がこの頃なのである。「ビュルサの丘」の南側では一九八〇年代にドイツの考古学隊によって前八世紀の住居址や壁が発掘されており、この付近が最古の入植地であった可能性を示す。おとぎ話めいて聞こえるビュルサ＝「牛の皮」伝説ではあるが、それがこの丘をめぐって形成されるにあたっては、何らかのきっかけになるような状況があったのかもしれない。

ビュルサの丘から南に行った海岸沿いにはカルタゴ時代の港、円形の軍港と長方形の商港が残っている。カルタゴ時代の遺跡が、ローマによる徹底した破壊によってめぼしいものは皆無に近い状態にある中で、地形に刻まれたものであるがゆえに現在まで生き延びた稀有な例である。この港の近くのサランボーという場所は、先に述べたカルタゴの幼児犠牲の場とされる遺跡で知られる。旧約聖書ではフェニキア人（カナン人）の人身御供の儀式の場所をトペテと呼んでいるので、考古学者はこのサランボーの遺跡を旧約の記述を実証したものと考えてトフェト（tophet）と呼びならわしている。

「トフェト」からは乳幼児の骨の入った壺類が実際に出土し、アメリカの考古学者は前四〇〇年から前二〇〇年までの二世紀間に二万人の子供が生贄にされたと結論している——もっとも、幼児犠牲の実在を否定する別の解釈もあるのではあるが。この「トフェト」の最古層の地層、タニトIと呼ばれる層は前七〇〇年頃にさかのぼるので、これが、カルタゴ建設が前八世紀後半であることをうかがわせる第二の証拠となるわけである。前頁の図は、考古学者達によって作成されたポエニ時代末期のカルタゴ市の都市プランである。ビュルサの丘から南は軍港まで、北はデルメシュまでの海岸寄りの狭い長方形の中に町の主要部が収まっているることがわかるであろう。

海上覇権の形成

カルタゴのロケーション

こうして前八世紀末に本格的に姿を現したカルタゴ市であるが、しかしその段階では、フェニキア人によって西方に建設された無数の植民市の一つであるにすぎない。カルタゴの立地条件も、フェニキア人が港町を作る時の一般的な原則に忠実に従ったものである。水深が比較的浅い、したがって錨を下ろすのが容易な穏やかな入り江に突き出した小さな岬。

岬であるから港は南北両側に設けることができ、風向きや季節によって使い分けることもできる。岬のつけ根の部分は――現在は海岸線が変わってしまっているが――古代にはくびれていたので、この部分を防備することで陸からの敵を食い止めることができた。また岬の丘、ビュルサの丘やユーノーの丘は格好の砦となっただろう。

このような立地はフェニキア本土の町々とも共通する。たとえばシドン市はくびれた岬の上に、テュロス市は陸から狭い海峡で隔てられた小島（これも多方向への港の設置、防備の容易さという条件を満たす立地である）に位置していた。このような岬や小島や潟湖によって特徴づけられる地形を、考古学者は「フェニキア人の風景」と呼んでいる。

それでは、このような無数の類似したフェニキア人植民市の中で、カルタゴ市が突出した地位を占めるに至ったのはなぜであろうか。実際、ギリシア・ローマ人の文献の中では「フェニキア人」という語と「カルタゴ人」という語がほぼ同義に用いられるほどに、カルタゴはフェニキア勢力全体を代表するような圧倒的存在とみなされるようになるのである。

カルタゴの地政学的な有利さを指摘することもできよう。たしかに地中海全体を見渡した時、カルタゴが通商上、あるいは戦略上、重要な地点に位置していることは明らかである。そこは地中海の東西のほぼ中央であるのみならず、シチリア島に相対し、北アフリカからイタリア半島に至る南北路の一端を押さえうる場所である。地中海大の、そして地中海の外の大西洋岸にまで及ぶフェニキア人の一大商圏を考えた場合、カルタゴ市がこの海上貿易網の要となるのは自然なことに思える。しかしこのような説明は、あとからこじつけた言い方かもしれない。同じような立地条件を満たしている植民市は、たとえばカルタゴの少し北に位置するウティカのように他にもあるわけであるし、そもそもこの議論は、カルタゴを中心とする西地中海のフェニキア人の海上貿易網の成立をはじめから前提としてしまっているからである。

カルタゴやウティカが建設されたと思われる前八世紀には、まだそのような、東西南北に広がり、津々浦々に及ぶような精密な海上ネットワークは存在していなかった。あったのはおそらく、前章で見たようなガデス―テュロス航路、つまりジブラルタル海峡のむこうのイベリア半島南部の銀、金、銅、錫《すず》、鉛をはるか東地中海のフェニキア本土へと持ち帰る鉱石・インゴット（地金）輸送路であった。この鉱石取引を組織するフェニキア本土の都市、たとえばテュロスの視点から見た場合、航路の中間点に出現したカルタゴとは一体どのような存在であったのだろうか。

テュロス対カルタゴ

重要なパートナーではあるが、しかし同時に厄介な商売敵にもなりうる存在であったろうというのが筆者の推理である。

フェニキア人の交易方針はきわめて「重金主義」的で、少しでも多くの貴金属の獲得がその目的であった。たとえばシチリアのディオドロスはイベリア半島の銀山に関して次のような話を紹介している。その昔ピュレナイア（ピレネー）山脈で牧人の放った火で大火事となり、木々が焼け尽きたあとの地表に大量の銀が流れて溶岩のようになった。しかし現地の人々はこの金属の利用法を知らなかったので、これを聞き知ったフェニキア人が安価な品物とのバーターで銀を買いつけてギリシア、アジアその他の種族の地に運び、巨富を築いた。フェニキア商人達は利益追求に熱中するあまり、船荷が重すぎて大量の銀が積み残される場合には、錨として使う鉛を切り離し、代わりに銀塊を錨にするほどであった、と。

このように先住民の無知につけこみつつ、東方ではすでに陳腐化している雑貨類との物々交換で一片でも多くの銀等の貴金属を入手し、それらが枯渇しつつある東方に持ち帰り、高く売りつけるというのがフェニキア人の商法であった。とするならば、イベリア半島等で銀を積み込んだあとは、給水や船の修理のためのやむをえない上陸は別として、できるだけ寄り道をせずに、つまり寄港先に銀を落とさずに、銀の販路である東地中海各地に帰るのが、フェニキア商人、たとえばテュロス人から見ての商売の鉄則だったはずである。カルタゴの存在、そしてその交易中心としての成長は、このあってはならない「寄り道」の原因になりかねない。

たしかにカルタゴ市がある程度発展して商品の集積地となり、東方風の手工業製品を生産するようになれば、バーター用の全商品をフェニキア本土から遠路はるばる運んで行かなくても、途中のカルタゴで調達することができ、一見便利そうではある。しかしそれはこの鉱物資源獲得航海の起点がテュロス等フェニキア本土の都市ではなく西のカルタゴへと移るきっかけとなりかねない。この方向を突きつめていけば結局はカルタゴ市が自国産のバーター品との交換で西地中海の鉱物資源を独占し、それを東方に輸出する、という構図になり、フェニキア本土の都市の出る幕はなくなってしまうのである。

カルタゴがテュロスにとって代わるというこの可能性は前七世紀以降、現実のものとなる。アッシリア王エサルハドンやアッシュルバニパル、新バビロニア王ネブカドネザルの攻撃によってテュロスが衰退する中で、カルタゴは伝承によれば前六五四年、考古学的には前六世紀頃、バレアレス諸島のイビサ島に植民地を建設し、こうしてフェニキア本土から自立しつつ西地中海に自前の交易圏を築いていったと考えられるのである。カルタゴ建設をめぐるエリッサ伝説が、先に見たようにカルタゴをテュロス王の迫害を逃れて来た亡命者の町として描き出し、テュロスとカルタゴを対立的に位置づけていることの背景に、両市の商業上の利害のこうした微妙なズレ（それは潜在的なものでしかなかったかもしれないが——）を見て取ることも可能であろう。

カルタゴ「帝国」

このようにカルタゴは、おそらく当初（前九〜前八世紀）のテュロスを起点とする鉱物資源獲得交易の構想を改変する形で前六世紀までに独自の西方交易網を形成していった。しかもそれは単なる交易網なのではなく、それまでのフェニキア人植民市の例にはなかった軍事的性格を帯びたものであったように見える。以前の西地中海におけるフェニキア人の交易網が、植民市や交易所、停泊地の水平的なネットワークであったらしい——もっとも多くがフェニキア本土のテュロスかシドンによって作られた町々なので母市との間の「上下」関係はあったかもしれないが——のに対し、前六世紀半ば以降は、カルタゴ市が他の西地中海諸地域に新たに植民したり、既存のフェニキア人の定住地を再編成したりする形で、カルタゴを中心とする一極的かつ垂直的なネットワークが形成されていったように見えるのである。この新たな段階を「カルタゴ帝国」と呼ぶ論者もいる。帝国という言葉は、のちのローマ帝国（ローマによる地中海世界支配）を連想させ、大げさなのではあるが、前九〜前七世紀のフェニキア人の西方展開の段階と前六世紀以降との対照を明らかにする効果はあるだろう。

フェニキア人一般の文化に代わってカルタゴの文化が西地中海を覆っていく。たとえばカ

カルタゴのトフェト　右は遠景。地層の上に発掘された石碑が並んでいる。左は石碑の一つ。カルタゴ、サランボー遺跡。1986年、栗田伸子撮影（2点とも）

ルタゴで崇拝されたタニト女神の信仰の普及、タニトやバアル・ハモン神へのカルタゴの幼児犠牲の儀式の場とされる「トフェト」の成立等が、この「カルタゴ化」の証拠とされる。シチリアの西端の小島モテュア、サルディニア島のスルキス、モンテ・シライ、タッロス、ノラ等でカルタゴ自体のトフェトとよく似た石碑等の出土品を伴うトフェトの遺跡が発掘されている。

同時にカルタゴ市では、これらの地域で産出される石材が建物や防壁の建設に用いられるようになる。古代における石切り場の労働が奴隷等の隷属的な労働力を使った苛酷なものであったことを考え合わせれば、シチリア西部やサルディニア各地の石の産地では少なくともカルタゴによる支配と呼んでもいい状況が始まっていたと考えることもできよう。もっともサルディニアの場合、ヌラーゲと呼ばれる石造構造物を特徴とする先住民の文化があり、カルタゴからの植民者はこのヌラーゲ文化とよく共存していたとされてはいるのだが。

ギリシア人の脅威

フェニキア人の西方展開の段階からカルタゴの海上覇権の段階への転換というこの議論は、実はまだ仮説的なものである。イタリアの考古学者サバティーノ・モスカーティにより示唆《しさ》され、スペインのオーベットによって大胆に発展させられたこの説の根拠の一つは、西方のフェニキア人に、カルタゴ市のまわりに軍事的に結集することを余儀なくさせたかもしれない情勢の変化が前六世紀の西地中海に現に起こっているという事実である。ギリシア人、商売敵としてのギリシア人の西地中海への本格的な登場がそれである。

カルタゴ出土のギリシア製陶器　前８世紀半ば〜前７世紀初め。カルタゴ、トフェト出土。M.E. Aubet, 2001より

フェニキア人とギリシア人の接触の歴史は古い。ホメロスの『オデュッセイア』の中ですでにフェニキア船は人さらいの海賊船まがいの存在として描かれている。しかしナポリ湾のイスキア島に建設されたギリシア人

の港町ピテークサイを、ギリシア人（エウボイア島の）とフェニキア人の「混成入植地」と表現する研究者がいることからもわかるように、両民族の関係は必ずしも敵対的なものではなかった。ピテークサイからはフェニキア製の輸入品が発見され、同時に、カルタゴからもピテークサイから輸入された可能性の高いギリシア陶器が発掘されているのである。

これらのギリシア陶器は前八世紀半ばから前七世紀初めのもので、カルタゴのトフェト遺跡の最古層から出土しており、つまりギリシア人世界との交流がカルタゴ市建設当初から存在したことを示している。他にもフェニキア人の植民市からギリシア陶器が出土する例は多い。

したがって西地中海にギリシア人が進出してきていること自体がただちにフェニキア人にとって脅威となったとは限らない。問題はやはりイベリア半島の鉱山地帯をめぐって起こっているようである。ヘロドトスによれば、ギリシア人の中での遠洋航海の先駆者であったイオニアのポカイア市の人々は、アドリア海、エトルリア等とともにイベリア半島とタルテッソスを「発見」し、タルテッソスの王アルガントニオスに気に入られてタルテッソスへの移住を勧められたという。

ガデスの後背地である「タルテッソス」（ウェルバ付近）こそは、フェニキア人が長年の接触を通じてイベリア半島の銀の主要生産地として切り開いてきた場所であることは前章で見たとおりである。そのタルテッソス先住民社会にギリシア人が堂々と乗り込んできて、先住民王にとり入り、ポカイア丸ごと――ヘロドトスは王が彼らに「イオニアを離れて」移り住むように勧めたと明確に述べている――移住して来るようにとまで勧められたというのだから穏やかではない。結局ポカイア人が説得に応じなかったので、王は代わりに彼らに金を与えた。「メディア（ペルシアのことか？）の勢力」が増大していると彼らから聞いたので、その金でポカイア市の周囲に城壁をめぐらすことができるようにという配慮であった。

ヘロドトスの叙述を文字どおり信じられるかどうかは別にしても、小アジアのギリシア都市であるポカイアが東方でペルシアが台頭する前六世紀のある時期にイベリア半島南部に接近を試みていたことは確かであろう。ポカイアは前六世紀にイタリア半島南部のいわゆるマグナ・グラエキア地方（ギリシア人の植民市が多数ある「大ギリシア」地方）からイベリア半島に達する交易網を形成し、南フランスのローヌ河口にマッサリア（マルセイユ）を建設している（前六〇〇年頃？）。このマッサリア市のポカイア人はさらにスペイン北部地中海岸にエンポリオン（交易所の意。現アンプリアス市）をつくり、ここから海岸沿いに南下してジブラルタル海峡を抜け、「タルテッソス」にまで至ったと考えられる。前四世紀にはマッサリアのギリシア人航海者ピュテアスが、ガデスから大西洋を北上して大ブリテン島を周航したりもする。マッサリア人の関心は早くからジブラルタル海峡の外にまで向けられていたと見ていいのである。

前六世紀の危機

ギリシア人、特にポカイア人の交易網への対抗、とりわけポカイア人のイベリア半島上陸

テラコッタ製女性像　イビサ島出土。マドリード、国立考古学博物館蔵

阻止――これがカルタゴによるイビサ、サルディニア、シチリアへの植民、軍事的ネットワーク形成の目的であったと一応結論できるだろう。最初にイビサを押さえたのはマッサリア方面からのスペイン接近を阻《はば》むためであっただろう。ただ詳細に見れば、「フェニキア的」段階から「カルタゴ（ポエニ）的」段階への移行はより複雑なプロセスであったらしい。

　前六世紀のある時期、それまでのフェニキア本土、特にテュロスと結びついていた西方フェニキア人の植民市、交易所、港町が一斉に衰退し、次にカルタゴからの植民、「カルタゴ化」が本格化するまでの間、何十年かの空白期間があったようなのである。研究者はこれを「前六世紀の途絶」「前六世紀の危機」と呼ぶ。

　前述のオーベットによれば、イベリア半島におけるこの変化はタルテッソス文化の衰退と連動していた。グアダルキビル川流域の豪華な墓は消滅に向かい、多くの集落が放棄され、少数の拠点への集中が起こる。ガデスを中心とするフェニキア人の活動が衰えるとともに、先住民文化もタルテッソス文化からよりギリシア化されたトルデタニー文化へと転形する。

　トルデタニー文化のイベリア人は前五五〇年から前五〇〇年にかけてガデスを襲い、ガデス市はおそらくはカルタゴの援助によってかろうじて救われたことがユスティヌスの記事から推測される。こうして「カルタゴ化」の時代が始まるのである。つまり、ガデスおよびその後背地におけるフェニキア勢の退潮は、単純にポカイア人に敗れたためなのではなく、ポカイア人の到来以前になぜか突然の「途絶」が起こっているわけである。

その原因はフェニキア本土、さらにはオリエント全体の大変動にあったらしい。前六一二年にアッシリア帝国が崩壊した。テュロスとその西方の交易網を通じて西地中海各地の――とりわけイベリア半島の鉱物資源を吸い上げていたポンプの大本が止まったのである。もちろんアッシリアが滅びたからといって東方における貴金属・銅・錫・鉄等の需要がなくなったわけではない。しかしオリエントを統一していた勢力が消滅し、新バビロニア、リュディア、メディア、エジプト四国の割拠状態になったことは、従来の金属取引の販路を混乱させ、複雑化させたに違いない。しかもテュロス市自体が新バビロニア王ネブカドネザルによる一三年間にわたる包囲戦の末、前五七三年に陥落しているのである。その後に復興したとはいえ、前六世紀前半のテュロスおよびフェニキア地方が著しく不安定な環境に置かれていたことは間違いないであろう。

このようにアッシリア帝国滅亡の激震がテュロスとその西方の植民市、とりわけガデスとアンダルシア地方のトスカノス、セクスィ等の諸市を衰退させた結果、西地中海のフェニキア人ネットワークには空白が生じた。ギリシア勢、とりわけポカイア人はこの空白に乗じてイベリア半島に進出を試みた。マッサリアは「タルテッソス」との交易のためにマラカ近郊に植民市マイナケを建設しさえする。西方フェニキア人にとってのこの危機を救ったのがカルタゴであった。エリッサ伝承に反映されているようなテュロスとの政治的な距離――テュロス王の直接の植民市ではなく、亡命者達の町として描き出されるような――がテュロス・ネットワーク没落の局面においてカルタゴに幸いした。おそらくアッシリア消滅の影響の直撃を受けずにすんだのである。

同時にフェニキア本土からはテュロスの包囲、陥落を逃れた人々が西方へ、とりわけ無傷のフェニキア植民市であるカルタゴに殺到した。カルタゴ市の墓の数は前七世紀の第二四半期に激増しており、この時期の人口の急増を示す。これはアッシリア王エサルハドンのテュロス包囲の時代（前六七一年）と一致しているのである。続く前六世紀にはアッシリア滅亡後の新バビロニアによるテュロス攻撃によって避難民の数はさらに増えたであろう。

こうして前六世紀半ば以降、カルタゴはガデス救援を手始めとして、イベリア半島南部、サルディニア、コルシカ、シチリア西部の確保に乗り出す。そして東方からの難民によって膨張した人口をこれらの地域に築いた自前の植民地へと送り出しつつ、対ギリシア人戦争の前面に立つようになっていったと思われる。前五世紀初頭にその頂点を迎えるカルタゴの海上覇権は、この戦いの延長線上にあった。その意味でカルタゴは単なる商業国家なのではなく、西地中海におけるフェニキア人の軍事化のチャンピオンとでも言うべき存在であった。

各地の情勢

ギリシア人に対するカルタゴの闘争は、西地中海の各地でカルタゴ側の一応の勝利に至るまで前六世紀いっぱいにわたって続いたらしいが、戦争の全貌を伝える資料はなく、断片的な事実がわかるだけである。まず、イベリア半島方面を見れば、前六〇〇年頃、ポカイア人が南仏にマッサリアを建設した際、カルタゴはおそらくこれを阻止しようとしてポカイア人に海戦で敗れた。その後カルタゴは先述のようにバレアレス諸島のイビサに本格的に拠点を作ってポカイア人のイベリア半島南部接近に備え、前六世紀後半にガデスを先住民の攻撃から守って、以後南スペインを勢力下に置いたと考えられる。半島北東部カタロニア地方はポカイア人の手に落ちたが、肝心の半島南部、「タルテッソス」はフェニキア・カルタゴの勢力圏にとどまったわけである。

もう一つの重要な戦場はシチリア島であった。トゥキュディデスによれば、シチリア最古の民族はイベリア半島から渡ってきたシカノス人であったが、その後イタリア半島から来たシケロス人がシカノス人を島の南西部に追いつめ、島の中央および北岸を占めた。このシケロス人と交易するためにシチリア島のぐるりをめぐるあらゆる岬や島々にフェニキア人が割拠していたが、彼らはギリシア人が続々と海を渡って来るにおよんで、ほとんどの交易拠点を捨てて島の西部のモテュア、パノルモス等に移り、ここを領土とした。それはフェニキア人が島の西部に住むエリュモス人――この人々はトロイアからの落人とされ、エリュクスとエゲスタ（セゲスタ）という都市を形成していた――との同盟に依存していたためであり、またこの西部地方からは「カルタゴへの航路が最短距離にある」ためであったという。シチリア島へのギリシア人の入植は、最古とされるナクソス市建設とその翌年とされるシュラクサイ市建設が前七三四年頃なので、トゥキュディデスの伝えるこのシチリアのフェニキア人の西部への移動も前八世紀後半であるかもしれない。とすればこれは北アフリカにカルタゴ市が本格的に建設された実際の年代とほぼ重なることになる。

前五八〇年頃、シチリアのフェニキア人とエリュモス人は、島の西部ののちのリリュバエウム市付近に入植しようとしたペンタトロス指揮下のギリシア人（クニドス人）を撃退した。この戦争にカルタゴが参加していたのかどうかは不明である。しかしユスティヌス（ポンペイウス＝トログス）は、前六世紀半ばのこととしてカルタゴがシチリアで長い間戦勝を重ねたにもかかわらず、戦場がサルディニアに移った時、大敗して軍隊の大半を失ったと述べている。前七世紀まではともかく、前六世紀以後のシチリアでの戦争ではカルタゴが大きな役割を果たしていたと見るべきであろう。シチリア西部もこうして前六世紀末までには「カルタゴ化」された。ところでこのユスティヌスの記事が伝えるサルディニア島での敗軍の将はマルクスという人物であった。

マルクスのクーデター

このマルクス将軍についてユスティヌスは一つの陰惨なエピソードを紹介している。マルクスはシチリアの一部（北西部）を支配し、アフリカ人に対する戦争でも成果を挙げたにもかかわらず、サルディニアでの敗北の責任を問われて、生き残りの軍隊とともにカルタゴから追放された。怒った兵士達はカルタゴに使者を立てて、もし帰国を許されず敗北への赦免を得られないなら武力に訴えると脅したが、認められなかった。マルクス軍は船でカルタゴに押し寄せ、「祖国を奪還するために来た」と宣言し、市の補給路を断って包囲した。一種の軍事クーデターを試みたのである。

ちょうど同じ頃、マルクスの息子でカルタゴの神官であったカルタロは、父がシチリアで獲得した戦利品の一〇分の一をヘラクレス（メルカルト）のものとしてテュロスに届けるためにカルタゴから派遣されていた。テュロスから戻ったカルタロはカルタゴ市を包囲している父の陣中を通り抜ける際、父に呼ばれたが、私的な親孝行よりも公的な宗教上の義務を選ぶと答えてマルクスの怒りを買った。数日後、彼は神官の紫衣と冠を帯び、カルタゴ市民がつけてくれた護衛をともなって父の陣営に現れたが、父マルクスは彼をその華やかな飾りをつけたままカルタゴ市の門前で十字架にかけて殺したという。不幸な亡命中の父に対して神官姿をひけらかし、愚弄したことを許さなかったのである。その後マルクスはカルタゴを占領し、一〇人の元老院議員を殺したあと、市の秩序を回復したが、まもなく王権をめざしたとの罪で告発され、処刑されたらしい――息子殺害と国家転覆の二重の罪に問われたのだとユスティヌスは述べている。

注目すべき点の多い記事である。まず、前六世紀半ばの対ギリシア人戦争の頃のカルタゴにおいて、海外遠征軍の将軍と市の当局――元老院等――との間に強い相互不信があったことが見て取れる。ユスティヌスを信じるならこの時期のカルタゴはすでに王政ではなく、元老院を中心とする寡頭政的な政体であったことになる（ただし、「マルクス」を個人名でなくセム語の'MLK'つまり「王」とみる説もある）が、その寡頭政的な名門支配層が、シチリア、サルディニア遠征軍の将軍に対して抱く警戒心がこの場合は裏目に出て、マルクス軍の暴走を招いたという風に読むことができる。同時に、マルクスのクーデターが結局は失敗し、王位を狙った将軍として処刑されている点も重要である。成功していればマルクスは同時代のギリシアのポリスによく見られた非合法的君主——僭主《せんしゅ》——になっていたところであるが、カルタゴ史を通じてこのあとも明らかな僭主政樹立の例はないのである。

第二に、テュロスとの関係の問題がある。エリッサ伝説にもかかわらず、宗教的亡命者の町であるはずのカルタゴはいまだ母市テュロスのメルカルト神の庇護下にあり、戦果の一〇分の一を奉納する立場であることがわかる。その意味でテュロス・ネットワークは衰えたとはいえ、なお生きているのであり、マルクスの息子カルタロはそのような古い宗教的秩序への忠実さゆえに、父と路線を異にし、十字架にかけられたと言えるかもしれない。ただしマルクスを「王」の意と見、彼の子殺しを王の息子を生贄とする宗教的儀式と見るG・シャルル・ピカールの解釈もあり、マルクス事件の真相はつかみ難い。いずれにせよ、ユスティヌスが伝える一連の事態が、対ギリシア人戦争の先頭に立ちつつあったカルタゴの内情——軍事化の過程で直面せざるをえなかった政治的葛藤を垣間見せてくれることは確かである。

アラリアの海戦

マルクスの失脚後にカルタゴ市の政権を握ったのはマゴであった。ユスティヌスはマゴを軍事大国としてのカルタゴ帝国の建設者とみなしている。マゴの国制上の立場――単なる司令官なのか、王なのか、あるいは別の官職についている人物なのか――は議論の分かれるところではあるが、彼が前六世紀後半（前五五〇～前五三〇年頃）のカルタゴの事実上の指導者であったことは間違いない。しかもマゴはそのようなものとしての自分の地位を二人の息子、ハスドゥルバルとハミルカルに継承させた。さらにこの二人の死後は両者それぞれの三人の息子達が同様の地位を占めていったと思われる。この少なくとも三代以上にわたるマゴ一族の支配を、研究者はマゴ王朝（本当に王であったかどうかは別にして）と呼びならわしている。

コルシカ島・サルディニア島

そのマゴの時代にフェニキア人とギリシア人（ポカイア人）との戦いは決定的段階を迎えたようである。ペルシア軍によって小アジアの母市ポカイアを占領されたポカイア人はデルポイの神託に従ってコルシカ島に向かい、植民市アラリア（アレリア）を建設した。彼らが周辺に対して海賊的にふるまったので、エトルスキ（エトルリア人）とカルタゴ人が各六〇隻の船でアラリアを攻め、ポカイア人も六〇隻で迎え撃ち、ポカイア側が辛勝したが、四〇隻の船を失い、残りの船も使いものにならなくなった。そこでポカイア人はアラリアを捨てて、イタリア南端のレギオンに逃れ、ここを拠点にしてヒュエレ（エレア）市を建てた――ヘロドトスは『歴史』の中でこう述べている。前五四〇年ないし前五三五年のいわゆるアラリアの海戦である。

実質的勝利を収めたエトルスキ・カルタゴ側は以後しばらくの間イタリア以西の地中海の制海権をほしいままにしたと思われる。もっともアラリア海戦に関する史料はきわめて断片的で、学説も年代や登場人物、戦争を局地戦と見るか西地中海全域の制海権の問題として見るか等をめぐってさまざまに分かれるのが現状ではある。

ピュルギの黄金板

カルタゴとエトルスキの同盟については、アリストテレスが『政治学』の中で、彼らの間には「輸出入品に関する通商条約や、不正を行わないことについての約定や、軍事同盟に関する文書」が存在すると述べている。つまり両者の協働はアラリアの海戦のための一回きりのものではなく、西地中海、あるいは少なくともイタリアとコルシカ・サルディニアの間のサルディニア海を両勢力が提携しつつコントロールするようなシステムが存在したらしい。大西洋アラリアの海戦の背景としてはさらに錫の交易ルートの問題を挙げる研究者もいる。大西洋岸（大ブリテン島やイベリア半島）の錫を地中海にもたらす錫の道は従来フェニキア人が独占していたが、マッサリア（マルセイユ）からエレア（南イタリア）に至るポカイア人の植

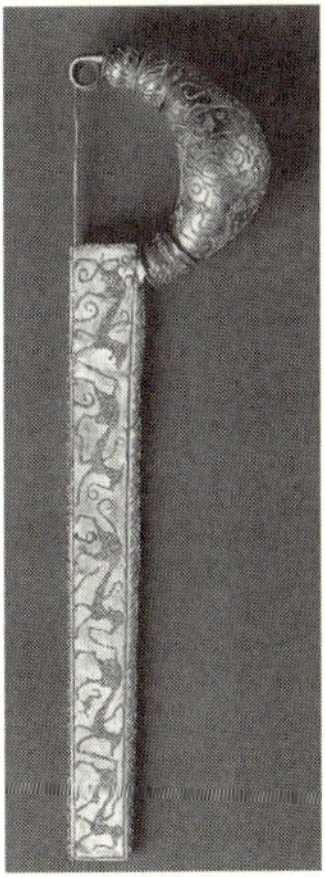

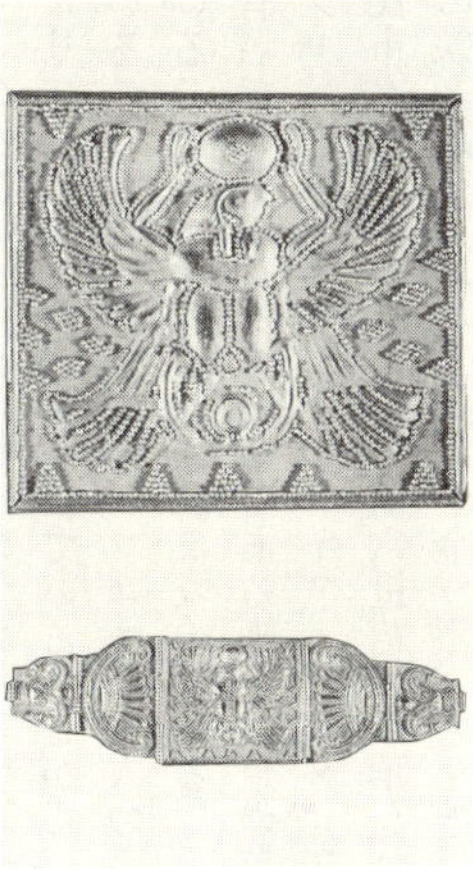

エトルスキとフェニキア人の黄金細工　上はピュルギの黄金板。ローマ、ヴィラ・ジュリア博物館蔵。下左はエトルスキのフィブラ（飾りピン）。ヴェトローニア出土。フィレンツェ考古学博物館蔵。下右はフェニキア人の粒金細工の腕輪で、上は部分の拡大。タッロス出土。カリアリ、国立考古学博物館蔵

民はこの錫のルートを遮断し、横取りするためのものだった、というのである。

いずれにせよ、マゴ王朝期のカルタゴがエトルスキと密接な関係を持っていたことは確かで、一九六四年にピュルギで発見された三枚の黄金板がその証拠である。エトルリアのカエレ（チェルヴェテリ）の港であったピュルギから出土したこの黄金の碑文は前五〇〇年頃のものと思われ、カエレの支配者テファリエ＝ウェリアナスが、フェニキアの女神アシュタルテと、この女神と同一視されているエトルリアの女神ウニに捧げたものであり、ウニの神域に納められた。碑文がフェニキア語とエトルリア語の両言語で書かれていることから、この祭祀にフェニキア人神官が実際に参与していることは明らかである。フェニキア人の宗教がエトルスキの都市の王権に直接かかわっていることを示す驚くべき碑文なのである。

エトルスキの遺した見事な貴金属製品は有名であるが、その特徴である細かい金の粒を密集させたいわゆる粒金細工《りゅうきん》（グラニュレーション）の技法は、フェニキア・カルタゴ文化にも見られ、サルディニアのフェニキア人植民市タッロスから前七〜前六世紀の豪華な金細工品が出土している。カルタゴがエトルリアの鉄と銅を、エトルスキが金、銀、錫を求めていたとの長谷川博隆氏の推理もおそらく正しいであろう。以上を要するにカルタゴとエトルスキの協力関係はアリストテレスの述べるとおり、単なる軍事的同盟にとどまらず、商工業・文化・宗教にまで及ぶ、かなり全面的なものだったと思われるのである。

マゴとその息子達は、このようにエトルスキとの関係を深めつつ、ギリシア人（ポカイア人）に対する巻き返しに成功し、マルクス時代に失ったサルディニアを回復し、コルシカを確保し、イベリア半島南部からもポカイア人を追い出した。マッサリアが「タルテッソス」の近くに建設したあのマイナケ市は前五〇〇年頃放棄される。こうして前六世紀末から前五世紀初頭、フェニキア勢はギリシア人をひとまず押し返し、西地中海はカルタゴの海となった。海上帝国の頂点を極めたのである。

対ローマ条約

この時期のカルタゴの海上覇権の実態をよく伝えているのは、他ならぬローマ市との第一回条約と言われるものである。エトルスキ系の王権の支配下にあったローマは、伝承によれば前五〇九年、暴君タルクィニウス＝スペルブスを追放して共和政となったが、歴史家ポリュビオスによれば、まさにその共和政第一年にカルタゴとローマの最初の条約が締結されたという。エトルスキの影響の強かった王政時代のローマとカルタゴの間に、すでに何らかの約定があったのかもしれない。ローマでの政権交代にともなってカルタゴがローマの新政権に条約締結という形で再確認を迫ったとも考えられるだろう。

この条約の存在を伝えているのはポリュビオスだけなので、その真偽、第二回以降の条約との関係等に関して膨大な論争史がある。しかしおおむね確かなのは、この条約がカルタゴ、ローマ双方の勢力圏を設定し、相手の勢力圏に入った場合の双方の行動についての禁止事項を挙げ、結果として双方の衝突を避けて共存をはかるような性格のものだということである。またローマ人がカルタゴの領域に来て商売する場合の条件も定めているので一種の通商条約という面もある。この条約はカルタゴとローマの軍事同盟では全くないが、両者が敵ではないことは明白なのである。

問題は双方の勢力圏の広がりの違いである。カルタゴ側はサルディニアとアフリカ（リビア）を自己の領域であると宣言し、またシチリアの一部（西部であろう）についても同様の主張をしている。さらにローマ船のカルタゴ市の近くへの航行についても「美しい岬」を越えて航行してはならないと制限を設けている。この「美しい岬」がどの岬を指すのか、ボン岬か、ファリナ岬か、また「岬を越えて」とはどちらの方向に向かってなのか等についても諸説あるが、長谷川氏はカルタゴの北西のファリナ岬から西方への航行を禁止したものと考え、ローマをジブラルタル海峡から遠ざけてカルタゴの西地中海での覇権を護ろうとしたと見ている。カルタゴ・フェニキア勢にとってのイベリア半島南部および大西洋への道の重要性を考えれば納得できる説である。

サルディニア、アフリカ、シチリア西部をカルタゴの勢力圏とし、ローマ人のアフリカ沿岸航行を一定の範囲に限ったうえでこの条約は、ローマ人（とその同盟者）がカルタゴの領域に来て取り引きする場合、布告官や書記の立ち会いがなければ無効と定め、この手続きに従った場合は商品への支払いはカルタゴ国家が保証すると述べている。前章で見た前九世紀のノラの碑文にすでに「布告官」が登場したように、フェニキア人・カルタゴ人の貿易にはしばしば役人等による監督がともなったらしい。その商業上の規則にローマ人も従うことをこの条文は要求しているように見えるのである。

以上のカルタゴの勢力圏におけるローマの行動規制に比べて、ローマの勢力圏は狭く、そこでのカルタゴの行動規制は簡潔である。ローマはアルデア、アンティウム、キルケイ等のローマの支配下にあるラテン人の都市へのカルタゴの攻撃を禁止し、ローマの支配下にないラテン人の都市に対しても手出しを控えるよう求めている。またカルタゴ人がラティウム地方に砦を作ること、武装してラティウムに入った場合、そこで夜を越すことを禁じている。要するにローマのラティウム地方への将来にわたる拡大を可能にするために軍事勢力としてのカルタゴ勢がラティウムに拠点を持つことを防ぐのが目的なのである。この時点でのローマ市の関心がラテン人の住む地域にしかないこと、ローマがまだイタリアの一地方のそのまた一部の支配者でしかないことをよく示しているだろう。

カルタゴと西地中海の他の勢力との間の条約で内容が伝わっているものは対ローマ条約だけであるため、ともすればローマが最初からカルタゴと西地中海を分け合う対等の存在であるかのように読んでしまいがちである。しかし冷静に見ればこのいわゆる第一回条約は、一地方勢力であるローマに対し、西地中海の覇者であるカルタゴが相手の局地的利害は認めたうえで自らの海上帝国の範囲を教え、その中で行動する場合のルールを確認したものに他ならないのである。

第五章　上陸した「帝国」

隆盛期のカルタゴ

栗田伸子

ペルシア戦争前夜

紀元前五世紀初め――マゴ王朝の中頃――カルタゴ市はその最初の繁栄の只中にあった。名将として名を馳せたマゴの息子ハスドゥルバルはサルディニア回復戦の際に負った傷がもとで死に、全市が悲嘆にくれたが、今ではその兄弟――別の説ではその甥――ハミルカルが跡を継ぎ、ギリシア人の史料で「王」と呼ばれるような地位についていた。ちなみに「ハミルカル（アミルカス）」はギリシア・ローマ史料での表記であり、本当はフェニキア語・ポエニ語の「アブド・メルカルト」――つまり「メルカルト（神）の僕《しもべ》」に相当する名前であったらしい。兄弟の名「ハスドゥルバル」も「バアル（神）こそ我が救い」という意味である。

東方ではアケメネス朝ペルシアがオリエントを再統一し、ダレイオス大王の帝国がその巨大な統治機構を整えつつあった。ユスティヌス（ポンペイウス＝トログス）によれば、ダレイオスは使節を立ててカルタゴに命令してきた。人間の生贄《いけにえ》の禁止、犬を食用にすることの禁止、土葬をやめて火葬を採用すること等々。さらにペルシア大王の使節はもっと重大な要請も携《たずさ》えていた。ペルシアはまもなくギリシアに戦争を仕掛けるのでカルタゴも援軍を派遣せよ、というのである。前四九九年のイオニアの反乱を契機としたペルシアのギリシア侵攻――ペルシア戦争の始まりである。

カルタゴはこの援軍要請を断った。近隣諸国と常に戦っていたため、派兵する余裕がなかったからである。その代わりペルシアの他の命令には進んで従った、という。まもなく始まるペルシア戦争において東方のフェニキア本土の諸都市がペルシア海軍の中核として参戦せざるをえなかったのと比べると、西方のカルタゴはペルシア帝国に従うポーズは示しつつも事実上の局外中立は保ったことになる。

しかし、カルタゴ自体の近隣との戦争は激しく深刻なものとなっていった。主な戦場はシチリアと、カルタゴが立地するアフリカそのものであった。すでにあのマルクス将軍の頃（前六世紀半ば）から「アフリカ人」――北アフリカの先住民との戦争が始まっていたようである。

その要因はいくつか考えられる。エリッサ伝承のくだりで述べたように、カルタゴ市の土地の所有権は都市建設以来ずっと先住民にあり、カルタゴは先住民に対して毎年地代を納めていた――少なくともそういう建前であった。この「地代」をめぐってこの頃から係争が起きていたのかもしれない。西地中海の覇者となったカルタゴが自らの都市の土地を自分のものだと主張し始めるというのはありそうなことである。あるいは逆に、土地の所有権や「地代」のことは当初は曖昧《あいまい》だったが、カルタゴの繁栄に伴って市の周囲の先住民支配層が土地所有権問題に敏感になり、あらためて「地代」支払いを要求し始めたのかもしれない。

イベリア半島のガデス周辺の先住民がポカイア人との接触を通じてフェニキア人の影響から離脱し、ガデスを攻撃するに至った（カルタゴの介入によって失敗はしたが）のと似たような構図を想定することもできる。ペルシア台頭の前六世紀後半は、西地中海の各地で、それまでフェニキア人との交易だけを通じて東方、さらには地中海全体を見ていた先住民支配層が、突然、世界情勢にめざめ、フェニキア／カルタゴ・ネットワークの裂け目から外の世界とじかに接触し始めた時期であった可能性がある。

ポカイア人だけではなくシチリア東部やイタリア半島等に入植したさまざまなギリシア人が西地中海の先住民社会を刺激していた。北アフリカ自体にもギリシア人の植民市が作られようとした。前七世紀後半に現在のリビア北岸に建設されたテラ島のギリシア人の植民市キュレネは、すでに一〇〇年以上も存続し、北アフリカの諸種族に影響を与えていた。前六世紀末にはスパルタの王子ドリエウスがテラ島人を水先案内人としてリビアに植民を試み、レプティス（レブダ）市の近くのキニュプス川のあたりに都市を建設した。しかし三年後にリビアの住民であるマカイ人とカルタゴ人によってその地を追われたという。この場合はアフリカ先住民がカルタゴとともにスパルタ人を追い出す側に回ったわけである。それにしても先住民にとってカルタゴ・フェニキア勢に従うという以外の選択肢が出現していることは明らかであろう。

以上のようにペルシア戦争前夜のカルタゴは、ギリシア人との戦いに加えて、次第に成長し、自律性を高めつつある先住民社会との対峙《たいじ》をも迫られるという、なかなか難しい立場にあった。

貨幣以前の商業

こうして近隣との戦争に明け暮れていたとはいえ、あとから振り返ってみれば、この時代はカルタゴの黄金時代であった。その海上覇権はまだ無傷であった。それゆえ、ここでいったん時間を止めて、隆盛を迎えつつあるカルタゴの商業をはじめとする諸活動、その物質文明をよく眺めてみよう。古代地中海世界第一の商業民族と言われるフェニキア人・カルタゴ人の交易と富とは、どのような特徴を備えていたのであろうか。

まず第一に注意すべきなのは、フェニキア人・カルタゴ人の交易体系が、基本的に貨幣――金属製貨幣（コイン）――出現以前に形成されたものだという点である。コインは、アッシリア帝国滅亡後に小アジアを支配したリュディア王国で発明されたが、フェニキア人の交易網は前に述べたようにアッシリア帝国全盛期の前八～前七世紀にはすでに西地中海・大西洋岸にまで達していた。したがってその交易は、西地中海の先住民とのものであれ、あるいはギリシア人とのものであれ、必然的に物々交換という形をとらざるをえなかった。のちには、ギリシア世界でのコイン製造の影響を受けてカルタゴも貨幣使用を始めるが、物々交換の名残は永く残るのである。

このフェニキア人の物々交換についてはヘロドトスがカルタゴ人自身の話として次のような話を紹介している。「ヘラクレスの柱」、つまりジブラルタル海峡の向こうに、とあるリビア（アフリカ）人の地がある。カルタゴ人はこの地に着いて船荷を降ろすと、それらを波打ち際に並べて船に戻り、合図の狼煙《のろし》を上げる。煙を見ると住民が海岸に来て、品物の代金として黄金を置き、その場所から離れて下がる。するとカルタゴ人が船から下りて黄金の量を見、その額が商品の価値に釣り合うと思ったら黄金を取って去る。釣り合わない時はもう一度船に戻って待っていると住民が黄金を追加する。そしてカルタゴ人が納得するまでこれを繰り返すというのである。その間、双方とも不正なことはけっしてしない。カルタゴ人は黄金の額と商品の値《あたい》が等しくなるまでは黄金に手を触れないし、住民側もカルタゴ人が黄金を取るまでは商品に手を出さない、という。

取り引きの双方がまったく会話を交わさない、対面すらしないこの交易方式は「沈黙交易」と呼ばれる。異種族同士が出会った場合、危害を加え、奪い、奴隷化することが普通にありえた古代世界において、直接の接触を避けつつ、なおかつ両者納得ずくの交換を行うためのシンプルだが巧みな方法である。ただP・バルトローニが主張するように、この取り引きが双方の信頼に基づいており、悪辣《あくらつ》なフェニキア商人という一般的なイメージの対極にあるとまで言えるかどうかは疑問である。両者が合意のうえとはいえ、この「沈黙交易」の主導権はどちらかと言えばやはりカルタゴ船の側にあるのではないだろうか。黄金の額が商品の値に釣り合っているかどうかを判断しているのはカルタゴ人であって住民側ではない。この地を訪れる外国商人が彼らだけだとすれば、リビア人はこの比率での交換に応じるか、それとも外国商品の入手をまったくあきらめるかしか選択肢はないのである。また、この「沈黙交易」の場で、形式上公正なものとして成立した商品と黄金の交換比率が、カルタゴ人側――「先進地中海世界」――内部では、ボロ儲けを生むような比率（商品の値が水増しされている）であるとしても、リビア人はそれを知る由《よし》もない。

とはいえ、カルタゴ人がこのリビア住民に対して紳士的にふるまっており、余計な手出しをしたり、上陸して住民を虐殺・奴隷化し、鉱山労働にこき使うというたぐいの方向に走っていないことは特筆すべきであろう。

航路の秘密

地中海文明の中心から遠く離れた、外国船を見るのは初めてというような「初心《うぶ》」な先住民社会こそが、カルタゴ人にとって最も割のいい取引相手であった。それゆえ、そのようなお得意さんをカルタゴ人・フェニキア人以外の外国人との接触から守ること、その海域にフェニキア船以外の船を立ち入らせないことは至上命令であった。前章で見た対ローマ条約において、カルタゴがアフリカ沿岸へのローマ船の進入に制限を設けている理由はこんなところにもあるだろう。

もし外国船に追跡されたら、いかなる手段を使ってでも相手をまいて航路の秘密を守るのがフェニキアの船乗りの海の掟であったらしい。ローマ時代の地理学者ストラボンは、大西洋上の錫《すず》の島カッティテリデス諸島について次のようなエピソードを伝えている。

これらの島々には牧畜を主とする黒衣の住民が住み、錫と鉛の鉱床を持っていて、交易商人に鉱物と毛皮を渡し、陶器、塩、銅製品と交換していた。かつてはフェニキア人だけがガデスから出港してこの交易を行い、その航海は他の民族には隠されていた。しかしある時ローマ人達が一隻のフェニキア船のあとをつけて交易先を知ろうとした。これに気づいた船長はわざと航路をはずれて船を浅瀬に乗り上げて座礁させ、追跡してきたローマ船も同じように座礁・沈没するようにしむけた。命がけで錫の島のありかを隠しおおせたのである。この船長は船の破片につかまって助かり、放棄した船荷の代償を国庫から受け取ったという。しかしのちにはローマ人も何度も努力を重ねてこの航路の秘密を知った、とストラボンは述べている。

フェニキア人の「愛国心」を示すものとして有名な逸話であるが、それ以上に、ガデスを母港とするフェニキア人の鉱石取引の実例として興味深い。カッティテリデス諸島を現在のどの島と考えるかについてはイギリスのコーンウォール地方など諸説あるが、いずれにしても大西洋上のそのような孤立した島々の住民が紀元前の何世紀間かにわたって、フェニキア船との物々交換によって地中海の品々――陶器や銅製品――を入手していたとすれば驚くべき話である。ストラボンに従えば、このフェニキア人の秘密の交易を盗むような形でやがてローマ人が継承し、ストラボン自身の時代（前六四年頃～後二一年頃）に現に島民の錫、鉛、毛皮とローマ船の陶器、塩、銅製品の交換が行われていたということになる。

ローマ帝政期のいわゆる「ローマの平和」の時代に、ローマによって統一されて「平和の海」となった地中海とその周辺で商業が花開く、というイメージは一般的であるが、その時代の交易ルート、交換方式のある部分はフェニキア人・カルタゴ人が過去数世紀にわたって人知れず開拓してきたものであったのかもしれない。

カルタゴ人の「嘘」

ヘロドトスとストラボンが語る以上二つの逸話はいずれもジブラルタル海峡の外の、地中海沿岸との接触の少ない地域との物々交換の例である。それでは地中海周辺のもっと「開けた」地域――シチリアやサルディニアやイタリア半島、さらには北アフリカのカルタゴ市自体の周辺、あるいは最古の取引相手であるイベリア半島南部――においてはどのような形で物々交換が行われていたのだろうか。残念ながら古典史料にはそれほど明確な記述はない。しかし取引相手がより「文明化」されており、金属の価値も商取引の罠も知りつつあるだけに、大西洋岸の先住民相手の場合のようなフェニキア人の一方的大儲けは難しかったであろう。物々交換はここではもちろん「沈黙交易」方式ではなくて対面式で、会話による交渉を経て行われたであろう。ローマ人の文献史料が口々に「カルタゴ人の約束には裏がある（ポエニの信義）」と言い立てているのは、ポエニ戦争における敵カルタゴへの憎悪のせいもあるであろうが、根底にはカルタゴ商人に巧みに言いくるめられた苦い原初体験が横たわっているに違いない。ただ、ギリシア・ローマ人の描くカルタゴ人の「不実」なるものは、口からでまかせの軽薄な嘘つきというイメージでは必ずしもなかった。カルタゴの建設者エリッサの伝承を思い出してみよう。
　ユスティヌスは彼女にいくつかの「嘘」をつかせているが、たとえば都市建設の用地を得るために「牛の皮一枚」分の土地を先住民に乞い、牛の皮一枚から作った長大な皮紐で「ビュルサの丘」全体を囲い込んでしまうという場合、「牛の皮一枚分」という言葉そのものは嘘ではない。「牛の皮一枚」と言われて先住民が普通思い浮かべるものと、エリッサ側の意図するものがわざとずらされていて、その「ズレ」を相手方に教えない、ということにすぎない。「牛の皮一枚」で狭い面積を想起し、「それぐらいならフェニキア人どもに譲ってやって商売して儲けてもいい」と思った先住民側の「欲」がうまく利用されているわけである。言葉そのものに嘘はないので、相手はあとで損したことに気がついても取り返しがつかない
――これがフェニキア的「嘘」の本質であったろう。
　エリッサのもう一つの「嘘」は、一〇人の有力者にヒアルバスとの結婚を迫られた時のものである。薪の山を築いて犠牲を捧げた彼女は「あなた方の望みどおり私は夫の所に行く」と言いつつ、自らを剣で刺して犠牲としてしまう。「夫」という言葉で意味したのは一〇人の有力者がとっさに思い浮かべたに違いない先住民王ヒアルバスのことではなく、亡夫アケルバスであった。この彼女の最後の悲痛な「嘘」――言葉の二重性――は、彼女を追いつめた側近達にその卑劣さがもたらした結果を思い知らせるものとなっている。

舞台の上のカルタゴ人

このようにカルタゴ人・フェニキア人の取り引き上の「嘘」は、羊頭狗肉式の単純なものではなく、高度で「都会的」なものであったに違いない。カルタゴ人自身も実際に会ってみれば、こすからいというよりはむしろ重厚で、礼儀正しくかつ腹の底の読めない、今で言えば「銀行家」タイプの人達であっただろう。

かなりあとの時代の話になるが、前三世紀末〜前二世紀初めのローマの喜劇作家プラウトゥスに『小カルタゴ人』と題された作品があり、ここにカルタゴの名門の金持ちハンノなる人物が登場する。ハンノの娘二人は幼くして乳母とともにかどわかされてギリシアの港町カリュドンの女郎屋に売られていたのを、娘達を探しつつカリュドンまでやって来たハンノが見つけ出すという設定である。カルタゴ人特有の服装――帯をしめないで長いトゥニカを風にはためかせて歩いている、耳輪もしている等々――をしたハンノとその従者達は多少滑稽《こっけい》には描かれているが、ハンノ自身は娘二人の身を案じ、その発見を涙して喜ぶ、真面目で威厳ある父親という役柄で、狡猾《こうかつ》な女郎屋リュクスをやっつける善玉側の人間である。

ちなみに主人公の青年アゴラストクレスも実はカルタゴ出身で（ハンノの従兄弟の息子）、同じく幼い頃さらわれてカリュドンに売られ、ギリシア人の養子となっているのであり、このギリシア人養父とハンノがまた偶然にも父の代からの友人という複雑な関係である。アゴラストクレスと出会ったハンノは友人の養子であることを確かめるために「陶片」を取り出す。これは一種の割り符（トークン）であってアゴラストクレスの家にもう一片があり、両方の破片が合うことでお互いが客人関係にあることを確認するのである。往時のカルタゴ商人達はおそらくこのようにギリシアやイタリア、シチリアの港々に割り符を交換してある有力な友人達を持っていて、そのつてを十分に活用しながら有利に商取引を進めたのであろう。

さて、この喜劇『小カルタゴ人』の最大の見せ場の一つは、登場したハンノが、ラテン語劇であるこの劇の中でいきなりポエニ語（カルタゴ人の話すフェニキア語）の長ゼリフをまくしたてる場面である（第五幕第一場）。現存のテクストがいつ成立したのかという問題はあるにせよ、このあとの場面でも、アゴラストクレスにポエニ語で話しかけるハンノとそれをデタラメにラテン語に「翻訳」するアゴラストクレスの奴隷ミルピオとの珍問答が続くので、舞台上でカルタゴ人ハンノがポエニ語（らしきもの）を話すのがこの喜劇の「売り」の一つであったことは間違いない。

ところがハンノは、実はラテン語（劇の設定上はギリシア語）もよくできるのである。ミルピオの珍通訳をしばらく続けさせたあげくに、突然、自らラテン語で話し始めて、「来たばかりの外国人を愚弄《ぐろう》した」ミルピオをとっちめる。カルタゴ人がポエニ語を話していて話が通じない、こっちが何と言ったってわかりはしないと油断してかかっていると、実は相手（カルタゴ人）にはこちらの会話が全部通じている……これがローマ喜劇の舞台上に現れたカルタゴ紳士の姿なのである。

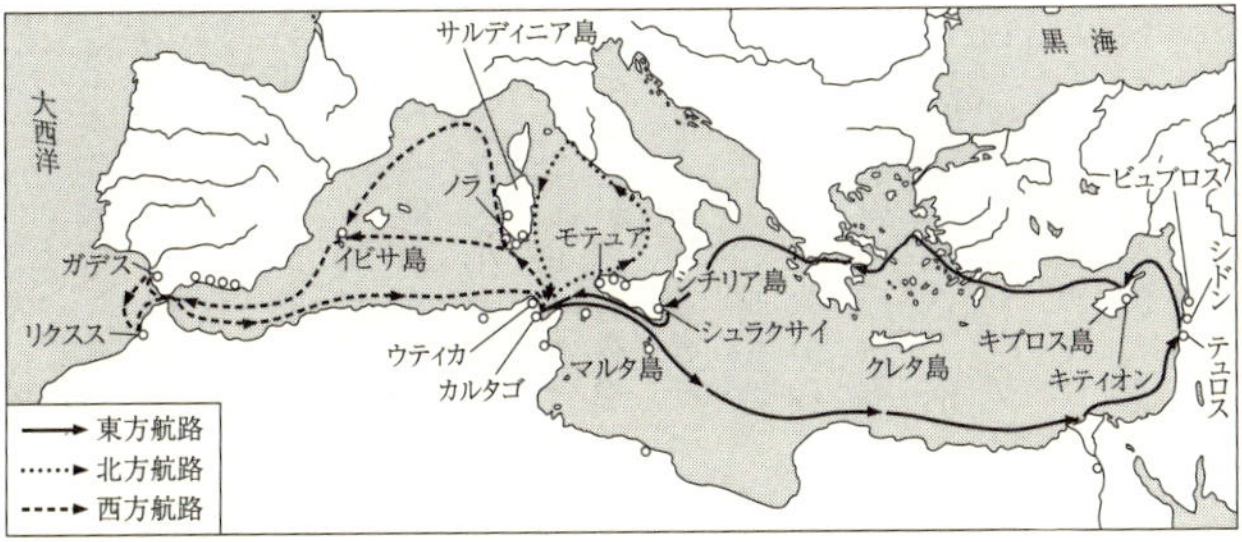

カルタゴを中心とする地中海交易ルート　コレット・ピカールの図をもとに作成。H. G. Niemeyer (ed.), *Phönizier im Westen*, 1982より

東方からの舶来品

ところでカルタゴ商人が交換した商品——西地中海や大西洋岸の鉱物資源と引き換えにしたカルタゴ・フェニキア側のバーター品はどんなものからなっていたのであろうか。またカルタゴは鉱石取引だけではなく、ギリシア系・エトルリア系等の文明化された地域の間の中継貿易でも栄えたのだが、その主要な交易路、交換される双方の商品は何であったか。

同時代史料が乏しいのでこれらの問いに答えるのは難しい。図はコレット・ピカールによるカルタゴを中心とするフェニキア人の交易ルートの復元であるが、これも仮説の一つにすぎない。テュロスとカルタゴや地中海各地の交易所・植民市の間では、封泥《ふうでい》に印を押した無数の商用文書が行き交っていたであろうが、それらの一片すら残っていないのである。

ただサランボーの墓域の出土品等からは、マゴ王朝時代のカルタゴが政治的には自立しつつあるとはいえ、まだまだテュロス等フェニキア本土からの輸入品に頼っていたことがわかる。バーターにもこれらフェニキア製品や、エジプト（護符等）・ギリシア（コリントス陶器等）からの輸入品があてられたであろう。カルタゴ市での商品生産も始まってはいたが国内での消費用に限られ、輸出やバーター用にはあまり回されなかったらしい。カルタゴの取引相手である西地中海先住民社会の人々は、あくまで当時の先進地域である東方から来た珍しい舶来品にこだわったのであろう。

エジプト製品は護符、スカラベ、羽根飾りをつけた人物や猿をかたどり、ガラスの上薬をかけた軟膏壜《びん》等で、ナイル・デルタ西方のナウクラティス市で作られた。またメンフィスからは神々の小立像が輸入された。これらのエジプト都市にはフェニキア人の居留地があり、商品を買い取ってカルタゴ等へ送っていた。こうした品々はカルタゴのトフェトから発見されるのだが、当然輸出にも回されたであろう。しかしペルシア王カンビュセスによるエジプト征服とナウクラティスの略奪により、これらの商品の工房は破壊され、フェニキア・カルタゴの貿易に影響が及んだと思われる。

ギリシア各地からは陶器とテラコッタ製の小像類が輸入された。ただ、ギリシア陶器として我々が思い浮かべるアッティカ（アテネの）陶器はカルタゴではおもに前四世紀以降にしか現れず、前六〜前五世紀にはコリントス製の陶器の輸入が中心であった。コリントス市にもエジプトのナウクラティスの場合と同じようにフェニキア商人の居留地ないし租界があったことが知られている。ギリシアの島々、ロドスやサモスやキプロスからはさまざまな意匠のテラコッタ製の女性小像が輸入された。これらはアテナ、ヘラ、アシュタルテといった女神に捧げられる豊穣のシンボルと考えられ、やはりカルタゴの墓地から出土している。

カルタゴ市自体も陶器やテラコッタの生産は行ったが、再輸出用の豪華な陶器はギリシア製にまかせ、商品運搬用のコンテナーとして使われるアンフォラ類（両手つきの大型壺）と、カルタゴ市内および後背地の北アフリカで使われる日用品の生産に終始したようである。

フェニキア職人の技

シドンやテュロス等のフェニキア本土製の手工業製品、とりわけさまざまな工芸品はもちろんカルタゴの貿易の主力商品であった。フェニキア人が得意としたのは象牙細工やガラス製品、貴金属細工といった、手の込んだ細工物であった。フェニキア人の象牙細工の多くはアッシリア帝国の王宮のあったニムルドから出土しているが、最も有名なものの一つである前八世紀頃の「アフリカ人を襲う牝ライオン」は、髪の毛の描写等から明らかにアフリカ人とわかる青年がライオンに噛み倒される瞬間を捉えた、フェニキア美術の傑作である。

アフリカ人を襲う牝ライオン　ニムルド出土。前8世紀。大英博物館蔵。S. Moscati (ed.), *The Phoenicians*, 2001より

このような象牙板は多くは木製の家具――椅子や寝台やキャビネットに嵌《は》め込まれた形で、主としてアッシリアや新バビロニア等のオリエントの宮廷に輸出された。つまり当時の先進国向けの本当の高級品であったので西地中海にはあまり流通しなかったが、イベリア半島南部では地元のフェニキア人の手になると思われる櫛などの小ぶりの象牙細工がみられた。カルタゴはこれらの象牙細工の原材料である象牙――アフリカ象の――の主な供給者であったであろう。

金、銀、銅の細工物、青銅等に金をかぶせたメッキ細工、金の小粒を密集させるグラニュレーションの技法等もフェニキア人の得意技で、こうして作られた器や宝飾品、さらには青銅製のカミソリやヘアピン、毛抜き等の小間物も広く出回っていた。これらの金属製品の原料がカルタゴによって西地中海からもたらされたことは繰り返すまでもない。

ガラス製品はエジプト・メソポタミア起源であるが、フェニキア人の手で大発展を遂げた。冶金《やきん》業で獲得した高温を保つ技術や、原料である良質の砂がレバノン地方の海岸で簡単にとれることが、発展の条件を提供した。現在のガラス器の多くは吹きガラスの技法で作られるが、これは前一世紀のローマ時代以降の技法であり、フェニキア・カルタゴ時代のものは、粘土や砂などで作られた芯の周りに熱いガラスの棒を巻きつけてゆく――あめ細工のような――コア・ガラスの技法で作られた。ガラス棒は青や黄、赤に着色されているので、違った色の棒を組み合わせると、一種の縞模様の派手な製品が出来上がる。こうして作られたガラス製の香油入れ（アラバストロン）がカルタゴを含む地中海各地で発見されている。

フェニキアのガラス工芸　（左）香油入れ。前2～前1世紀。ブリュッセル王立美術歴史博物館蔵。（上）人面ペンダント。サルディニア島、オルビア出土。前4～前3世紀。カリアリ、国立考古学博物館蔵

先述のエジプト製の軟膏壜と同じく、これらのガラスの小壜も容器だけが売られたのではなく、油や香料、エッセンス等の中味入りで流通したのであろう。壜の形の違いやデザインで中味が区別できたのかもしれない。古代西地中海の人々は現代人がブランド物にあこがれるのにも似た感覚で、これらの色鮮やかなガラスの小壜に手を伸ばしたのだろう。

人の顔――多くは髭を生やした男性の顔をかたどったガラス製のペンダント（魔除け）もあった。ガラス玉を連ねたネックレスもあった。これらは大航海時代のアフリカ貿易でも使われたガラス玉、「トンボ玉」の先祖ともいうべきもので、ガラスを見るのは初めてというような西方の人々の心をとらえたのであろう。

さらに、フェニキア人の手工業品として最も有名な、赤紫色の染料で染められた織物類がある（「フェニキア人」という民族名そのものがこの染料の色の名――フォイニクス――に由来すると言われる）。地中海岸の浅瀬で獲れる貝類を原料とする染色の工程は悪

臭をともなうもので、作業場はシドン市の場合のように町はずれに設けられた。フェニキア人の都市は、産業にともなう悪臭や「工場排水」に悩んだ史上初の工業都市であった。

　そしてその製品――貝紫染料の濃度の調整によって青紫に近い色から真紅に至るさまざまな色合いに染め上げられた麻やウールの布類こそは、古代地中海における神聖と権力のシンボルであり、王者と神官の衣裳として各地の支配層がこぞって求めたものであった。ローマも例外ではない。共和政時代のローマでは、この真紅の外衣は凱旋将軍がその凱旋式の一日だけ市内での着用を許される特別な衣服であった。帝政期になるとそれは皇帝の独占物となり、のちのヨーロッパの帝権・王権の表象である「紫衣」の起源となるのである。カルタゴ人自身も紫衣を商品として扱うだけでなく自ら富貴のしるしとして愛用した。父の怒りを買ったマルクス将軍の息子は神官として紫衣をまとった姿のまま、磔《はりつけ》にされた。もっとのちの第三次ポエニ戦争――ローマとの最後の戦い――の時、カルタゴの指導者ハスドゥルバルは、ローマ軍包囲下で餓死する市民を尻目に日夜宴《うたげ》に興じ、紫衣をまとってその豪奢《ごうしゃ》を見せびらかしたという。

　このようにフェニキア人の手工業品の多くは奢侈《しゃし》品であり、それを入手した者の特別な地位と権力を可視化する「威信財」であった。大量生産・大量消費を土台とする近代工業製品の輸出との決定的違いはここにある。近代工業製品が広汎な大衆的消費者をめざして輸出され、それゆえ、輸出先の社会の旧来の身分制を突き崩してゆく傾向を持ったのに対し、古代フェニキア商品は、西地中海各地に形成されつつある王・神官・貴族といった支配層を主な顧客としていた。カルタゴ人の交易活動は輸出先の社会に「紫衣」や「香油」によって可視化される「東方化された」支配層を生み出したという意味で、鉄器時代に入って始まった西地中海における強固な階級社会の形成に一役買ったともいえる。

奴隷商人

最後にフェニキア人・カルタゴ人が扱った究極の商品としての奴隷に言及しないわけにはいかない。先に紹介したプラウトゥスの『小カルタゴ人』のプロットにもあるように、古代地中海世界は、自由人がさらわれて奴隷として売り飛ばされることが普通にありうる社会であった。人が人を使うという場合、奴隷主が奴隷を使うという関係がごく一般的で、逆に賃金を払って自由人を雇うという関係は例外的であった時代のことである。『小カルタゴ人』の中ではカルタゴ市の富裕層の子女がギリシアの女郎屋に売られているのだが、もちろん逆のケース――フェニキア・カルタゴ商人がギリシア人その他をさらって売る例も多かった。現存の史料はほとんどがギリシア・ローマ人の残したものなので、「フェニキア人・カルタゴ人にかどわかされて奴隷にされる」例のほうが強調される結果になっている。ホメロスの『オデュッセイア』には、フェニキア人の女奴隷が手引きして、主人の息子をフェニキアの海賊船に引き渡し、その子は奴隷として売られて豚飼いにされる例が、オデュッセウスの奴隷エウマイオスの身の上話として出てくる。

古代地中海の奴隷制度にはこの例のような購買奴隷制と並んで債務奴隷制や、スパルタのヘイロータイ（ヘロット）のような世襲的な隷属農民制度等、色々な種類と段階があり、問題は複雑であるが、少なくとも市場で売り買いされる奴隷——購買奴隷——に関する限り、フェニキア・カルタゴの奴隷商人がその供給の一翼を担《にな》っていたことは間違いないであろう。

鉱山奴隷の悲惨

日常的にも誘拐や奴隷狩りがある一方で、戦争ともなれば、負けた側を皆殺しにするのも全員奴隷として売り払うのも自由なのが古代社会であった。こうした戦争捕虜起源の奴隷を大量使用したのが、カルタゴを破ったのちの共和政後期から帝政初期にかけてのローマであったが、カルタゴ自体もまた農業や鉱山業の場面で大量の奴隷を使役した形跡がある。

シチリアのギリシア人歴史家ディオドロスはフェニキア人によるイベリア半島の銀山開発について述べたあとで、ローマのイベリア半島制圧後のイタリア人による銀・金山経営に触れ、それが苛酷な奴隷労働によるものであることを明らかにしている。イタリア人達は多数の奴隷を買い集めて採鉱現場の監督達に引き渡す。地底の奥深くジグザグに延びる坑道の中で奴隷達は息つく暇もなく重労働に追い使われ、鞭打たれ、責め苦にあって恐怖の中で死んでいく。体力と忍耐心のゆえに何年か生き延びる者があってもそれは苦痛の時が長引くだけのことである——と。

こう書いたあとでディオドロスはこれらの鉱山のうち最近（ローマ時代）採鉱が始まったものは一つもなく、すべてカルタゴがイベリア半島を征服していた時期にカルタゴ人の銀あさりによって開発されたものだと述べているのである。そうであるとすれば、フェニキア・カルタゴ時代のイベリアの銀山でも奴隷使用がかなりの規模で始まっていたのではないかと思われる。それらの奴隷は人さらいの犠牲者だけではなく、海上帝国カルタゴがサルディニアやシチリアやアフリカ本土での戦いで獲得した戦争捕虜を多く含んでいたことであろう。カルタゴは西地中海にオリエントの豪奢と洗練と手の技をもたらしたが、同時に支配と恐怖、数々の海戦をはじめとする本格的な戦争と奴隷労働の時代の幕を開けたのだとも言えそうである。

ヒメラ後の変貌

前四八〇年のシチリア情勢

話題をペルシア戦争期のカルタゴの動きに戻そう。前四九〇年のペルシアのギリシア遠征の際には前述のように中立を保ったカルタゴであるが、一〇年後、ダレイオスの後継者クセルクセス大王自身が大遠征軍を率いてギリシアに侵攻した時にはこれに便乗した可能性がある。

ディオドロスによれば、ギリシア人の居場所をなくしてやろうと考えたクセルクセスはカルタゴに使節を送り、ペルシア軍がギリシアに住むギリシア人を攻撃するのと同時に、カルタゴが大軍をもってシチリアとイタリアに住むギリシア人を攻撃することを約束させたという。このディオドロスの記述は前四世紀のキュメー出身の歴史家エポロスに拠っていると思われる。エポロスの著作は断片しか残っていないが、そこには、クセルクセス大王の遠征準備中にペルシア人とフェニキア人の使節がカルタゴを訪れ、できる限りの大艦隊でシチリアに渡ってその地のギリシア人を破ったあと、ギリシアのペロポネソスに向かうように要請したことが記されているのである。ただ、これらのギリシア人歴史家の証言は、ペルシア大王軍のギリシアでの敗退とカルタゴ軍のシチリアでの敗退——つまり地中海の東西におけるギリシア人の同時的勝利というこのあとの展開をより劇的に見せるための誇張であるかもしれない。ペルシアとカルタゴがほぼ同時にギリシア人を攻めたのは事実とはいえ、両者の間にエポロスらの主張するような明確な連携があったのかどうかは疑問視されている。

ともかくも、カルタゴはシチリア遠征を準備し始めた。この時期、シチリアのギリシア人に一撃を加える必要が生じていたのは確かである。数多くのポリスの分立状態にあったシチリアのギリシア人世界に、一つの強力な極が形成されつつあった。ゲラ市とシュラクサイ市の独裁者（僭主《せんしゅ》）ゲロンの登場である。

ゲラはシチリア南東の小ポリスで、ゲロンの一族は代々ゲラ市における「地下の女神達」——デメテルとペルセポネ——の祭司であった。ゲロン自身は僭主ヒッポクラテスの騎兵隊長として武名を高め、ヒッポクラテスが先住民シケロス人との戦いで戦死したあと、ゲラ市を事実上のクーデターによって乗っ取って自ら僭主となった。次に東の大都市シュラクサイにおけるガーモロイと呼ばれる上層市民と民衆・隷属民の内紛に介入してこの市をも手中に収めると、ゲラ市のほうは弟に委《ゆだ》ねて自分はシュラクサイの大改造計画に着手した。

まず近くのカマリナ市を破壊して全市民をシュラクサイに移動させて市民とし、ゲラ市民の半数も同様にし、別のシチリアの都市メガラを包囲降伏させて、その貴族層をシュラクサイに移して市民とし、平民達は奴隷としてシチリア島外に売り払ってしまった。この結果シュラクサイ市は複数のポリス出身の上層民からなる超ポリスのようなものとなり、ゲロン自身はこの巨大な新市民団の上に君臨する独裁者となったのである。

シュラクサイにおけるゲロン政権の成立はカルタゴにとって大打撃であった。マゴ王朝期のカルタゴはシュラクサイの従来の支配層ガーモロイと協力関係にあり、ヘロドトスによれば、この当時のカルタゴの「王」ハミルカル（原文ではアミルカス——マゴの息子あるいは孫にあたる）の母はこのシュラクサイ出身であった。カルタゴはこのシュラクサイとの関係を梃子《てこ》として東方のギリシア、フェニキア、ペルシアへの道を確保していた。それゆえ、ゲロン体制の転覆を狙うハミルカルが、前四八〇年のペルシア大王軍のギリシア侵入と軌《き》を一《いつ》にする形でシチリア遠征を試みたとしても不思議はないのである。

デメテル像　シチリア島出土。テラコッタ製。前５～前４世紀。シラクサ博物館蔵

さらにこのシチリア出兵に至るもう一つ

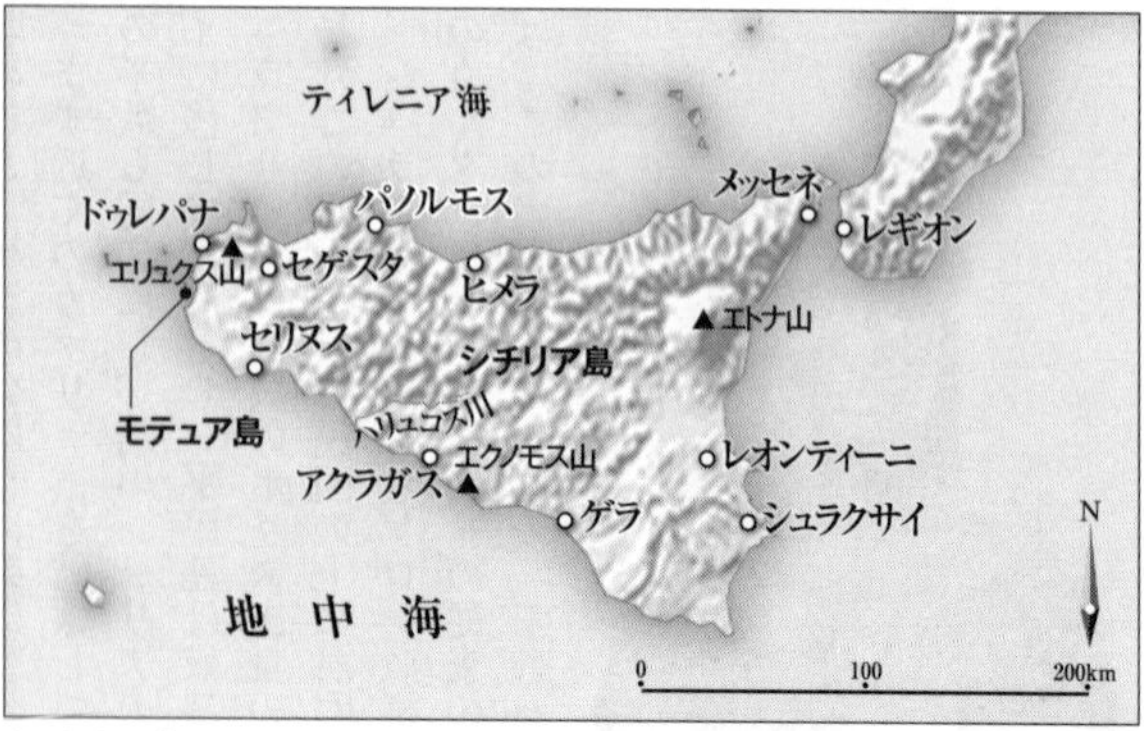

シチリア島

の伏線があった。シチリア島とイタリア半島の間のメッシナ海峡の通行に関わる問題である。海峡をはさんでイタリア側にある都市レギオンの独裁者アナクシラオスは、海峡のシチリア島側の都市ザンクレに目をつけ、ここにスパルタの圧迫を逃れてきたというメッセニア人（ペロポネソス半島の先住ギリシア人）を入植させてメッセネ（メッシナ）市を作り上げた。アナクシラオスはシチリア島北岸のヒメラ市の独裁者テリロスの娘を妻としたが、このテリロスとカルタゴのマゴ家とは客人関係で結ばれていた。つまりカルタゴは、ヒメラを介したレギオンとの協力関係を使って地中海東西交通の要であるメッシナ海峡をコントロールしえていたのである。

　ところがそのヒメラに異変が起こった。アクラガス（アグリジェント）市の支配者テロンがヒメラに進軍し、テリロスを追放したのである。テリロスは自分との友誼《ゆうぎ》を頼みとしてハミルカルに出兵を要請し、レギオンのアナクシラオスも息子をカルタゴに人質として差し出してハミルカルを説得した。ハミルカルは出兵を承諾せざるをえなかった。ヒメラのテリロスを見捨てれば、レギオン―メッセネとの同盟も崩れ、メッシナ海峡を失いかねない。この海峡を失えば、東西航行の要路を失うと同時にエトルリアとの同盟によって確保したイタリア半島西岸への道、ティレニア海の制海権も危ういのである。こうしてシチリア北岸の小都市ヒメラが突然カルタゴ海上帝国の命運にかかわる一大決戦の場となる日がやってくる。

ヒメラの戦い

カルタゴ軍――ハミルカル自らが率いるシチリア遠征軍は、ヘロドトスによれば三〇万の大軍であった。フェニキア人、カルタゴ人だけでなくリビア（アフリカ）人、イベリア人、リグリア人、サルディニア人、コルシカ人等からなる、いわばカルタゴ「帝国」の全土から集められた大連合軍である。三〇万人という数字には誇張があるかもしれないが、ギリシア人世界がいまだ目にしたことのない、未曾有《みぞう》の大軍であったことは間違いないであろう。

軍船だけで二〇〇隻を上回り、さらに三〇〇〇隻を超える輸送船を伴っての大遠征であった。マゴ「王朝」の政体がいかなるものであったにせよ、この遠征は指導者である「ハンノの子ハミルカル」（ヘロドトスはこのようにハミルカルをマゴの子ではなくハンノの子と呼んでいる）一人の思いつきではなく、カルタゴ市の総意に基づく政策であったろう。「カルタゴ人達は戦争準備を整えたあと、彼らの間で最も名声の高かったハミルカルを将軍に選んだ」――ヒメラの戦いを詳述しているディオドロスはこう述べている。

カルタゴ港を出港した大艦隊はシチリアに向かい、途中、嵐のために馬匹や戦車を載せた輸送船を何隻か失いはしたものの、まずは無事にシチリア北西部のパノルモス（パレルモ）港に到着した。パノルモスやセゲスタ等、島の西部はフェニキア人の同盟者エリュモス人の地で、以前からカルタゴの地盤である。パノルモスに入港したハミルカルは、これでもう戦争は終わったと豪語した。海だけがこの遠征にとっての不確定要素であり、無事に上陸を果たした以上、シチリア征服はもはや完了したも同然と考えたのである。三日間の休養と船の補修のあと、彼は軍勢を率いて陸路ヒメラ市へと進軍し、艦隊は海岸沿いに海路これに同行した。

ヒメラ市の門前に着くと、ハミルカルは陸軍と海軍それぞれの陣地を築き、軍船はすべて陸に揚げてその周囲を溝と柵で囲み、陸海軍の両陣地の防壁によってヒメラ市を西側から包囲する形にした。それから輸送船の船荷を降ろし、輸送船団はもっと穀物等の物資を運んで来させるためにアフリカとサルディニアへ送り返した。そのうえでアクラガスのテロンが守るヒメラを攻撃し、散々に撃ち破った。さすがマゴ家の跡継ぎの名に恥じぬ堂々の布陣、堂々の攻撃だったのである。震え上がったテロンは急ぎシュラクサイ市に使いを送り、あの独裁者ゲロンに救援を求めた。

ゲロンは素早かった。五万の歩兵と五〇〇〇の騎兵と共にヒメラへ急行し、陣を構えるとすぐに騎兵の全軍をもってヒメラの田園を略奪していたカルタゴ軍を攻撃した。無規律に行動していたカルタゴ勢はシュラクサイ騎兵の前になすすべもなく、たちまち一万を超える者が捕虜となり、ヒメラ市内に連行される。バルバロイ（蛮族）恐るるに足らずとヒメラのギリシア勢は俄然勢いづいた。確実だったはずの勝利への行程が狂い始めたこの瞬間、ハミルカルは儀式の準備に忙殺されていた。「ポセイドン神」（ディオドロスはこのカルタゴの神のことをこう呼んでいる）への盛大な生贄の儀式を執り行う予定だったのである。その犠牲式の日に同盟者であるセリヌス市からの騎兵が到着する手はずになっていた。カルタゴ軍自体の馬は渡航中の嵐でかなり失われていたから、それを補う意味があったのだろう。

運命の日

さてその予定の日の明け方、ハミルカルは儀式のために海軍の陣中にいた。騎兵の一隊が陣営に近づく。セリヌスからの援軍と信じた衛兵は彼らを迎え入れたが、驚くなかれ、これはゲロンが派遣したシュラクサイ騎兵であった。実は予定通り騎兵を送るとの手紙を携えたセリヌスからの使いは、途中でゲロンの手に落ちていた。手紙を見たゲロンはハミルカルの裏をかいて、偽の援軍を予定の日の朝早く送ったのである。

陣営内に突入したゲロンの騎兵は、折しも犠牲式にとりかかっていたハミルカルの所に駆けつけてこれを殺し、陸に引き揚げられていた軍船に火を放った。合図の狼煙を見てゲロンは全軍をもってカルタゴ軍の陣地を攻撃した。こうして始まったカルタゴ勢とギリシア勢の戦いは、払暁《ふつぎょう》から日暮れまで丸一日の間続いたという。しかし軍船を焼く火の手が高く上が

バアル・ハモン神像　ボン岬（ティニッスート）出土。テラコッタ製。1世紀。チュニス、バルドー博物館蔵

り、ハミルカルの死の噂が広がるにつれ、カルタゴ軍は浮き足立ち、ついには総崩れとなった。ゲロンは捕虜をとることを許さなかったからカルタゴ軍は皆殺しとなり、一五万人以上が殺された。残りの者は険しい土地に立て籠もったが、水のない場所であったため、結局全員降伏を余儀なくされた。

なんという幕切れであろう。カルタゴ「帝国」の大艦隊は陸の上で燃え尽きた。三〇万といわれるシチリア遠征軍は壊滅した。西地中海におけるフェニキア・カルタゴ勢とギリシア勢の力のバランスを一日で変えた前四八〇年のヒメラの戦いは、ヘロドトスによればサラミスの海戦――クセルクセス大王のペルシア海軍がアテネ海軍に敗れ去った戦い――とまさに同じ日のことだったという。

ハミルカルの最期についてはゲロンの騎兵に殺されたという今述べたディオドロスの説の他に、ヘロドトスが伝える次のような話が残っている。合戦の最中、カルタゴ側の敗勢が明らかになり始めた時以来、ハミルカルは姿を消してしまい、ゲロンの捜索にもかかわらず、二度と見つからなかったというのである。ヘロドトスによると、カルタゴ人自身はハミルカルが敗北を見て自身を神への犠牲として捧げたと考えていたらしい。

長時間の合戦の間中、陣営にとどまって巨大な薪の上で犠牲獣を丸のまま焼きながら吉兆の現れるのを待っていた彼は、カルタゴ軍が潰走《かいそう》するのを目にすると、ちょうど犠牲に神酒《みき》を注いでいたところであったが、自らを火中に投じて姿を消した、というのである。女王エリッサの最期に倣《なら》ったようなカルタゴの支配者の自己犠牲である。もしこちらの伝承のほうが正しいなら、「人身御供」を捧げられたこの神はバアル・ハモン神ということになるのかもしれない。ハミルカル――つまり「メルカルトの僕《しもべ》」を意味する名を持つこのマゴ家の当主は、その名に似つかわしいともいえる宗教的な死を遂げたのである。

退潮の遠因

ヒメラの破局は劇的な事件であったが、実はそれ以前から始まりつつあったカルタゴ海上帝国のほころびが一気に表面化したものにすぎない。カルタゴの制海権にとっての重要なパートナーであったエトルスキ（エトルリア人）はすでに前五二四年に現在のナポリ近郊のギリシア系植民市クーマエを攻めようとしてアリストデーモスに大敗を喫していた。

このアリストデーモスは前五〇四年にはラテン人と同盟してアリキア市城外で再びエトルスキ軍（ポルセンナの）を破り、武名を利用してクーマエ市の僭主となり、青年達に乙女の身なりをさせる等の奇行で知られた。タイプは違うかもしれないが、エトルスキ＝カルタゴの連合勢力に挑戦するアクの強いギリシア系植民市の独裁者という点で、クーマエのアリストデーモスと、ヒメラの勝者であるシュラクサイのゲロンには共通性があるように思える。

東地中海で、アテネ等のギリシア人ポリスがペルシア戦争を戦いつつ重装歩兵民主政、さらには海軍の漕ぎ手である無産市民まで含めた完全民主政へと発展していく頃、ここ西地中海では、シチリアやイタリア半島南部のギリシア系植民市が、やはりそれ以前とは異なる新たな段階に達しつつあった。東方ギリシアにおける発展とは違ってそれは民主政ポリスの形成とはならず、さまざまな意匠をこらした僭主政を生み出したのだが、しかし軍事的には似たような結果――武装自弁の「農民＝市民」軍、彼らが主体となった何らかの重装歩兵的集団戦法の採用――に至ったのだとも考えられよう。

カルタゴ・フェニキア勢の、そしてエトルスキ勢の退潮は、ギリシア系を中心とする西地中海の都市国家群のこのような新展開に直面してのものであった。エトルスキは前四七四年、クーマエ、シュラクサイとの海戦に敗れ、ティレニア海南部の制海権を最終的に失う。ギリシア系ではないが、同じような展開を遂げつつあったラテン人の都市国家群の中にローマ市もあった。

いくらかの後背地はあるにせよ、基本的に港町であり、交易所であるにすぎない西方のフェニキア人の植民市ネットワークからは重装歩兵のような存在は生まれるべくもなかった。重装歩兵となる中堅農民層の土地経営が展開する場である、都市の田園部――ギリシア人都市であるあのヒメラ市の周辺には現にあった田園――が、フェニキア人植民市の場合は検証されないのである。ガディル（ガデス）の場合のように、フェニキア人の町自体は農地など確保しようもない少し沖合の小島に作られ、陸地の先住民社会（タルテッソス）との交易・同盟を通じて食糧その他を調達するのが一般的だったのではないかと思われる。

それゆえ、ヒメラの敗戦後、いったんは崩壊したかに見えるカルタゴ・フェニキア海上覇権を再建するためには、カルタゴ市そのものがギリシア都市のようなものになる必要があった。港と商業地区からなる中心市の外側に広大な都市の支配領域――田園部――を持つ必要があった。市民団と市民軍を編制し、そうしたものとしての新たな都市国家の国制を整える必要があった。魚がいきなり哺乳類になるというような唐突な跳躍である。しかし驚くべきことにカルタゴはヒメラ後の数十年の間にそれらしきことをやってのけるのである。

上陸

ユスティヌスによって抄録されているポンペイウス＝トログスは、ヒメラの敗戦後のカルタゴの政情について次のように述べる。シチリアで死んだハミルカルの三人の息子とハスドゥルバル（サルディニア戦争での負傷がもとで死んだ）の三人の息子がカルタゴを治めた。マウリー人に対して戦いが仕掛けられ、ヌミディア人とも戦争が行われた。そしてアフリカ人はカルタゴ建設以来の土地の貢租（地代）をカルタゴ人に対して免除せざるをえなくなった、と。

マウリー人、ヌミディア人、アフリカ人はいずれもカルタゴが立地する北アフリカの先住民の呼称で、大まかに言えばマウリー人が、一番西（現在のモロッコのほう）に、アフリカ人（ギリシア史料ではリビア人）が一番カルタゴに近いあたり（現在のチュニジア、リビア）に、ヌミディア人がその中間（現在のアルジェリア付近）に分布していたと考えられている。ただし「アフリカ（リビア）人」にはアフリカ大陸に住む人の全体を指す広義の用法もあるのだが。

これらの人々は古代リビア語という共通の言語を話し、このうちヌミディア人の領域からは彼ら自身の文字（リビア文字）で記された碑文も出土している。これら古代リビア語を話す先住民はカルタゴ時代、ローマ時代を生き延び、その後のアラブ人の到来によりイスラム化されつつ現在の北アフリカの「ベルベル系」の住民につながっていったと考えられている。

ベルベル人といえば、サハラ砂漠のオアシスの民トゥアレグなどが例として思い出されるであろうが、実は「ベルベル人」という名は侵入者達が彼らを呼んだ蔑称に近い言い方で、彼ら自身は誇りをこめてイマジゲンと名のる。ユスティヌスの言わんとするところは要するに、ハミルカルの次の世代のカルタゴ政府が、このイマジゲンの先祖達——古代リビア人達——に本格的に、かつモロッコからチュニジアまでの広範囲にわたって戦いを挑んだということであり、その結果、カルタゴ市建設以来の、「先住民に借りた土地に立地している」という負い目を清算して、先住民に対する地代支払い義務から解放されたということなのである。

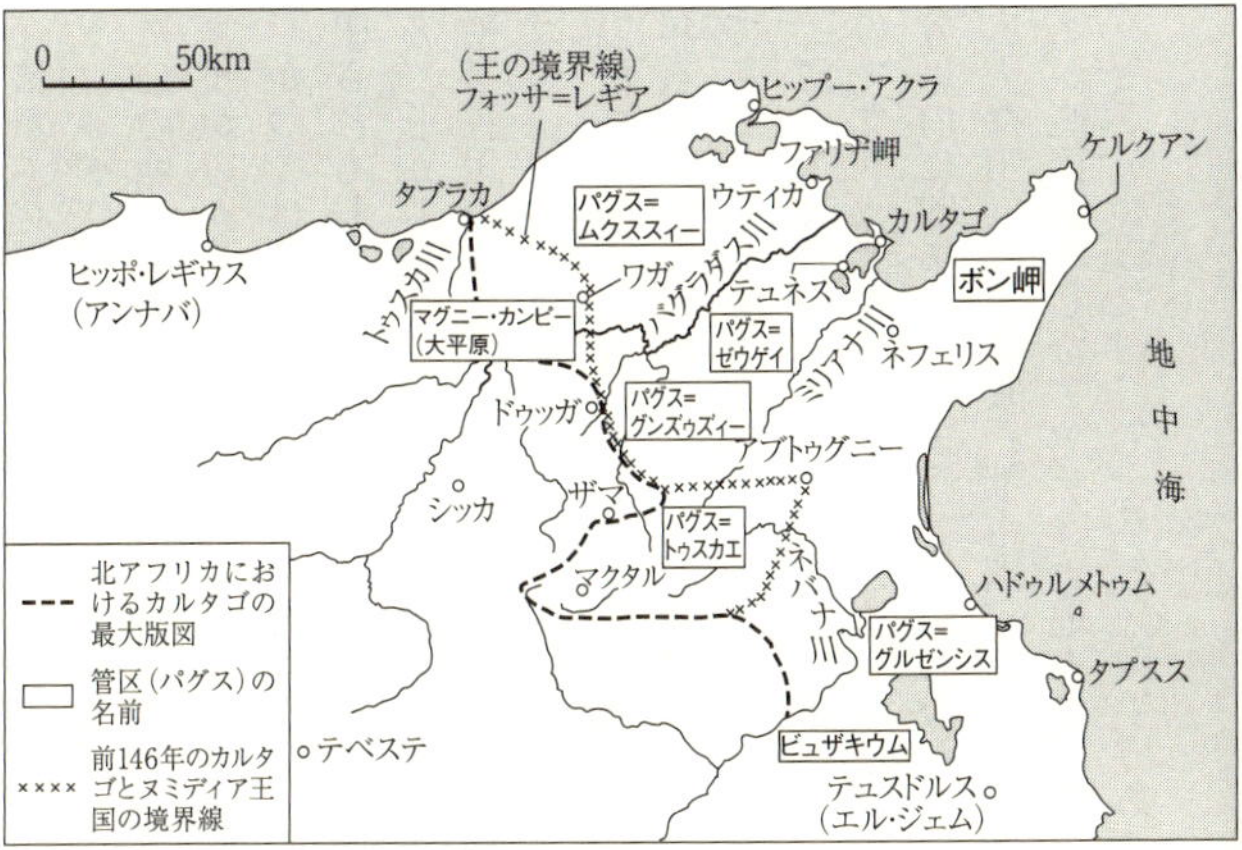

カルタゴのアフリカ領の管区　G. C. Picard, Die Territorialverwaltung Karthagos (trans.), in W. Huss (hrsg. von), *Karthago*, 1992をもとに作成

こうしてカルタゴは北アフリカの内陸に手を伸ばした。前五世紀から前三世紀までの二世紀の間に現在のチュニジアの多くの部分がカルタゴの領域に組み込まれた。そこには少なくとも八つの行政管区が置かれ、各管区には数十のリビア（アフリカ）人の都市が下部単位として含まれた。図はこれらの行政管区（ラテン語ではパグスと呼ばれる）の大体の位置を示したものである。一番北の管区「パグス＝ムクススィー」の名は、エリッサ伝説において女王に求婚した先住民王ヒアルバスの種族「マクシタニー」に由来するともいわれる。各管区には長官が置かれ、その下におそらくカルタゴの中下層市民出身の下級役人が配置されて、リビア人を監督し、徴税にもあたったと思われる。

これらの管区の多くは豊かな農業地帯であった。特にこの地方最大の河川バグラダス（メジェルダ）川中流域のいわゆる「大平原」は地中海周辺有数の穀倉地帯といってよく、のちにこの地方を支配したローマは、ローマ市の一年間に必要な小麦の八ヵ月分をアフリカの諸属州から入手したといわれるほどである。

かつてはこの北アフリカの穀物農業はカルタゴ人・フェニキア人によって導入されたと主張されもした。先住民は遊牧的で、本格的農業とは無縁だったと考えられがちだったのである。しかし現在ではフェニキア人の到来以前から古代リビア人独自の農耕文化が、半遊牧民や遊牧民の文化と混在しつつ確立されていたことが明らかになっている。したがってカルタゴは、この後背地にすでに存在した先住民の農耕社会の上に、一種の領主的な支配者として君臨するようになったのだと考えられる。「農奴」的立場に置かれたリビア農民には厳しい年貢取り立てが待っていた。ポリュビオスによればその率は平時には収穫の四分の一、戦時であるポエニ戦争期には二分の一に上ったという。

こうして形成されたカルタゴの北アフリカにおける支配領域はなるほどのちのローマ帝国のアフリカ諸属州の広がりと比べればつつましいもので、ほぼ現在のチュニジアの国土の半分以内に収まってしまう。しかしながら前五～前三世紀の地中海沿岸においては、これほど広大な田園部を擁した都市国家はまれであった。ペルシア戦争後の東地中海の海上帝国アテネが直接支配したアッティカ地方も、農業生産力の点でみればカルタゴのアフリカ領にはまったくかなわない。アテネの好敵手であったドーリス系ポリス、スパルタは、ペロポネソス半島の先住ギリシア人をヘイロータイ（隷属農民）身分として支配したという点で、カルタゴに似た面を持っていたといえるかもしれない。

アリストテレスはその著書『政治学』の中で、スパルタ（ラケダイモン人）と、クレタとカルタゴの国制を、互いによく似た、そして他の国民の国制とは大きくかけ離れた三つの国制として扱っているが、彼の言う類似の根底には、先住農民を隷農として使い、市民自身は農耕に従事せずにもっと市民にふさわしい仕事に専念しているというような三者共通の構造があったのかもしれない。ただしカルタゴの市民は、スパルタ市民のように重装歩兵の戦士としての訓練にだけ明け暮れたわけではなく、食糧生産から解放されていることによって生じるその余暇のほとんどすべてを商工業に注ぎ込んだのであり、それが短期間にヒメラの敗戦の痛手から復興を遂げた彼らの海上帝国の旺盛な生命力の源泉なのであった。

ハンノの航海

「ハンノの航海」として知られるカルタゴ船によるアフリカ大西洋岸探検もヒメラの敗戦後のこの時代のことであった可能性がある。航海の目的はヘラクレスの柱（ジブラルタル海峡）の外への植民と、そしておそらくはアフリカ大陸の黄金であった。航海を指揮したのは「王」ハンノで、彼自身が航海記をカルタゴの「クロノスの神殿」（バアル・ハモンの神殿。あるいはトフェトのことであろうか？）に奉納したものが、ギリシア語に翻訳されて現在残っている。

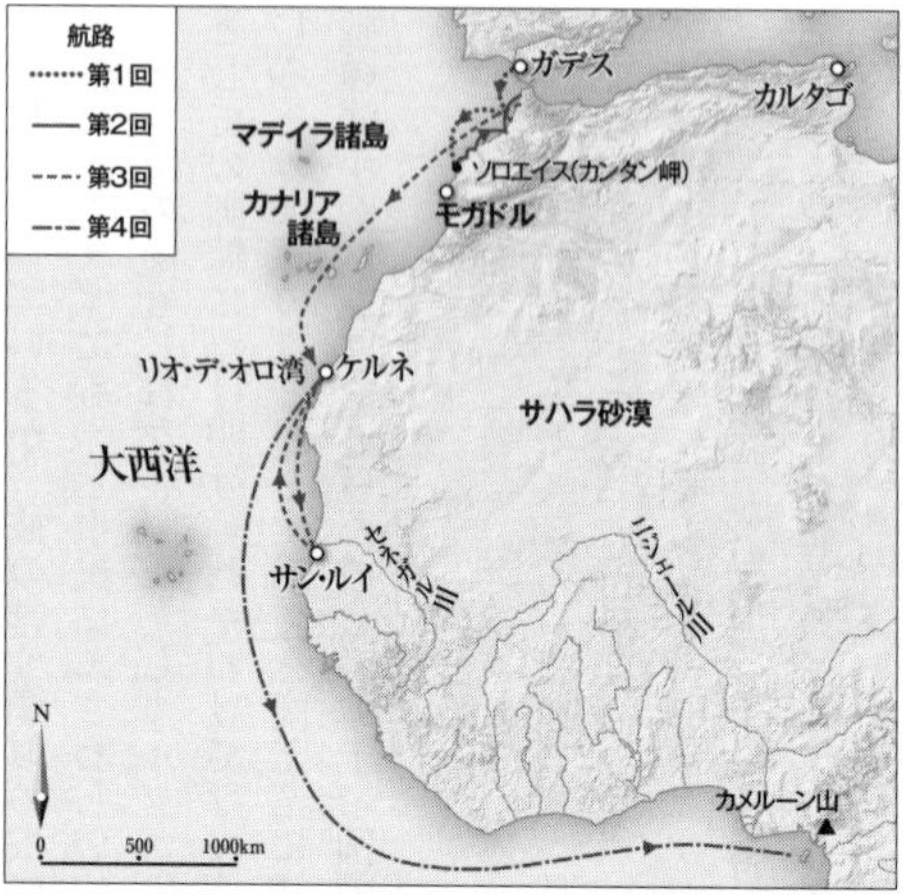

ハンノの航海　J. Carcopino, *Le Maroc antique*, 1943をもとに作図

この航海記を詳しく研究したJ・カルコピーノによれば、遠征は都合四回にわたっており、最終的にはギニア湾まで達した可能性がある。航海者達は火の燃えさかる「神々の戦車」と呼ばれる山（カメルーン山？）を目撃し、湾内の島で通訳が「ゴリラ」（この写本の読みには異説もある）と呼んでいる毛深い女性達（？）を発見し、三人を捕まえ、焼き殺して皮をはぎ、カルタゴへ持ち帰ったという。

最大の目的であった植民に関していえば、ハンノは各五〇人の漕ぎ手のいる六〇隻の船に三万人の男女を載せて出発し、（第一回航海で）テュミアテリオン、カリコン・テイコス、ギュッテ、アクラ、メリッタ、アランビュスの六植民市を建設して入植者をそこに残したと記している。それぞれの場所の同定は困難であるが、植民に先立ってハンノが「ポセイドン」神殿を建立したソロエイス岬は現在のカンタン岬であろうと考えられている。さらに彼らは（第二回以降の航海において）より南の湾内の島ケルネに達し、ここにも植民したという。カルタゴからジブラルタル海峡までと、ジブラルタル海峡からケルネ島までは同じ距離だ、という興味深い記述がある。カルコピーノはケルネを現在の西サハラのリオ・デ・オロ付近とみなしている。アフリカ大西洋岸で現在までに発見されているフェニキア人の遺跡で最も南にあるものはモロッコ南方のモガドルであるが、ハンノはそれよりずっと南まで進み、植民したことになる。

ハンノの航海の年代については、エジプトのネコ二世の命によるフェニキア人のアフリカ周航と同じ前七～前六世紀とする説もあるが、カルタゴ人がアフリカ大陸を自らの勢力圏として真剣に知ろうとしたことがこの航海の動機の一つかもしれない。そうだとすれば、この航海は、カルタゴが北アフリカ内陸支配に乗り出したヒメラ後の時代に似つかわしい事件であり、航海者ハンノを、ヒメラで死んだハミルカルの三人の息子の一人ハンノ（ハンノ・サベッリウス）とみなす通説にもなかなか説得力はあるのである。

第六章　カルタゴの宗教と社会

佐藤育子

神々に愛された人々

崇拝されたフェニキアの神々

フェニキアで崇拝された神々は、すでに青銅器時代にカナンの地で信仰されていた神々の系譜に連なる。しかし、ウガリトで崇拝されていたエル、ダガン、アナトなどの伝統的神々に代わり、紀元前一千年紀以降信仰対象の前面に出てくるのは、メルカルトやエシュムン、アシュタルテといったそれまであまり目立たなかった神々であった。カナン時代の多神教の名残をとどめながらも、フェニキア時代に新しく登場したこれらの神々は、各都市の守護を司ることになった男神と女神である。

鉄器時代のフェニキア諸都市の独立性が強いのは、このように各都市が独自に一対の主神を戴《いただ》いていたという宗教的背景に由来する。たとえば、ビュブロスでは、「ビュブロスの女主人」を意味するバアラト・ゲバルとバアルが、シドンでは癒しの神エシュムンとメソポタミアのイシュタルと同一視されるアシュタルテが、そしてテュロスでは、「都市の王」を意味するメルカルトとアシュタルテがそれぞれ最高神の地位を占めた。

フェニキアでは、伝統的に王家と神殿勢力が結び、一種の神権政治を展開したことはよく知られている。たとえば前九世紀前半、テュロスの覇権拡大に努めたエトバアル一世はアシュタルテ女神に仕える神官であったし、カルタゴを建設した女王エリッサの夫は、王に次ぐ地位にあったメルカルト神殿の神官であった。また、ペルシア時代のシドンを治めたシドン王家の人々も、自らがアシュタルテ神殿の神官を務めていたことを碑文の中で明らかにしている。言うなれば、都市の主神は王家そのものの守護神でもあった。

ドニャ・ブランカのフェニキア時代の遺構　前8世紀の住居跡。佐藤春萌撮影

前一〇世紀、フェニキア諸都市の中でテュロスの地位が卓越したものになると、それに伴い、テュロスの主神メルカルトが歴史の表舞台に登場してくる。第二章で見たように、この神にテュロスの国家神としてのゆるぎない地位を与えたのはヒラム一世であり、メルカルト神の「覚醒《エゲルシス》」の儀式が、この王によって初めて行われた。神の姿をかたどった人形を薪の上に置いて〝火葬〟に処し、その後に遺灰が〝埋葬〟され、さらにその後、神の復活と顕現がなされる。儀式の内容はこのようなものであったと考えられている。

メルカルト神の崇拝は、テュロスに主導されたフェニキアの西方発展に伴い地中海各地に網の目のように浸透していくが、その範囲はジブラルタル海峡を越えた現在のスペインのアンダルシア地方のガデス（現カディス）にまで及んだ。ガデスは大西洋に面した港湾都市であり、伝承によればフェニキア人が最も早く入植した西端の地の一つである。近年、ガデスの衛星都市と考えられる近隣のドニャ・ブランカからは、前八世紀にさかのぼるフェニキア時代の住居跡や市壁跡が発掘され、フェニキア人の入植が考古学的にも確実視されている。現在のカディスは古代のガデスとは様相が一変しているが、カディス湾周域からは、神の姿をかたどったと思われる青銅製の小立像が多数発見されており、（第三章で見たように）メルカルト神殿がこの地に建立され、その崇拝が盛んに行われていたことを示すものであろう。

カディスの神像

カディスで発見された神像には、オリエントに古くから見られる「スマイティング・ゴッド」のポーズをとるものがある。その原型は、すでに前三〇〇〇年頃のエジプト第一王朝、ナルメル王のパレットに認められる。武器を持った右手を振りかざし、両足を大きくスライドさせ左足を前方に踏み出すこのポーズは、おそらく当時の王権観と密接に結びついたものであろう。前二千年紀に入ると、アナトリアやシリア・パレスティナの天候神を表現する際にも好んで用いられた構図である。

現在、ルーブル美術館に収蔵されている後期青銅器時代のシリアのウガリト出土の石碑は、我々に興味深い示唆《しさ》を与えてくれる。中央に大きく描かれたほぼ等身大の人物は、天候神バアルを表している。稲妻が光る棍棒を持った右手を頭上に高く振りかざし、左手は地面に突き立てた槍を持つ。面白いことに、槍の穂先が地面を突くと柄の部分が繁茂する植物の姿に変わっている。天水農耕が主体であった古代シリアでは、降雨に際しての嵐と雷鳴を伴う稲妻が、豊穣をもたらすシンボルと考えられたのであろう。バアル神の左腕の下に小さく彫られた祈りを捧げる支配者、すなわち王の姿は、王国の平和と安寧が神の庇護のもとにあることを如実に表すものである。つまり、雨がもたらす豊穣と繁栄、その対極にある旱魃《かんばつ》による飢餓と滅亡のテーマがこの石碑では明確に語られている。

後代のマルタ島出土の碑文が示すように、バアル神は鉄器時代のテュロスではメルカルト神と同一視されていく。地中海域でフェニキア人が入植したキプロス島、サルディニア島、シチリア島、そしてはるかスペインのガデスにおいてもこのような神像の作例がいくつも見つかっていることは、王権と豊穣の概念が、地中海を舞台にオリエント（東）からオクシデント（西）へと伝播《でんぱ》していった可能性を提起するものであろう。

棍棒と槍を持つバアル神の石碑　前14世紀頃。ウガリト出土。ルーブル美術館蔵

政治と宗教が渾然一体としていた古代において、神殿の果たした役割は計り知れないほど大

きい。神殿が神を祀る単なる祭祀の場でなく、宗教的機能と同時に政治的・経済的機能も包含していたことは多くの研究者が認めるところである。海外に次々と交易の拠点を築いていったフェニキア人、特にテュロスの人々にとって、異国の地で見知らぬ人々と商取引を行う際に神の加護に与《あずか》ることは、その正当性を明示し、自らの身体の安全を保障する絶対的な手段であった。神殿に付随する聖域が、最初の取り引きの場であったことは想像に難くない。

メルカルト神殿に神像の奉納を行うことは、いわば遠く離れた母国を思い出し、テュロス王家そのものに忠誠を誓う行為でもあった。このようにして後代に至るまで、神殿は、母市と植民市を結ぶ紐帯《ちゅうたい》として機能し続けたのである。

カルタゴの神々

カルタゴでは、実に多くの神々が祀られていた。メルカルトはむろんのこと、エシュムン、アシュタルテ、バアル・シャメン、バアル・ツァホン、レシェフ、シャドラパといった本土伝来の神々の他に、イシスやホルス、ベスなどエジプト起源の神々も人気を集めた。さらにディオドロスによれば、前三九六年からはギリシアのデメテルとコレーの祭儀もシチリア経由で導入されるなど、さまざまな背景を持つ多くの神々が崇拝の対象となったのである。

しかし、カルタゴを含むポエニ世界で最も崇拝された神は、バアル・ハモンとタニトという二柱の男神と女神であった。バアル・ハモンもタニトも、元々はオリエントに起源を持つ神々であるという説が現在では有力である。

バアル・ハモン神像　スース考古学博物館蔵。P. Xella, *Baal Hammon*, 1991より

バアル・ハモンという神名の意味については、「香壇の主」あるいは「アマヌス（山）の主」など、これまでさまざまな解釈が試みられてきたが、決定的な解答はいまだ得られていない。しかしこの神が、古くから農業神としての性格を帯びていたことは間違いないだろう。チュニジアのスース（古代のハドゥルメトゥム）からは、有翼のスフィンクスの玉座に座り、山高帽を被り、小麦の穂のついた王杖（笏）を手に持つ、前五世紀のものとされるバアル・ハモン神を描いた石碑が出土している。また、この神がギリシアのクロノス神、ローマのサトゥルヌス神と同一視されることからも明らかであるように、地味の肥えた肥沃な大地が背後に控える北アフリカでは、豊穣の概念は何よりも好まれたものであったに違いない。

一方タニトは、前五世紀以降、バアル・ハモンのパートナーの女神としてポエニ世界の宗教の中で特異な地位を占めることになる。近年の発掘成果が示すように、すでに、フェニキア本土でタニトの名前は前一千年紀の前半には知られていたが、東地中海世界ではさしたる重要性を持たなかった。特にシドン近郊のサレプタから、「タニト－アシュタルテ」という女神の名前が刻印された前七世紀から前六世紀のものとみられる象牙板の発見は、一つの仮説を我々に提示することになった。フェニキアで崇拝されたアシュタルテ女神の一つのペルソナとしてタニト女神が誕生したとみなす説がそれである。だがのちのカルタゴでは、アシュタルテとタニトはまったく別の神として崇拝され、アシュタルテをはるかに凌駕して絶大なる人気を誇ったのは、このタニトのほうであった。

ケルクアンの住居跡に残るタニトの印　タニトの印は護符としての役目も果たしていた。佐藤育子撮影

女神タニト信仰の広がり

今日のチュニジアの町を歩くと、時々おもしろい記号が描かれた標識を見かける。水平線で区切られた三角と丸、街角のキオスクで売られているタバコにもこの記号が描かれている。実はこれこそカルタゴで崇拝されていた女神タニトを表す印《しるし》なのである。セム語には子音表記しかないので、実際この女神がどのように呼ばれていたか定かではないが、ギリシア語への音訳から類推すると当時はティニトと呼ばれていた可能性が高い。だが、彼女の名を一躍有名にしたのは一九世紀のフランスの作家ギュスターブ・フローベールの小説『サランボー』であり、そこでの呼び名に従って、本書でもこの女神をタニトと呼ぶことにする。

先述したように、タニトの起源はオリエントにさかのぼることができるが、タニトの名前が記された何千というカルタゴ出土の碑文で、彼女は常に「バアルの顔」という添え名を持ち、バアル・ハモンとともに一対の神として現れる。あとで紹介する奉納碑文の多くは、まず両神に対して呼びかける以下のような定型句から始まる。

女主人「バアルの顔」であるタニトへ　そして主バアル・ハモンへ

実は、これにはいくつか興味深い点がある。まず、当初はバアル・ハモンのみに捧げられた奉納石碑が、ほぼ前五世紀半ば以降を境としてバアル・ハモンとタニトの両神に捧げられるようになっていったこと、加えて女神であるタニトが男神であるバアル・ハモンに先立ち名前を挙げられる点である。ただしこれには地域差や時代差があり、ヌミディア王国の首都キルタ（現コンスタンティーヌ）近郊のエル・ホフラから出土した碑文（前三世紀から前一世紀）では、呼びかけの順序はバアル・ハモンが先でタニトが後であり、カルタゴのものとは異なっている。

モテュア出土の奉納石碑　下部に碑文が刻まれている。前6〜前5世紀。モテュア、ホイタッカー博物館蔵。佐藤育子撮影

付け加えるならば、バアル・ハモンはカルタゴのみならずポエニ世界に共通の男神であったが、同様にすべての地域でタニト女神の崇拝が導入されたわけではないようだ。たとえばギリシアの歴史家

トゥキュディデスも述べるように、早くからフェニキア人の入植の拠点であったシチリア島西岸に浮かぶ小島モテュア（その建設時期はカルタゴから少し遅れて前八世紀の末頃と考えられる）では、前六世紀から前五世紀にかけて出土する奉納石碑にタニト女神の言及はない。島は前三九七年、シュラクサイの僭主《せんしゅ》ディオニュシオス一世によって破壊され、モテュアの住民は対岸の本島に避難しリリュバエウム（現在のマルサラ）を創建する。おもしろいことに、この地から出土した碑文からはバアル・ハモンとともにタニトの名前も刻印されており、モテュアの場合とは対照的であることも触れておこう。

前五世紀から前四世紀への移行期は、前章で見たようにカルタゴでいわゆる「マゴ王朝」の支配が瓦解し、寡頭体制の本格的な始まりとされる時期と重なる。このような政治的改革が、カルタゴおよびポエニ世界でタニト女神崇拝の高まりを伴う宗教的改革と連動したことを主張する研究者もいる。

いずれにせよ、ある時期から、元来農業神であるバアル・ハモンを卓越して、母神であると同時に死と再生を司る女神でもあったタニト女神の姿が前面に出てくる点は、時代背景や地域性を考慮する必要があるにしても特筆すべきであろう。

奉納の石碑

ところで、第三次ポエニ戦争で徹底的に破壊されたカルタゴでは、カルタゴ人の手によって書かれたであろうと思われる文献史料はすべてが焼失あるいは散逸し、現存するものはない。今日残るカルタゴ史に関する文献史料は、時には敵対者であったギリシア人あるいはローマ人が書き残したものであり、すでに他者のフィルターを通して我々に伝えられたものである。そのような中で、彼ら自身が残した唯一の記録が前述した石に刻まれた碑文であり、言わばこれこそが彼らが残した生の記録であり、碑文中に刻まれた文言からもわかるように、彼ら自身の「声」なのだ。

現存する碑文史料の大半は神に捧げられた奉納碑文であるが、その多くがすでに述べたカルタゴの最高神、女神タニトと男神バアル・ハモンに捧げられたものであり、後述するトフェトから出土している。他に墓碑銘や若干の建築碑文などがあるが、残念ながらカルタゴの内政や外交に深く関わった碑文史料は現在のところほとんど出土していない。カルタゴ史上最も有名なハンニバルに関するものすら碑文史料そのものは現存せず、すべてがギリシア語やラテン語による著作からのアプローチである。

このように碑文史料の性質上その宗教的色彩が強いことは否めないが、石碑を奉納した人々の出自を分析すると、そこからは当時の社会状況の一端を読み取ることも可能であり、カルタゴの人々の生活がよみがえってくる。また石碑に描かれたさまざまの図像は、銘文と並んで多くの当時の情報を我々に提供してくれる。

奉納石碑は、その形状から時期的にいくつかのタイプに分けることができる。前七世紀から五世紀にかけて主流を占めたのは、ボン岬突端のエル・ハワリアから産出される良質の砂岩を用いてつくられたキッピと呼ばれる石碑である。L字形をしているものは玉座型のキッ

象が描かれた石碑　前３～前２世紀。高さ39㎝。カルタゴ出土。国立カルタゴ博物館蔵。INP/Salah Jabeur

ピとも言われ、最古期のものに分類される。やがてこれらは、前面に人の姿や聖石《ベテュロス》、ビンの形、太陽と月などが刻まれた神殿型のそれに取って代わられる。今でもかすかに残る塗料から、当時は表面全体が白漆喰《しっくい》でコーティングされ、赤、黄、青などで鮮やかにカラーリングが施されていたことがわかる。

次いで、前五世紀を過ぎる頃から石灰岩製のステラ（石碑）が登場する。上部に切妻の屋根を持ち、刻まれるアイテムもこれまでのものに加えて、祈る人の手、羊、山羊などの小動物、船、カドゥケウス（ヘルメスの杖）そしてタニトの印など、より多様化する。銘文を伴う石碑は、前四世紀以降のものに圧倒的に多い。さらに時代が下ると、石碑にはより洗練されたデザインが施されるようになり、ヘレニズム期のギリシア文化の影響も色濃く受けるようになっていく。

ここで一つ、代表的な石碑を紹介しよう。カルタゴから出土したこの石碑には、ハンニバルのアルプス越えでも有名な象が描かれている。碑文の制作年代は前三世紀から前二世紀、すでに象はヘレニズム時代には戦象としての有用性が認められており、当時のカルタゴの人々にとっても身近な生き物であったに違いない。碑文によれば、奉納者はボド・アシュタルトという人物であり、父ボド・メルカルトはカルタゴの最高政務官スーフェース（後述）を務めた人物である。破風《はふ》部分に描かれたタニトは、祈る女性の姿を表しているようにも見える。ボド・アシュタルトは何のためにこの石碑を奉納したのだろうか。出陣にあたっての勝利の祈願だろうか。あるいは、戦勝に対する感謝のしるしであろうか。それ以上碑文は黙して語らないが、行間に込められた古《いにしえ》の人々の思いを読み解くことにこそ、碑文を解読する醍醐味があると言っても過言ではなかろう。

小説『サランボー』の舞台裏

ギュスターブ・フローベール（一八二一～一八八〇年）は、一九世紀のフランス写実主義文学を代表する小説家である。彼が一八六二年に発表した歴史小説『サランボー』は、第一次ポエニ戦争直後の傭兵戦争がその舞台となっているが、この小説がポリュビオスの『歴史』をヒントに書かれたことは言うまでもない。戦争の最中、ハンニバルの父であるハミルカル・バルカに協力を申し出たヌミディア人の青年ナラウアス。彼の勇気にいたく感激したハミルカルは、娘の一人を妻に与えることを約束し、その娘の名こそフローベールが創作し

子供を抱く神官が描かれた奉納石碑
カルタゴのトフェト出土。前３世紀。バルドー博物館蔵

本のタイトルとなったサランボーである。

フローベールにその意図があったかどうかは別として、『サランボー』は、良きにつけ悪しきにつけ、カルタゴ人の宗教観を現代によみがえらせる大きなきっかけとなった。なぜならこの小説には、カルタゴ人が子供を燃えさかる火の中に投げ入れる幼児犠牲（生贄《いけにえ》）の様子が生々しく描かれていたからである。

むろん、幼児犠牲について記したのは、フローベールが最初ではない。多くの古典著作家がカルタゴ人の風習としての幼児犠牲を挙げ、それは先祖であるフェニキア人から受け継いだものであるとする。人間を神への生贄に捧げること、つまり人身供犠は人間の歴史において何も珍しいことではなく、さまざまの民族によってあらゆる時代にわたって行われてきた慣習であるが、カルタゴの場合は特に、その対象が幼い子供であるという点で喧伝《けんでん》された感は否めない。

一九世紀以来続けられてきたカルタゴの発掘は、一九二一年、驚くべきモニュメントの発見を世にもたらした。現在、チュニジアのバルドー博物館で展示されている「子供を抱く神官の石碑」と言われるものがそれである。高さ一メートル強のオベリスク状の石灰岩製の石碑には、薄衣をまとい丸い帽子をかぶった男性神官が祈りの仕種のように右手を前方へ向けて掲げ、曲げた左腕にはいたいけな赤子を抱いて歩くさまが描かれている。

発見された場所は、古代カルタゴの商港跡からほど近い一角にあり、『旧約聖書』に描かれるエルサレム郊外の犠牲を捧げた場所の名に由来してトフェトと呼ばれるようになった。その後の発掘で、ここからは炭化した幼児の骨の一部や、山羊、羊、鳥などの小動物の入った骨壺が続々と見つかり、『サランボー』に描かれたカルタゴの「幼児犠牲」の存在を裏づけるものとしてセンセーショナルな話題を喚起することになった。さらに出土したおびただしい碑文から、この場所がバアル・ハモンとタニトを祀った聖なる神域であることも判明したのである。

幼児のための「聖なる空間」

以後、数次にわたって行われたトフェトの発掘は、もはや考古学者や碑文学者の領域を越えて、人類学や法医学の分野との連携をも必要とする学際的な研究調査となった。

一九二五年に組織されたアメリカ・フランス合同発掘調査隊の団員の一人に、若き考古学者D・ハーデンがいた。彼は出土した骨壺からカルタゴにおける陶器の類型と編年を確立したが、これは今日でもおおむね有効とされており、のちの研究に大きな貢献をすることになる。その後も発掘調査は続いたが、一九七〇年代に入ると、欧米一一ヵ国の参加を得て始ま

ローマ時代の遺構の下に埋もれていたトフェト内部　聖石（ベテュロス）が描かれた石碑が見える。佐藤育子撮影

ったユネスコ支援の「国際カルタゴ保存運動」が、ローマ時代の遺構の下からポエニ時代の遺構を現代によみがえらせることに成功した。なかでもトフェトの発掘は、L・E・ステイガー率いるアメリカ隊によって新たな視点を我々に提示することになった。

　いくつか重要な点を列挙してまとめてみよう。埋葬の状況から、習慣的にきわめて規則正しく個人単位の埋葬が行われていたことが裏づけられ、ディオドロスなどの古典史料に見られる突発的な集団犠牲は否定された。また、一体のみで納められた動物の骨が子供の骨と同様に丁重に扱われていたこと、あるいは一つの骨壺に子供と動物の骨がともに納められていたことから、この動物が子供の代替であった可能性が示唆《しさ》される。さらに、動物代替は時代とともに徐々に増加していったのではなくすでに最初から存在し、時代とともに減少する。つまり、文明が成熟するにつれて人間を犠牲とする野蛮な風習は廃《すた》れ、動物による代替犠牲が行われるようになったと考える、従来の文明発展論説を完全に否定するものであった。

　ステイガーは幼児犠牲の存在を肯定したうえで、人口が十分に増えて成熟した国家にとっては、それは宗教的儀式であると同時に効果的な人口抑制策の役割も果したのではないかという大胆な推論を展開した。彼の試算によれば、前四〇〇年から前二〇〇年にかけてのほぼ二〇〇年間に、約二万個の骨壺が埋葬されたと考えられるのだ。しかし、これに対しては多くの反論も起こった。特にカルタゴの他の共同墓地から幼児の遺骸がほとんど見つからないことを理由に、トフェトこそが幼児のための共同墓地に他ならないと主張する研究者達からである。

確かに、骨壺に残された微量の骨片からは、幼児の性別や火葬当時の状況（その時生きていたのかすでに死んでいたのか）を特定することは難しく、乳幼児死亡率が現代と比べものにならないほど高かった古代社会において、自然死で亡くなった子供達がトフェトに埋葬されたと考えても不思議はない。科学分析の結果、骨壺に納められた子供の骨には、明らかに早産や死産で生まれた胎児のものも含まれていたのも事実である。幼児犠牲の存在に否定的な人達は、共同体の成員とはみなされない子供達は共同墓地の死者の世界に年長者とともに住まうことを許されず、むしろ死後の再生や生まれ変わりを願って〝火葬〟され、神に捧げられたと解釈するのである。

トフェトから出土した石碑の銘文には、ポエニ語で犠牲そのものを表すモロク（ムルク）の存在を読み取れるものもあるが、その実体については不明な点も多い。また、すべての石碑が骨壺を伴うわけではなく、石碑を建てるのは、二〇九頁の碑文の結句が述べるように誓願が成就した時、つまり神が奉納者の願い（声）を聞き届けてくれた時であったとみなす説もある。

動物の犠牲が行われた事実は、明らかにトフェトが単なる「子供の墓地」ではなかったことを証明している。二者択一ではなく選択肢を広げて、犠牲（子供やその代替としての動物）が行われた場所であるとともに、不幸にして夭折あるいは死産で生まれた子供の埋葬場所でもあったと考えることも可能である。いずれにせよ、ここで埋葬された子供達は、出土した他の碑文が示すように「神への贈り物」として聖別されたのであり、トフェトは大人の世界とは切り離された幼児のためだけの「聖なる空間」として機能したのだろう。

つまり、今後のより精密な科学的調査の解明をまたなければ、幼児犠牲の真相は依然闇に包まれたままなのである。

女性の奉納

トフェトは、カルタゴのみならず、ハドゥルメトゥム、モテュア（シチリア島）やタッロス、スルキス（サルディニア島）など西方フェニキア系植民都市にも共通して見られる聖域である。祭儀への参加は、都市共同体の成員としての資格づけ、つまり共同体の一員としての権利を合法化するものであったと考える研究者もいる。

トフェトで行われた祭儀が、カルタゴの創建まもない頃から前一四六年の陥落の時まで連綿と続いたものであったことは考古学的にも証明されている。また奉納者の家系を分析すると、祭儀への参加資格は生まれや身分、性別によらず、さまざまの職種の人々に開かれていたものであった。

さらに興味深いことは、カルタゴでは、女性が奉納者となっている碑文が少なからず存在するということだ。奉納者の女性の出自を調べると、そこにはまた意外な社会の一面が読み取れる。いくつかの例を提示しながら、実際に碑文を見ていくことにしよう。

筆者の分析によれば、奉納者の女性は、①自分の父方の家系、②夫の家系、③自分の母方の家系のいずれか、あるいは①と②の両方を示すことによって自らの出自を申し立てている。

次頁の写真の石碑（前三〜前二世紀）は、石灰岩に施された美しい装飾と明瞭なポエニ語の銘文によって、当時の石碑の芸術品としての完成度の高さをうかがわせるものの一つであるが、何よりも銘文は、これが女性によってなされた奉納であることを明らかにしている。

> 女主人「バアルの顔」であるタニトへ　そして主バアル・ハモンへ　（これは）アトゥナの妻でスーフェースであるヒミルカトの娘　ムトン・バアルが誓願したものである。なぜなら彼ら（神々）が彼女の声を聞いてくださったから。
>
> （『セム語碑文集成』第一部　四八〇八番）

おそらく願をかけてそれが成就した時、ムトン・バアルはその事実を記念するためにこの石碑を奉納したのだろう。女性の家族関係を分析すると、夫に官職の記載はないが、実の父はスーフェース職を務めた人物であり、奉納者は上流家庭に育った娘であったことが想像される。だが、夫の名が記載されている奉納石碑はむしろまれで、女性奉納者の多くは、祖先の官職の記載のあるなしにかかわらず、実父の名および父方の家系で自らの出自を申し立てた。

父姓を名乗るのは当然であろうが、トフェトでの「儀式」が「子供」という存在を前提としているのであれば、女性奉納者はその子供の母親であった可能性が高いと考えられる。古代社会の通念からすればこのような場合、子供の父親、つまり夫が奉納を行うのが原則であると思われるのに、敢えて母親の名によって奉納を行うこと、さらには女性自身の父祖の家系によって自らのアイデンティティーを示すことは一体何を意味しているのか。埋葬された子供が正式な婚姻によらない庶出の子であった可能性を指摘する研究者もいるが、むしろ女性がトフェトの儀式に際して、何らかのイニシアティブを持つことを許されていたと考えることも無理ではない。それは、次に挙げる、奉納者と奉納者の家系がいずれも女性のみで示される事例からも確認されよう。

女性が奉納した石碑　華麗で優美なデザインは芸術品としても完成度が高い。トフェト出土。INP/Salah Jabeur

女主人「バアルの顔」であるタニトへ　バ［ア］ル・ア（ハ）モンへ　これは、「神の僕女《しもべめ》」ガドナマ［ト］の娘　アビバアルが誓願したものである。

（『セム語碑文集成』第一部　三七八番）

この碑文は、前述した慣例からすれば非常に特殊な事例であると言える。「我が父はバアルである」という意味の名を持つアビバアルという女性奉納者は、自らの母親であるガドナマトを「神の僕女」であるとするが、この母親は神殿娼婦であった可能性がある。奉納者である娘の名前は、彼女が法的な父親を持っていなかったことを暗示しており、アビバアル自身の生んだ子供もおそらく正式な婚姻によらない庶出の子で、トフェトにおいて聖別され埋葬されたのであろう。このように出自や身分にかかわらず、女性にもトフェトでの祭儀に一定の権利が与えられていたのである。

女性の地位

古代オリエント、そしてギリシアやローマの場合もそうであるが、女性が政治や外交の舞台で権力を握ることは、ごく一部の例外を除いてまれであった。当時の女性の社会参加は、トフェトの祭儀における事例で見たように、主に宗教活動に限られていたと言っても過言ではない。だがその宗教においては、女性が重要な役割を担った事例が墓碑から証明されるのである。

神官長バトバアルの墓　（彼女は）ボド・アシュタルトの息子、（その）マゴンの息子、「RB」であるヒミルカトの娘であり、スーフェースであるアズミルクの息子、（その）スーフェースであるアドン・バアルの息子、（その）スーフェースであるボド・アシュタルトの息子、（その）スーフェースであるヒミルカトの妻であった。

（『セム語碑文集成』第一部　五九八八番）

女性神官ツァフォン・バアルの墓　（彼女は）ボド・アシュタルトの息子、（その）マゴンの息子、（その）アザル・バアルの娘であり、「アシュタルテの花婿」・儀典長であり神官長でありスーフェースであるアブド・メルカルトの息子、（その）神官長でありスーフェースであるハンノの妻であった。

（『セム語碑文集成』第一部　五九五〇番）

神官長を務めたバトバアルは、彼女の実父も政治的要職につき、夫の家系は四代にわたってスーフェース職を務める人物を輩出するほどの名門であった。また女性神官ツァフォン・バアルも実家の父や祖父には官職の記載はないが、夫の家系は政治的かつ宗教的要職を兼務していたことがわかる。特に、夫の父のアブド・メルカルトは、神殿における祭儀を統括する重要な役目を帯びていた。儀典長には「アシュタルテの花婿」という添え名が必ずつけられる。本土伝来のメルカルト崇拝はカルタゴにも受け継がれ、前一〇世紀にヒラムが始めた「覚醒《エゲルシス》」の儀式が、毎年カルタゴでも行われていたことを想起させる。

このように碑文から見ると、名門の家系に限られるとはいえ、女性も宗教的に高い地位を保持し、その恩恵を十分に享受することができたと考えられる。確かに、限られた碑文史料の情報からは、女性たちの魂のひだの奥まで読み取るのは難しい。だが、トフェトで自らの意志をもって奉献した女性たちの行動からもうかがえるように、カルタゴにおける女性の地位は、他の古代社会の事例と照らし合わせても、けっして低いものではなかったと思われる。

シブレトの銘が彫られた墓碑　M. H. Fantar, *Carthage Les lettres et les arts*より

実は神官のための共同墓地からは、別の興味深い碑文も出土している。「市の女性商人　シブレトの墓」という墓碑がそれである（『セム語碑文集成』第一部　五九四八番）。彼女が、なぜ神官墓地にともに葬られていたのか定かではないが、銘文を信じるならば、シブレトという名前の女性がカルタゴで当局の許可のもと何らかの商いに従事していたことは確かである。

もちろん、これらの女性たちは少数派であり、女性の活動領域の大半は家庭生活に基盤を置いていたことは間違いない。パンを焼き、糸を紡ぎ機を織る。このような家事を女性たちは黙々とこなしたに違いない。墓に埋葬された副葬品からは、錘や糸巻き棒など、女性の生産活動に関わるものも出土している。裕福な家庭であれば家内奴隷を置くことも可能であっただろうが、その奴隷たちを管理することもまた妻の重要な役目であった。

だが、文献史料から見たカルタゴ史を代表する女性達は、建国伝説の女王エリッサや第二次ポエニ戦争末期にヌミディア王シュファックスとマシニッサの間で翻弄された（ギスコの息子ハスドゥルバルの娘）ソフォニバ、そして第三次ポエニ戦争でカルタゴ落城の折の将軍ハスドゥルバルの妻の例など、どれもその最期は毅然として自ら死を選ぶ女傑として描かれた人物である。つまり、後代にまで語り継がれた「敵」の見たカルタゴの高貴な女性像は、死をも恐れず自らの信ずる道をただひたすらに貫いた女性たちである、ということが言えるようだ。

有翼女性神官の石棺　エジプト様式とギリシア様式が見事に溶け合った大理石製の石棺の蓋。高貴な家柄の女性は、宗教的に高い役職に就くことができた。前3世紀、サント＝モニクのネクロポリス出土、カルタゴ国立博物館蔵

カルタゴの国制

最高政務官スーフェース

これまで分析してきた碑文史料から、カルタゴには、いわゆる名門の家柄といえる富裕な貴族層が存在したことがわかっている。これらの有力な家系の人々によって、政治的かつ宗教的役職が兼務されていた事例も紹介した。つまり一種の寡頭体制が敷かれていたことは明らかであるが、それではカルタゴの国制について、碑文と文献の両面からもう少し具体的に探っていくことにしよう。

碑文史料の大半が奉納碑文であることはすでに述べた通りであるが、他にも建築に関する碑文や神殿への捧げ物に関する目録および規定についての碑文など、若干ではあるが残されている。その場合、年月日を記す際に用いられたのが、紀年職としてのスーフェース職である。スーフェースは、もともとポエニ語のSPTに由来するラテン語の音訳である。「裁く」、「治める」という意味を持つ北西セム語動詞から派生した名詞であり、『旧約聖書』では「裁き司《づかさ》」「士師」とも訳される。カルタゴおよびポエニ世界では、行政上の最高長官を指した。例外はあるが、スーフェース職は一年任期二人制が原則であった。ギリシアでは筆頭アルコン職、ローマではコンスル職に就いた人物の名をもってその年を表す紀年法が存在したように、カルタゴの場合も、スーフェース職に就いた人物がその年の名祖《なおや》となったのである。

碑文奉納者の家系を分析すると、二代、三代、あるいは四代にもわたってスーフェース職を歴任する家系がある一方で、数世代のうち、祖先に一人しかスーフェース職に就いた人物がいない家系もある。これらのことから、スーフェース職はけっして世襲の制度ではなかったが、役職に就く人物が少数の有力な家系のものに集中しやすい傾向があったことは事実であろう。

では、このスーフェース職はいつからカルタゴに存在したのだろうか。実は、碑文史料の出土年代の多くが前四世紀以降のもので、特に前三世紀から前二世紀に集中している。奉納者の家系をさかのぼって考えると、遅くとも前四〇〇年前後にはスーフェース制度は存在していたものと見られるが、この制度の起源については、現在、はっきりしたことはわかっていない。そもそも、カルタゴに世襲の王政が存在したのか否かという議論も古くから論争の的となっており、王とスーフェースが共存したとする説、あるいは王がスーフェースにとって代わられたとする説などさまざまで、いまだ学問的決着はついていないのである。

母市であるテュロスでは、第二章で見たように、ヘレニズム時代に至るまで古来よりの王政が連綿と存続した。時折のクーデターによる王位簒奪《さんだつ》はあったものの、基本的には代々世襲による王位継承であったと考えてよい。だが、前六世紀の半ば、ネブカドネザル二世によるテュロス包囲（前五八五～前五七三年）のあと、短い期間であるが従来とは違った政治体制が敷かれた。すなわち「裁判官」による統治である。彼らの任期は非常に短く、また一定していない。フラウィウス＝ヨセフスの残したギリシア語史料から再現すると、以下のようになる。

一、ヤキン・バアル　二ヵ月　前五六四年
二、カレブ　一〇ヵ月　前五六四／三年
三、アブバル　三ヵ月　前五六三年
四、マッテンとゲル・アシュタルト　六年　前五六三～前五五七年

これら裁判官の権限は、宗主国新バビロニアの監督下にあり、非常に制限されたものであったことは間違いないが、最後の二人は初めての共同統治で、その在職期間も六年と一番長い。カルタゴが、後代にいたるまで母市テュロスとは強い相互関係を保っていたことは明らかであり、この時期のテュロスの政治体制がカルタゴのその後の政治体制に何らかの影響を及ぼした可能性は十分に考えられる。スーフェースという言葉の持つ意味が、もともとは司法領域に関連するものであることからも、のちのスーフェース制度の雛形をここに見ることも可能であろう。

前六世紀は、オリエント本土にとって風雲急を告げる時代である。覇権は新バビロニアからやがてアケメネス朝ペルシアへと移り、フェニキア諸都市の独立性が失われる一方、地中海方面では植民都市カルタゴが台頭し、特に西方地中海域では母市テュロスをしのぐ勢いになっていくのがまさにこの時期なのである。第四章で見たカルタゴの軍事化の事例が、それを証明している。

テュロスではこのあと再び王政が復活するが、カルタゴ出土の碑文からは、確実に「王」

の存在を示すものはこれまで確認されていない。たとえ初期に世襲の王政が存在したとしても（伝承に従えば、テュロス王家はエリッサの死で断絶したことになる）、ある時期からカルタゴは政治的にも本国から独立し、独自の道を歩むようになって行ったのではないだろうか。

ギリシアのアルコンやローマのコンスルとカルタゴのスーフェースを比較する時、カルタゴはその出自をオリエントに持ちながらも、地中海世界、すなわちギリシア・ローマ世界との接触の中で、オリエント伝来の制度を取捨選択し、必要に応じて改変していったと考えられるのである。

その他の官職および組織

スーフェースという称号を付与された人物の家系を調べていくと、同様にもう一つの重要な職務「RB」（ラブ）の存在が浮かび上がる。RBは語義的には「大きい」あるいは「偉大な」という意味を持つ言葉である。碑文の中での使用法に着目して分類すると、大きく分けて次の二つに分類される。

一、RB ＋ 職務名 ⇒ 〜の長官

二、冠詞(H)を伴い、HRBという形式で

一は、ポエニ語で神官、書記、軍隊にあたる言葉などとともに用いられ、すでに見たように神官長、書記長、軍団長など、組織集団の責任者としての資格を表すものであると考えら

れる。これについては、まず問題はない。
二は、スーフェースと同じく、「RB」職に就いた人物に付与された称号であったとみなすべきであるが、実は「RB」がいかなる職務を担っていたのか、これまでの研究史では明らかな解答は出されていない。元老院を構成するメンバーに与えられた称号であったとする説もあるが、それとていまだ仮説の域を出ていない。ただ、高位の官職にあるものに与えられた称号であったことは確実であり、史料から見ると、スーフェース同様、同一人物が宗教的職務と兼務することも可能であった。

さらに碑文史料からは、カルタゴおよびポエニ世界に存在した何らかの組織の存在を示唆するものがいくつか見出される。その実態についてはよくわからないものもあるが、ここでは、具体的な数字と結びついて現れる十人会について紹介しよう。

ゲル・サコンと　シャファトの息子、（その）アザル・バアルの息子、（その）ヤヒン・バアルの息子、（その）ゲル・アシュタルトと［欠損…］の息子、（その）ボド・アシュタルトがス［ーフェース］であった年に、聖所に対して責任を持つ十人会が、この足つきの生贄を捧げる祭壇を新しく建造した。　（『セム語碑文集成』第一部　一七五番）

碑文内容から検討すると、この組織は聖所に関する建造物、記念碑などの管理・運営に当たっていたと見られ、おそらく神殿の聖事全般にわたって行政的な統括・監督を行っていたのであろう。なお、この碑文は、ゲル・サコンとゲル・アシュタルトとボド・アシュタルトの三人が同時期にスーフェース職に就任していたことを示すものであり、例外的であるが大変興味深い。

この他にも、前三世紀末頃のマルセイユ出土の「税率表」は、神殿への供物である動物の生贄についての詳細を規定する役目を担った三十人会について言及しており、このように共同体である国家の経済的側面を担当した組織も存在した。

また、フェニキア語・ポエニ語で「民」「人々」を表す「'M」(アム)は、ギリシア語の「デーモス」やラテン語の「ポプルス」に相当するより公的な意味を包含する言葉であったと解釈される。奴隷の解放には「'M」すなわち「民会」の決議が必要であったことをうかがわせる碑文も出土しており、市民総意の集会が存在し、政治的に機能していたことが証明される。

紙幅の都合上、カルタゴの政治・経済・宗教に関わる職名や組織について十分に言い尽くせないもどかしさは残る。だが、現存する碑文から知ることのできる情報が限られていることは確かである。では、ギリシア・ローマ世界の人々はカルタゴの国家制度をどのように見ていたのか、次に検討してみたい。

アリストテレスの見た最善の国制

前四世紀の哲学者アリストテレスは、その著書『政治学』の中でカルタゴの国制を、非ギリシア人の持っていた制度ではあるが、クレタやスパルタのそれと並んで最善のものと賞賛している。彼の理想が一人支配・少数者支配・多数者支配のそれぞれの要素を合わせた混合政体にあることは明らかであるが、カルタゴの国制はその特徴をよく保っていたと言う。

つまりカルタゴでは「王」が存在し、元老院と民会がそれぞれの職分を守って機能していたという。国事に関して、「王」と元老院が同意見の場合は問題ないが、両者の考えに相違が見られる場合、民会がそれを決定する権利を持ち、また提出された議案を拒否する権利も与えられていた。また、司法のみならず国事全般にわたる監察機関として、百人会が最高権力を行使していた。

ポエニ語で記された文献史料が皆無である以上、アリストテレスの著作が、カルタゴの国家制度を論ずる上で貴重な一次史料となっていることは言うまでもない。だが、あくまでこれはギリシア人の目から見た見方であり、カルタゴ人の所有していた制度をギリシア語に置きかえた場合、それをどのように表現したかという問題が浮上してくる。

彼はカルタゴの国制とスパルタのそれとを比較した上で、カルタゴの「王」(複数形)、元老院、百人会がスパルタの「王」(複数形)、長老会、監督官(五人)にそれぞれ匹敵すると述べている。ではまず、ギリシア語で「王」を表す「バシレウス」が、カルタゴの国家制度の何に相当するのかに関して検討してみたい。

スパルタでは、代々二王家の世襲による二人制の王政が存在したことは広く知られている。だが、カルタゴではスパルタのように世襲ではなく、選挙によって「王」が選ばれるとしている点は注目しなければならない。つまり、ポエニ語で世襲の王にあたる「メレク」をここで「バシレウス」と同定することにはやはり抵抗を感じる。つまり、アリストテレスにおけるカルタゴの「王」は、その任期についての問題は残るが、すでにこの時期には、国家の長としてのスーフェースを指していたものと考えたい。

また、スーフェースと並ぶ国家の要職として将軍の存在がある。同時代のローマのコンスルやスパルタの王が軍指揮権を付与されていたのとは違い、カルタゴではあくまで民事と軍事は別物であった。だが一方で、アリストテレスはカルタゴでは同一人物が多くの役職を兼務することを指摘する。他のギリシア語史料で「バシレウス」とされている前五世紀のマゴ家の指導者達は、国家の合法的な統治者であり、また戦時の際の指揮者でもあった。一〇〇歳に届く長命を保ったアテネの修辞学者イソクラテス（前四三六～前三三八年）は、カルタゴ人は国内では少数の者たちによって統治され、戦時には「バシレウス」らによって指揮されていることを伝える。つまり、文献史料からうかがえる前五世紀・前四世紀の「バシレウス」は、戦時には将軍として活躍することもあったのである。

マゴ家の事例が示すように、将軍職に就く人物は特定の家系から輩出される傾向があった。彼らの権限を制限するものとして、ポンペイウス＝トログス（ユスティヌス）によれば前五世紀半ばに創設されたとする百人会は、アリストテレスの時代には国家最高の監察機関として大権を有し、おそらく元老院の成員から選ばれ、終身制であり、欠員が出た時のみ補充されたのであろう。

総合的に見ていくと、アリストテレスはカルタゴの国制を、寡頭政的要素のまさる混合政体の典型であると考えている。富による政治を寡頭政的、徳による政治を貴族政的とみなす彼の判断基準がそこにあったとしても、スーフェース職はけっして世襲ではないとしながら、将軍職を含む国家の要職は金銭で買うことができるものであった。つまり一部の富裕な有力者に独占される可能性があったと言えよう。

さらに彼は、カルタゴでは市民の一部を絶え間なく国外のポリスに送り出し、豊かにさせることによって寡頭政の危険をさけていると指摘する。つまり、富裕者層に属する支配階級の少数者は、民衆（あるいは反対分子）の不満をそらすために海外植民を盛んにして彼らを富ませ、社会的緊張を緩和していたのである。だが見方を変えれば、少数者による政治支配であるからこそカルタゴの国制はゆるぎないものであり、また海外植民を基盤とした交易活動により、経済は常に潤沢であったとも考えられる。

ではこの政治体制は、時代を経てどのように変化していったのであろうか。

ポリュビオスの見たカルタゴとローマ

前二世紀の人、ポリュビオス（前二〇〇年頃～前一一八年頃）が我々に残した著作『歴史』は、前三世紀から前二世紀にかけての地中海世界の動向を探るうえで必須の書物である。第三次マケドニア戦争のピュドナの戦い（前一六八年）のあと、アカイア同盟の一〇〇〇人の人質の一人としてローマに連行された彼は、スキピオ＝アエミリアヌス（小スキピオ）の知遇を得て、ローマで破格の抑留生活を送ることになる。そこで見聞きした体験をもとに編まれることになった『歴史』は、当時のローマが地中海制覇を目指す過程をつぶさに伝えており、のちの歴史家にも大きな影響を与えた。

むろん彼の置かれた境遇から、常にローマ側の目を意識して書かざるをえなかった状況は容易に推測され、その点、第二章で言及したのちのフラウィウス＝ヨセフスと立場が似通っている点も興味深い。しかも付け加えるならば、この二人の著作がなければ、フェニキア史もカルタゴ史も文献史料から再構成することはきわめて困難であるという動かしがたい事実がある。

ポリュビオスの『歴史』全四〇巻のうち、完全な形で現存するのは第一次ポエニ戦争から第二次ポエニ戦争の途中までを扱った最初の五巻のみであるが、同時代の一等史料としての価値は他の追随を許さない。ポリュビオスは、前三世紀後半、第二次ポエニ戦争が始まる頃のカルタゴとローマの勢力を次のように分析する。

つまりカルタゴ人の国家の方がローマ人の国家よりも先に力をつけ、先に繁栄したのだから、その分の時間差によって、少なくとも政治のしくみにかんするかぎりでは、カルタゴ国家は当時すでに盛期を過ぎ、ローマ国家は盛期の頂点にあった。

（ポリュビオス『歴史』第六巻五一章　五〜六節　城江良和訳）

ポリュビオスによればこの理由は以下のようになる。つまりカルタゴにおいて、スーフェース、元老院、民会の権力バランスがよく保たれていた時代はとうに過ぎ去り、今は民衆が力をつけすぎそれが国力を弱め、反対に元老院の指導体制が整っているローマは今こそが最高の時期であると。のちにポリュビオスは第三次ポエニ戦争でスキピオに同行し、カルタゴ陥落の瞬間を間近でともに見ることになる。スキピオが炎上して燃え落ちるカルタゴを見ながら、いつか同じ運命がローマにも降りかかるのではと、涙を浮かべて傍らのポリュビオスに語りかけるさまは圧巻である。この時、ポリュビオスの胸に去来したものは何であったのだろうか。

ところで話を戻すと、この前三世紀後半はアリストテレスの生きた時代から一〇〇年以上が経過し、アレクサンドロス大王の登場を経て、すでにヘレニズム期を迎えている。確かに、第二次ポエニ戦争でカルタゴの将軍として活躍したハンニバルは、民衆に非常に人気のあるカリスマ的リーダーであったことは間違いない。

筆者は、ハンニバルは三度の人生を生きた人物であったと考えている。一度目は不世出の将軍として、軍を率いてアルプスを越えカンナエの戦い（前二一六年）に大勝利し、二度目は将軍職を辞したあと有能な政治家として大改革をやり遂げた。最後は稀代《きたい》の軍師としてヘレニズム諸国を渡り歩き、食客待遇を受けた。黒海に面したビテュニアで、ローマ側に引き渡されることをよしとせず、自ら毒杯を仰いで自決したという逸話も、いかにも英雄にふさわしい最期である。

ハンニバルの国制改革

ところがハンニバルに関しては、天才的な将軍としてのイメージがあまりにも強く、第二次ポエニ戦争終結後の彼の後半生について語られることはあまりない。だが、彼が政治家としても優れた資質を持っていたことは、最高政務官スーフェースに就任して行った前一九六年の国制改革において明らかである。これに関してわが国では、ローマ史の泰斗・長谷川博隆氏による緻密な先行研究がすでにある。

彼の行った改革は、第二次ポエニ戦争直後のカルタゴに少なからず影響を及ぼすものとなったが、重要な点は二点ある。

一、当時、絶大なる権力を行使していた百人会の成員の任期を終身から一年にしたこと。

二、財政改革を断行し、賠償金の支払いに苦しむ一般民衆の負担を軽減したこと。

すでに古くから言及されている百人会は、この時代にも大きな権力を保ち、国家最高の監察機関として健在であった。いわば、貴族層の最高位に君臨するのが百人会である。その任期を一年と限ることで恒久的権力をもぎ取り、貴族層の政治的発言権を弱めるのが目的である。アウグストゥスと同時代の歴史家リウィウスによれば、当時、ハンニバルと真っ向から対立していたのは財務問題を担当する財務官であり、その財務官は任期満了後、百人会に加入する資格があるとされた。つまり悪の根源を絶つためには、まず百人会の制度改革を行い、その上で、財務問題そのものの抜本的解決を図ったと長谷川氏は論じる。

この時、ハンニバルが拠り所としたのが民会であり、すでにアリストテレスが指摘したように、スーフェースと元老院の意見が食い違う時には、民会でその議案が諮られるという申し合わせ事項が存在する。だからこそ、彼は国家の指導者として、民会の力をバックに大胆な行政改革にも踏み切れたのであろう。

第二次ポエニ戦争後の講和条約は、カルタゴに五〇年年賦・総計銀一万タラントという巨額の賠償金を強いた。その賠償金支払いは前一九九年の第一回目の折には困難であったものが、前一九一年の時点では、残りの八〇〇〇タラントを一括して返済したいとローマ側に申し出るほど状況が好転している。ハンニバルの財政改革は、賠償金支払いのための直接税の取り立ての対象を富裕者層に限って一般民衆からの徴税を免じたことや、商業促進のために関税改革を行ったことで功を奏したと考えられている。これらの決議をするうえで、おそらくカルタゴに古くから存在したであろう民会の発言力がこれほど高まった時期は、ハンニバル時代を除いて他になかったと言えるのではないだろうか。

残念なことに、ポエニ語碑文史料からはこの改革についての情報を得ることは一切できない。「バアル神が私を恵んでくれた」という意味を持つハンニバルという名前は、カルタゴの人名の中でも五指に入るポピュラーな名前である。にもかかわらず、碑文史料に登場するどの「ハンニバル」も、偉大な指導者であった彼とは別人なのである。スーフェース制度の建前から言えばハンニバルにはもう一人の同僚がいたはずであるが、その名前さえはっきりしたことはわからない。

では、ハンニバルの国制改革は成功裏に終わったのだろうか。制度上、スーフェースの任期は一年と限られており、史料によれば、翌年職を退くと同時に彼は失脚し、その後亡命を余儀なくされた。あまりにも急進的な改革は、一個人に権力の集中することを恐れた反ハンニバル派（反バルカ家派）の猛反発をくらい、そこに付け込んだローマの介入もあったためと思われる。第二章で触れたように、ハンニバルがまず頼った先は、カルタゴの母市テュロスを支配下に置くセレウコス朝シリアのアンティオコス三世であった。このような経緯を踏まえると、財政改革は一応の成果を収めたとしても、政治体制そのものに迫る抜本的改革には限界があったと考えざるをえない。

カルタゴの政体は、様々な要素を持つ混合政体であったとはいえ、やはり伝統的に名門家系を中心とした寡頭政体であったことは否めない。ポリュビオスも述べるように、第二次ポエニ戦争前後には、これまでになく民衆の発言力が増大していたことは事実である。だが、政界におけるハンニバルの失脚とともに力をつけつつあったより民主的な要素は薄れ、つまり「民主化」の波は去り、基本的にはその後もカルタゴは寡頭体制の路線を崩すことはなかった。

ハンニバル街の繁栄とケルクアンの古代都市

廃墟から現れた街

第二次ポエニ戦争後のカルタゴの衰退がどれほどのものであったのか、現在、再びさまざまな観点からその見直しがなされている。近年の発掘の成果によって、前二世紀初頭から前一四六年の滅亡に至る約五〇年間に栄えたポエニ時代の住居跡が、ローマ時代の遺構の下から掘り出された。発掘者のフランス人考古学者S・ランセルが、名将ハンニバルの名にちなんでハンニバル街と名づけたこの住居跡は、現在ビュルサの丘の南斜面に静かにたたずんでいる。

ハンニバル街　ビュルサの丘の南斜面に残る、前２世紀前半のカルタゴの街。佐藤育子撮影

　ビュルサの丘は、第三次ポエニ戦争でローマ軍と最後の死闘を演じたカルタゴ軍の砦であり、のちのアウグストゥスの時代、破壊された街並みの上に、フォルム（公共広場）やバシリカ（裁判所）などの巨大建造物が造られ、ローマ帝国属州アフリカの政治・宗教の一大中心地として生まれ変わった。ローマ時代のフォルムを支えた巨大な支柱壁の残骸の一部を、ハンニバル街の写真後方に見ることができる。

　筆者が初めてこの遺跡を訪れたのは、一九九五年初頭のある晴れた冬の日のことであった。凍てつく寒さの中に一陣の風が吹きわたり、よみがえった往時の住居跡から二千数百年前の人々の暮らしがしのばれた。交差する通りに沿って整然と区画された半ヘクタールにも満たない街並みからは一六基もの大型の貯水槽が発見されており、ほどよい大きさの同タイプの家が軒を並べる標準化されたプランは、同じ社会階層に属する人々が暮らしていた場所と考えられている。商店や仕事場の跡も確認されており、第二次ポエニ戦争後も活気に溢れた人々の生活がここには確かにあったのである。

敗れたとはいえ、傭兵制をとっていたカルタゴでは市民の人的被害は少なく、また軍船の保有は制限されたが、彼らの生命線とも言える商船は無傷のままであり、以前と同じように地中海を航行するカルタゴの船舶が沿岸の港町のいたる所で見られたに違いない。前述したハンニバルの財政改革が功を奏したことと相まって、前二世紀前半のカルタゴはけっして衰退していなかった。たとえ居住範囲は以前より狭まっていたとしても、むしろ、最後で最高の輝きを見せていたといってよいであろう。

ところでこれと対照的に、前三世紀、第一次ポエニ戦争の最中、ローマ軍によって破壊されたのち二度と再建されることなく、その後二〇世紀まで忘れ去られた純粋なポエニ時代の住居跡が現在のチュニジアに残っている。その町の名はケルクアン。ボン岬突端のエル・ハワリアから半島を南に車で二〇分弱走ると、一九八五年に世界遺産に登録されたフェニキア人の古代都市の遺跡が見えてくる。歴史の片隅に埋もれ忘れ去られたこの町は、今では創建当時の正確な名前さえわからない。

二〇世紀半ばに偶然発見され、発掘作業によって現代によみがえった二重の城壁に囲まれた都市の規模は九ヘクタールほど。最盛期には、約二〇〇〇人の住民が住んでいたと考えられる。出土した遺物から彼らの職業は、石工、陶工、ガラス職人、染物師、金細工師などで、まさにここが職人の町であったことが明らかとなった。共同浴場とは別に、個人用の家屋にも、排水設備のついた半身浴のできる小さなバスタブがついているのが微笑ましい。フェニキア人の専売特許である染色産業は、染料を抽出する工程でひどい悪臭を伴った。汚れた身体を洗い、清潔に保つためには「風呂」は必要であったろうし、目の前に広がる地中海の青いさざ波の音を聞きながら、一日の疲れを癒すためにバスタブにつかる一瞬は、何ものにも代えがたい至福の時であったに違いない。

ポエニ時代の人々の生活

それでは、当時の人々はどのような生活を送っていたのだろうか。発掘された遺構や遺物から、その様子をわずかながらも再現することができる。

ケルクアンの遺跡を歩くと、道幅の違う数本の通りに沿って区分けされた住宅街の家は、たいてい中庭を持ち、そこには井戸が置かれ、生活の中心の場となっていたことがよくわかる。研究者によれば、各戸の床面積は七五平方メートルから一二〇平方メートルほど、いくつかの部屋と台所や貯蔵室があり、裕福な家であれば家庭用の風呂や祭壇も備えていた。このように、中庭を中心に各部屋が配置される家屋の造りは、ビュルサの丘のハンニバル街やその他のポエニ系居住地でもよく見られる標準的なプランである。

家族や家内奴隷も含めて五人から七人がポエニ時代の平均的一世帯の人数であったと言われる。両親と子供を中心とした家族が基本単位であり、子供たちは両親のもとで、豊かな愛情に包まれて育てられた。安産を祈願して奉納されたと思われる膨らんだ腹部に手をあてたテラコッタ製の女性土偶や、哺乳瓶型をした可愛らしい容器は、家族間の細やかな愛情を示すものであろう。

眼前に広がる海と豊饒の大地がもたらす自然の恵みは、各家庭に豊かな食材を提供した。上質なワインとスパイスの効いた料理、甘いお菓子がテーブルを飾り、そこにはどこにでも見られる家族団欒《だんらん》の風景があったに違いない。

人々は女性も男性もおしゃれであった。目にもあでやかな貴石やガラスなど多彩な素材を

ケルクアンの街並み　間近に地中海が迫る。S. Moscati(ed.), *The Phoenicians*, 2001より

ケルクアン出土のネックレス　金、紅玉髄、ガラス、翡翠で作られている。ホルスの眼やウジャトの眼などエジプト風の意匠からは、お守りとしての機能が備わっていたことがわかる。前6世紀。バルドー博物館蔵。INP/Salah Jabeur

用いて作られたネックレス、金属製の指輪やイヤリング、ペンダントは、自らの身を飾るための装身具であると同時に邪悪なものから身を守るお守りでもあった。ゆったりとした長衣をまとい、香水をふりかけ、華やかな装身具を身につけ往来を歩く人々の姿が街角のあちらこちらに見られたことだろう。

カルタゴのネクロポリス（共同墓地）から大量に発見されたテラコッタ製のマスクは、どれも独創的な奇妙な表情をしている。サイズも大小まちまちであるが、紐をつるすための穴があけられていることから、墓室の壁にかけられ、死者を悪霊から護る役目を果たしたと考えられている。副葬品として納められたシンバルや鈴などの楽器、または鏡や剃刀といった身支度のための道具も、宗教的な儀式との関連が指摘されている。

同じくネクロポリスから発見された葬送用の彫像は、死後の世界においても神に対して敬虔であろうとしたカルタゴ人の宗教観を如実に表している。小物を持った左手を腹部の前で曲げ、掲げられた右手は前方に向かって手のひらが開かれている。この厳粛な儀式の姿勢は神に対する祈りや誓いを表し、奉納石碑にも好んで用いられた構図である。

このように見てくると、禁欲的で信仰心に篤《あつ》かったカルタゴ人の印象は、ともすればギリシア・ローマ世界の誤謬《ごびゅう》と偏見でゆがめられて後代に伝えられた可能性がある。ローマが恐れたのは、そのたぐいまれな経済力だけではなく、純粋で研ぎ澄まされたカルタゴの人々の精神そのものであったのかもしれない。

カルタゴと我々

本章では、主にカルタゴ人自らが残した史料をもとに、当時の宗教や社会の側面を探ってきた。カルタゴのみならずポエニ世界の人々が残した貴重な碑文史料は、彼らの赤裸々な告白であり、真実の声であろう。だが、残された情報はあまりにも限られており、当時の状況を細部まで再現するには限界がある。ここに、滅ぼされてしまった国の悲しさがある。すでに述べたように、カルタゴ史、むろんフェニキア史もそうであるが、今の我々が手にすることのできる史料のほとんどは、ある時は隣人であり、ある時は敵対者であった他者から見た「カルタゴ像」に他ならないからである。

敗者は黙して語らず、勝者の歴史だけが一人歩きするのはこれまでの世の常であった。それを埋めていくのが近年の考古学を中心とした学際的研究の成果であり、それによって伝承と考古学的遺物との間に横たわる大きな溝は以前よりかなり修復されつつある。

数年前に訪れた、商工業で栄えたケルクアンの遺跡の目の前に広がる地中海の青い海を見ながら、はるか彼方のオリエントからやって来た先祖の生き方をそのまま受け継ぎ、その地で根づいていった彼らのたくましさを思わずにはいられなかった。住居跡にはタニトの印がくっきりと浮かび上がった舗床モザイクも見られる。ポエニ時代のモザイクは、華やかさには欠けるがシンプルで素朴であり、まさに当時の人々の信仰の証を表しているものであろう。

第三次ポエニ戦争でローマは徹底的にカルタゴを破壊したが、それを完全に否定し抹殺することはできなかった。一〇〇年後、ローマ帝国属州アフリカの都として奇跡の復興を遂げたカルタゴは、再び新たな栄華をきわめることになる。ローマ帝政時代におけるカルタゴの繁栄こそが、豊かな北アフリカの象徴でもあったことは誠に皮肉であるとしか言いようがない。

今日、カルタゴの遺跡を訪れると、地中海に面して建つ壮大なアントニヌスの共同浴場やローマ時代の円形闘技場や劇場、住居跡が何よりも雄弁にそれを物語っている。バアル・ハモンもタニトも、ローマ時代にはそれぞれローマの神々と習合し、サトゥルヌスとユーノー・カエレスティスとしてその名を変えたが、その信仰はその後も人々の中に根強く生き残った。

ともすれば経済大国としての側面ばかりを強調されすぎるきらいがあるが、フェニキア人の伝統を受け継ぎつつも、ギリシア・ローマ世界との接触の中で変容し華麗に変身し、一度は徹底的に潰されながらも、再び形を変えてよみがえったカルタゴ。往時の人々の生き様を、熱い思いを残された「生」の史料から可能な限り拾い集め後世に伝えていくことこそ、我々に課せられた使命であろう。

第七章　対ローマ戦への道

シチリアをめぐる混沌

栗田伸子

前四世紀のカルタゴ

ヒメラの敗戦後の紀元前五世紀の激動を経て、この世紀の終わり頃までには、カルタゴはかつての繁栄と勢いを取り戻した。前四一〇年に始まるマゴ一族のシチリアへの再出兵はその表れである。そしてこの遠征以降、シュラクサイ（現シラクサ）を中心とするシチリアのギリシア人達との抗争は前四世紀の間中、断続的に繰り返され、一種のルーティン・ワークと化すのである。

この間、カルタゴ国内ではマゴ王朝体制が転覆し、おそらく前三七〇年代には寡頭政体《オリガーキー》へと移行した――アリストテレスが評価しているのはこの国制である。この政体のもとでカルタゴ社会は安定かつ円熟し、その文化はヘレニズムの要素を吸収しつつ厚みを増した。政治・軍事・宗教・社会のあらゆる面でこの都市国家の可能性が全面開花し、それと同時にこの体制が危機に陥る場合のいつも決まったパターンとでも言うべきものが姿を現した。傭兵問題はそのわかりやすい例である。前四世紀のカルタゴ史の研究はそれゆえ、カルタゴ国家の最盛期の一つを観察することであると同時に、早くも現れつつあるその「成人病」の兆候——前三世紀におけるローマとの最初の衝突後にカルタゴを苦しめることになる構造的問題——を発見することでもある。

前四世紀のカルタゴが、前六世紀の最初の海上帝国樹立の頃とは違う印象を与える理由の一つは、金属貨幣（コイン）の発行が始まっていることである。最初の発行は前四一〇年から前三九〇年にかけてで、先に述べたマゴ王朝末期のシチリア遠征の時期に重なり、遠征の費用、特に傭兵である兵士への給与支払い等のためにシチリアで使用するべく作られたらしい。これらは銀貨で、表には勝利の女神の花冠を授けられる馬の半身像が描かれ、裏面にはヤシの木と「カルト・ハダシュト」（カルタゴ）というポエニ語の銘が刻印されていた。ヤシの図柄やカルタゴ建国伝承に由来すると思われる馬の像にはアフリカの支配者としてのカルタゴの自負が表れているが、コイン自体はアッティカの重量基準によって四ドラクマ銀貨として作られており、シチリア島のギリシア貨幣の系譜に連なるものである。おそらくカルタゴの支配下にあったシチリア西部の都市の造幣所にカルタゴが製作を委託したのであろう。このようにシチリア戦線はカルタゴ社会がギリシア社会と接触し、その経済制度

カルタゴの硬貨　表は花冠をかざす女神ニケと馬の半身、裏はヤシの木とカルト・ハダシュトの銘。紀元前410年。大英博物館蔵

と文化を部分的にせよ受け入れざるをえなくなる文化変容の最前線でもあった。

当初は軍事的目的――つまり兵士への支払いとシチリアでの軍事作戦のプロパガンダ――のためになされたコインの発行は、やがてカルタゴ本国にも及ぶ。前四世紀中頃にはフェニキアの重量基準に拠《よ》った金貨等の発行が始まる。ちなみにフェニキア本土ではカルタゴよりも早くシドンで前五世紀半ばから、テュロスでは前五世紀末からコインの発行が開始されていた。カルタゴ本国の金貨が、フェニキアの重量基準を採用したことは、前四世紀後半にこうして始まったカルタゴの「貨幣経済」が、西地中海のギリシア人との関係だけではなく、遠く東地中海のフェニキア本土との関係もなお維持しつつ成立したことの証拠と言えよう。

アテネとカルタゴ

シチリア情勢に話を戻せば、前四一〇年に開始されたマゴ家のハンニバル（のちの第二次ポエニ戦争のハンニバルとは別人）のシチリア侵攻もまた、別の意味で東方世界の情勢と深く結びついた事件であった。

前五世紀後半の東地中海はペロポネソス戦争の時代であり、アテネとスパルタの死闘が繰り広げられた。その余波はシチリアのギリシア人世界にも及んだ。シュラクサイおよびシチリアのドーリス系ポリスがドーリス系のスパルタ・ペロポネソス同盟側につき、レオンティーニ等のカルキス系ポリスがアテネ・デロス同盟側につくという構図のもとで、前四二七年アテネ艦隊が侵攻し、シュラクサイとレオンティーニの戦争に介入したのである。この侵攻は三年間続いたが失敗に終わり、アテネは和睦して撤退したが、アテネ対シュラクサイという対立構図は残った。

前四一五年、アテネは大軍をもってシチリア遠征を開始した。シチリア西部のエリュモス人の都市国家セゲスタと南隣のセリヌスとの紛争にセゲスタの救援要請に応える形で介入したのであるが、その真の目的はシチリア全島支配にあったとトゥキュディデスは述べている。この時、最も熱心に遠征軍派遣を主張したのは扇動政治家として悪名高いアルキビアデスであったが、その動機は、ライバルであり遠征慎重派のニキアスを論駁《ろんばく》すると同時に、自ら作戦指揮にあたる地位に就いて「シチリアのみならずカルケドン（カルタゴ）をも占領し名声を得ることにあった、とトゥキュディデスは言う。アテネの矛先はカルタゴにも向けられる可能性があったのである。しかしアテネのシチリア遠征はスパルタからの救援を受けたシュラクサイの善戦やアテネ側の司令官ニキアスの優柔不断等の結果、前四一三年、ほぼ全軍が壊滅し、ニキアスは処刑されるという無残な敗北に終わった。

トゥキュディデスは、遠征に先立ってニキアスがアテネの民会で行った反対演説を詳しく記録している。エゲスタ（セゲスタ）のような遠方の異民族の存亡にアテネの命運を賭けるのは軽率だ、現下のアテネの支配圏を完全に安定化させる前に別の支配圏に手を伸ばすのは危険だ、という彼の警告はそのとおりの現実となって他ならぬ彼自身に降りかかったのであった。

ディオドロスも同じニキアスの遠征反対演説を伝えているが、そこにはカルタゴについての興味深い言及が見られる。「最も広大なヘゲモニー（覇権、帝国）を持ち、何度もシチリア獲得のために戦争をしかけたカルタゴですら、この島（シチリア島）を従えることはできなかった。軍事力においてカルタゴより劣るアテネが、槍によって（武力で）島々の中で最強のものを獲得するのは不可能」だ、と言うのである。シチリア人歴史家ディオドロスの「シチリア愛国主義」がほの見える叙述ではあるが、アテネとカルタゴの覇権が比較され、カルタゴのほうがより強力であると示唆《しさ》されている点は見逃せない。これがシチリアのギリシア人世界の実感であったのだろう。

カルタゴの攻勢

シチリアでのアテネの敗退は、この戦争の行方を注視していたカルタゴ政府にとって好機と映った。アテネ海上帝国の西地中海進出の可能性はなくなり、しかも宿敵シュラクサイは勝利を収めたものの打撃を蒙《こうむ》っている。シチリア介入の口実はすぐに見つかった。例のセゲスタ対セリヌスの領土紛争である。同盟者アテネの敗北により、セゲスタは窮地に追い込まれていた。敵であるギリシア系の隣国セリヌスはシュラクサイを後ろ盾としてセゲスタの土地の一部を占拠した。前四一〇年、セゲスタはカルタゴに救援を求めた。

これには歴史的背景がある。セゲスタ市を建設したシチリアの先住民エリュモス人は、古くからシチリアにおけるフェニキア人の同盟者であり、前六世紀前半にはシチリア西部へのギリシア人進出を食い止めるために共闘したこともある。ローマ人と同じく「トロイアの子孫」を名のるエリュモス人はギリシア人と容易には融和できないという点でも、フェニキア・カルタゴ勢がシチリアに進出してシュラクサイ等と戦う場合の便利な足がかりであった。

　カルタゴの元老院はセゲスタの求めに応じて派兵を決定した。指揮を執《と》ったのは当時最高の官職（スーフェースのことであろうか）についていたマゴ一族のハンニバルで、この人物は前四八〇年にヒメラで敗死したハミルカルの孫にあたり、すでに高齢であった。最初にセゲスタ救援軍として送られたのは、五〇〇〇のリビア（アフリカ）兵と八〇〇のカンパニア兵であった。

　これらの兵士は、アテネのシチリア遠征の際にシチリアのカルキス系ポリスに傭われたのだが、アテネの敗退後に行き場を失っていたのをカルタゴが彼ら全員に馬を買い与え、高額で傭ってセゲスタに派遣したのだという。彼らの活躍はめざましく、緒戦でセリヌス軍を敗走させた。セリヌスは当然シュラクサイに救援を求め、こうして戦争は全面化した。

ディオドロスによればこの夏から冬にかけて、ハンニバルはさかんに兵士を徴募している。イベリア半島からの多数の傭兵、相当の数のカルタゴ市民の徴募兵、さらにはリビア（アフリカ）を訪れ、それぞれの町の最強の男達を選び出した。この遠征が、ヒメラ後に構築されたカルタゴのアフリカ支配の成果の上に立脚したものであることを示す記述である。カルタゴの軍隊といえば傭兵軍のイメージが強く、ディオドロスも別の箇所では、カルタゴがイベリア半島の銀山開発で得た銀で傭兵を傭い、強国となっていることを強調している。しかし、カルタゴが関わった個々の戦争にどのような兵士が動員されているのかを具体的記述から拾ってみると、この例のようにリビア人の諸都市から強制的に徴募された兵士が目立つ。この記事はまた、カルタゴ市民の従軍を記録している点でも注目すべきである。商工業に専念していて戦争には疎《うと》いと考えられがちな彼らであるが、大戦争の場合にはこのように徴兵されている。

アクラガス市破壊

こうして翌（前四〇九）年春から本格化したハンニバルのシチリア遠征は、ヒメラの敗戦に対する報復戦としては立派に成功した。まずセリヌスを陥落させ、続いてヒメラを占領して徹底的に破壊した。セリヌスとヒメラはそれぞれシチリア西部の南岸と北岸にあって、島の西端モテュアを拠点とするカルタゴ・エリュモス人勢力に対するギリシア側の最前線都市であったから、この二つの市の破壊によってシチリアのカルタゴ領の安全は確保されたと言える。

しかし、シュラクサイの将軍がセリヌス再建を試みたので、戦いは再燃した。前四〇六年、再上陸したカルタゴ軍が標的としたのは、島の南岸の都市アクラガス（アグリジェント）であった。前四八〇年にヒメラに手を伸ばしてヒメラの戦いの原因を作った僭主《せんしゅ》テロンの国である。

ヒメラの戦いのあと、シュラクサイとともに勝者となったアクラガスは空前の繁栄を遂げていた。シチリア最大のゼウス神殿をはじめとする豪華な神殿群、白鳥の浮かぶ巨大なプールがあり、その建設熱は同市出身の哲学者エムペドクレスをして「アクラガス市民はまるで明日死ぬかのように食べ、けっして死ぬことがないかのように建設する」と評させたほどである。またその田園にはブドウ畑やオリーブ畑が広がり、これらの農産物はカルタゴに輸出されてアフリカの富と交換され巨富を生んでいた。この時代のリビア（アフリカ）では、まだこれらの果樹の栽培が始まっていなかったからだ、とディオドロスは説明している。

カルタゴ軍による攻囲戦は、疫病の流行――ハンニバル自身がその犠牲となった――や、シュラクサイからの援軍等に妨げられ、難航した。しかし結局、食糧の尽きたアクラガス側は、二〇万人を数える市民の大半がゲラに逃れる形で前四〇六年末に陥落し、ハンニバルの同僚ヒミルコに率いられたカルタゴ軍は当時ギリシア都市中最も富裕と言われたこの町を組織的に略奪した。

アクラガスのゼウス神殿　史上最大のドーリア式神殿であったが、前406年の陥落により未完成に終わった。中央は神殿の柱を飾った巨人像。©Alamy/PPS通信社

アクラガス市民が金にあかせて集めた絵画や彫刻は戦利品として売却され、最も価値のある品々はカルタゴ市に送られた。その中には、その昔アクラガスの僭主パラリスのために作られた、中に人を入れて焼き殺す仕組みの青銅製の牡牛像もあった。アクラガス陥落の約二六〇年後にカルタゴ自体がローマ

軍によって陥落した時、この牡牛像はなおカルタゴ市内に保管されており、ローマ軍の司令官スキピオ＝アエミリアヌス（小スキピオ）はそれを他の財宝と共にアクラガスに返したという。カルタゴ軍による破壊は華麗な神殿群にも容赦なく及んだ。廃墟となったアクラガスは数十年間無人のまま放置され、前四世紀後半になってようやく再建されることになる。

ディオニュシオス登場

まさかと思われたアクラガスの陥落で、シュラクサイはパニックに陥った。この混乱に乗じて政権を握ったのが僭主ディオニュシオス（一世）である。アクラガス救援に失敗した将軍達を追い落として「全権を委任された将軍」の地位に就いた彼は、シュラクサイ沖のオルテュギア島を要塞化した。そしてこの城を拠点として貴族層の抵抗を排しつつ、以後三八年間にわたって独裁者として君臨した。太宰治の『走れメロス』に登場するシュラクサイの暴君――彼を暗殺しようとした青年メロスとメロスの身代わりとして処刑されようとした友人を、二人の友情の深さに感動して赦免した暴君――は、このディオニュシオスをモデルとしていると思われる。

そのディオニュシオスの軍をヒミルコのカルタゴ軍はゲラ市郊外で破った。前四〇五年、カルタゴ軍はゲラを、続いてカマリナを陥落させた。国内の貴族の反乱にも直面したディオニュシオスは、カルタゴと講和せざるをえなかった。カルタゴはディオニュシオスのシュラクサイ支配を承認するのと引き換えに、シチリアにおけるカルタゴの植民者達およびエリュモス人とシカノス人（シチリアの先住民）に対する従来の支配に加えて、セリヌス、アクラガス、ヒメラの支配権を獲得した。ゲラとカマリナの市民は両市への帰還を認められたが、防備を禁止され、カルタゴへの貢納を義務づけられた。この間、カルタゴ軍は疫病のために半数以上の兵を失っていたが、この講和条約は全島支配には届かなかったとはいえかなりの成果であり、面目を施したヒミルコは一旦アフリカに帰還した。

しかしディオニュシオスがこの屈辱にこのまま甘んじるわけがない。彼は大軍拡に乗り出した。高い賃金にひかれて、シチリア各地からだけでなくイタリアからもギリシア本土からもさらにはカルタゴの支配地域からも職人がシュラクサイに集まり、軍艦・武器等の製造に励んだ。軍艦建造のための樅《もみ》や松材はシチリアのエトナ火山や遠くはイタリア半島から伐《き》り出された。また投石器等の攻城兵器はかつてアッシリアで使用されていたのが、カルタゴ人によって西地中海にもたらされ、この時代にシチリアのギリシア人に伝わったらしい。兵士が徴募され傭兵もかき集められた。こうして三〇〇隻以上の艦隊、数万の兵力を備えると、ディオニュシオスはカルタゴに使いを送り、シチリアのギリシア都市からの撤退を求め、さもなければ戦いだと迫った。

カルタゴの元老院は、傭兵を求めて巨額の金を持たせた議員達を「ヨーロッパ」に派遣する等の手は打ったが、総じて疫病で疲弊し、戦争に飽いていたカルタゴ側の対応は鈍かった。その間にディオニュシオスはシチリア西部に進軍し、エリュクス市を帰順させた。エリュクス山にあったこの町はエリュモス人によって建設され、その山頂ではフェニキアの女神

モテュアに遺されたポエニ期の石段　S. Moscati, *L'Empire de Carthage*, 1996より

アシュタルテが祀られていた。この信仰はのちにギリシア化されて「エリュクスのアフロディテ」となる。

カルタゴが頼りにしていたエリュモス人の拠点が失われたことは大きな衝撃であったろうが、次の一撃はより深刻だった。エリュクスの西にあるシチリア西端の、フェニキア人の最古の拠点モテュア島が陥落したのである。ディオニュシオスはシチリア本土からモテュア島まで突堤を築いて攻撃し、対するヒミルコは一〇〇隻の精鋭艦をもって海上からモテュアを救援しようとしたが、ギリシア勢の最新の投石器（先の尖った投擲物を発射する）で撃退されてしまった。

海に囲まれ逃れるすべもないモテュア島のフェニキア人達は、絶望的な抵抗戦の末、ギリシア軍によって家族もろとも大虐殺された。彼らを奴隷にするつもりだったディオニュシオスにも制止できないほどのギリシア兵の憎悪であり、ギリシア人も崇《あが》める神殿に逃げ込んだ者だけがようやく命を永らえた。遅くとも前八世紀以来、フェニキア・カルタゴ勢のシチリアにおける根拠地であり続けたモテュアはこうして前三九七年にシュラクサイによって破壊され、まもなくカルタゴによって奪回されたあともその繁栄を取り戻すことはなかった。

大軍を襲う疫病

翌（前三九六）年、再上陸したヒミルコは、マゴの海軍とともにシチリア島を東征し、ディオニュシオスをシュラクサイまで押し戻した。シュラクサイの港に、シチリア各地の戦いの戦利品を満載したカルタゴ艦隊が押し寄せた。二五〇隻の軍艦、無数の商船で広いシュラクサイ港もぎっしりと埋め尽くされ、船の帆で視界もさえぎられるほどであった。ディオニュシオスは窮地に陥り、戦争はカルタゴの勝利に終わるかと思われた時、またしても疫病がカルタゴ軍を襲った。

シュラクサイ攻囲中にデメテルとコレー（ギリシアの穀物女神とその娘ペルセポネ）の神域を略奪したことによる神罰のようにも見えたが、ディオドロスの言うとおり、大軍の密集、異常に暑かった夏の気候、野営地のくぼんだ地形と湿気等の条件が真の原因かもしれない。病状の記述からはペストか天然痘のようにも思われ、喉の腫れ、背筋の激痛、四肢のこわばり、下痢を伴い、全身に膿疱が広がって発病から五～六日で死に至った。シチリア遠征軍はこうして壊滅した。この知らせがアフリカに伝わるとカルタゴ市は悲しみに包まれた。すべての家が門を閉ざし、神殿の門は閉ざされ、全日常生活は停止し、市民達は市の門に集まって下船してきた生き残りの者に家族の安否を尋ねた。

肉親を失ったことを知った人々の悲嘆の声がカルタゴの岸辺に響く中、司令官ヒミルコは奴隷の着る服をまとって惨めな様子で下船した。彼はディオニュシオスと取り引きし、三〇〇タラントの金《かね》と引き換えに、生き残った兵のうちカルタゴ市民兵と自分だけを見逃しても

カルタゴのデメテル女神像
シチリアのデメテル像の影響を受けたギリシア的な表現である。コルバ（ボン岬）出土。チュニジア、バルドー博物館蔵

らって故国に帰って来たのである。残りの軍は無残にも敵中に置き去りにされた。――ヒミルコは殺到する群集をかき分けながら自らと祖国の運命を嘆き、神々を非難し、敵にではなく疫病に負けたのだと弁解しつつ自分の家の戸口まで来て、扉を閉め、息子達さえも近づけずにそのまま自殺した、とユスティヌスは伝えている。食を断って死んだのだとも言う。

災難はさらに続いた。カルタゴの敗北を知ったリビア（アフリカ）の人々、カルタゴの同盟者であるリビア人諸都市は、これまでの長い抑圧に加えて、リビア人兵士達をシチリアに見捨てて来たカルタゴのやり口に憤り、相互に連絡を取り合って一斉に蜂起した。自由人だけでなく奴隷も加わった反乱軍はあっというまに二〇万人に達し、カルタゴ市は包囲された。

迷信的になったカルタゴ市民はこれまで崇拝の対象としていなかったデメテルとコレーの

信仰を導入し、市の名門の人々をこの女神の神官に任命し、両女神の神像を造って厳《おご》かに奉献し、ギリシア人のやり方に倣《なら》ってその儀式を挙行した、とディオドロスは述べている。カルタゴがギリシア宗教を本格的に採用した端緒であり、「ヘレニズム化」の始まりとされる事件であった。

アフリカ人の反乱は鎮圧された。カルタゴ市を包囲した蜂起軍はその大軍を維持する兵站《へいたん》を欠いたため食糧不足に陥り、指揮権をめぐる内紛もあって自壊した。他方、カルタゴ市は包囲中もサルディニアからの食糧補給を海上から受けることができたため、持ちこたえたのである。

危機は去った――が、しかしこの一連の過程は、カルタゴのアフリカ支配とその上に立った対外戦争という構想が内包する脆さを示していた。リビア諸市に重税を課しつつそこから兵士をも徴募し、惜しげもなくシチリア戦線に投入する、しかもこうして動員されたリビア兵とカルタゴ市民兵との間には天地ほどの扱いの差がある。シチリア戦線での敗北はこうした条件下ではただちにカルタゴ本国のアフリカ統治にはね返り、将棋倒しの崩壊を招くのである。

大ハンノ

前三九六年の破局とヒミルコの死は、カルタゴに内政上の大変革をもたらした。マゴ王朝――ヒミルコもその一族であった――は断絶したらしい。「王政」が完全に消滅したのかどうかの議論はさておき、前三七〇年代までにはアリストテレスの伝える五人役と百四人会(百人会)とを備え、元老院(長老会)が政局を運営する寡頭政ないし貴族政に実質的に移行していたことは疑いえない。そこには対外戦争、特にシチリア戦争をめぐって二つの党派が形成されていた。

大ハンノに率いられる「タカ派」、つまり対シュラクサイ強硬派と、スニアトン(エシュムニアトン)が代表する「ハト派」ないし対シュラクサイ融和派である。後者の一派はデメテル・コレー信仰導入を主唱した文化・宗教面での親ギリシア派でもあったかもしれない。デメテル崇拝が最も根付いたのはカルタゴ市の東に横たわるボン岬であったと言われる。この地に展開する大土地経営の担い手達が「ハト派」の中心であったという説もある。またボン岬付近にはシチリアからのギリシア人の入植が多く、ギリシアの文物の輸入がさかんであって、それゆえ、親ギリシア派の拠点になったのだともいう。おおまかに言えばこの「ハト派」のほうがマゴ王朝を終わらせ寡頭政へと導いた中心勢力であり、これに対し「タカ派」はマゴ王朝期の伝統と「帝国主義的」な対外政策にこだわり続けた。大ハンノはその代表格であった。以下の事件の経緯については異説も多いが、ここではG・シャルル・ピカールらに従って述べる。

前三六八年、シチリアでの戦争が再開された。この間、シュラクサイのディオニュシオス一世とカルタゴは断続的に交戦と和平を繰り返していたが、カルタゴで大ハンノが権力闘争に勝ったことが、南イタリアに出兵していたディオニュシオスをシチリアに呼び戻す結果になったようである。開戦と同時にスニアトンは反逆罪で捕らえられた。ディオニュシオスにカルタゴ軍の出兵と将軍ハンノの無能を知らせるギリシア語の手紙を送ったとの容疑である。スニアトンは処刑され、以後カルタゴの元老院で通訳なしに敵と会話したり手紙をやりとりしたりすることがないようにと、カルタゴ人のギリシア語学習は禁止されたという。

まんまと政敵を葬り去った大ハンノは、シチリア西部のリリュバエウム（これはセテュアに代わる新しいカルタゴ側の拠点都市であった）やエリュクスをめぐってディオニュシオスと戦い、前三六七年、ディオニュシオスが死ぬと、後継者となった息子のディオニュシオス二世と有利な条件で和約を結んだ。シチリア西部の領有は確保できたのである。

しかしシチリア情勢は、ロクリなど南イタリアまで広がる勢力圏を築いていたディオニュシオス一世の死によって、ますます流動化した。ディオニュシオス二世とディオン（ディオニュシオス一世の義弟）の抗争で、シュラクサイの政権は二転三転した――哲学者プラトンが両者の和解を試みて失敗したのもこの間のことである。ディオンはカルタゴの将軍と親交があり、ディオニュシオスとの交渉においてカルタゴの使節の便宜をはかる手紙を書いたことが原因で、亡命を余儀なくされたりもする。

カルタゴはしばらくの間、シチリアの混乱を横目で見ていた。実際この前四世紀中葉の二〇年ほどは、カルタゴ史の中で最も平穏な、対外戦争のほとんどない時代であった。

元老院の「ハト派」が大ハンノの動きを抑え込んでいたのか、大ハンノ自身がこの頃にはシュラクサイの弱体化に満足して出兵を控えたのか、どちらかはわからない。いずれにせよ、ハンノは前四世紀半ばのいつかに「王権」獲得をめざして元老院メンバーを毒殺しようとして失敗し、奴隷兵を使ってある都市を占領し、アフリカ人とマウリー人の王を扇動したが捕らえられ、ズタズタになるまで鞭打たれ、両目をえぐられ、手足を折られ、民衆の前で十字架にかけられて殺された。カルタゴの元老院は「タカ派」の野心家を始末したのである。ハンノの一族は、反抗を真似たり復讐する者が残らないようにことごとく処刑されたという。

都市カルタゴの発展

このような記述を読み続けると、前五世紀に引き続いて前四世紀、寡頭政時代のカルタゴも死の匂いに満ちた陰惨な社会と感じられるかもしれない。しかしそれは現存する史料の性質によるところが大きい。カルタゴ史についての歴史書として書かれた史料はすべてギリシア人とローマ人の手になる、多くはシチリアのギリシア人歴史家を典拠とする史料であり、そこではカルタゴ市についての芳《かんば》しくない情報――疫病や敗戦や、指導者の自殺や処刑――ばかりが強調されるきらいがあるのである。実際には前五世紀後半から前四世紀にかけてのカルタゴ国家は政治的にも社会的にも進歩と発展の時代であった。「王朝」的で冒険的で不安定な前時代に比べて、寡頭政的ではあるにせよ、より制度化された、百人会の重役達の議論によって物事が処理される合理主義的な時代が到来していた。

カルタゴ遺跡の発掘、とりわけ一九八〇年代のドイツの考古学隊による発掘は、前五〜前四世紀が都市カルタゴの都市プランのうえできわめて重要な、大成長の時代であったことを明らかにしている（第四章一三一頁の図を参照）。

ビュルサの丘の南東のスロープに海岸線まで広がる市街地は、丘の後ろから海岸までほぼ東西方向に——海岸線に直角に——延びるメインストリートによって貫かれ、これと平行に走る何本かの通りが、これらと直交する海岸線と平行な南北方向の道と交差していた。街はこれらの碁盤の目のような東西南北路によって無数の長方形にきちんと区画されていた。東西路の先は海岸の砂浜で、海岸線に沿って整然と築かれた城壁が中央のメインストリートの突き当たりの所で内側に四角く窪み、そこに左右二つの塔に守られた巨大な海の門が設けられていた。これがカルタゴ市のいわば表玄関であった。門はだいたい東（東南東）を向いていたから、朝日を受けて午前中いっぱい明るく輝いていたことだろう。満潮時には波が砂州の上まで来て、塔の下で砕けた。

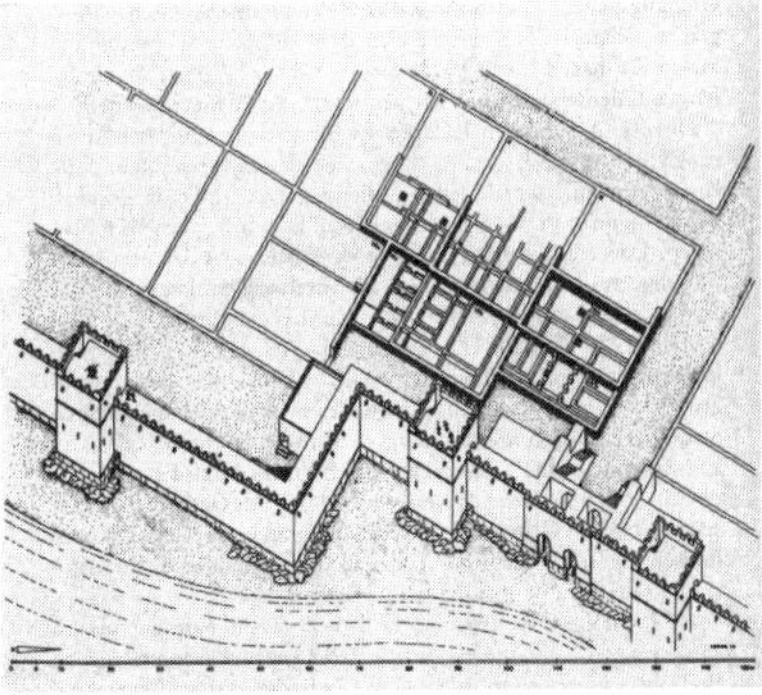

カルタゴの海の門　ドイツの考古学隊の発掘に基づく推定復元図。W. Huss(hrsg. von), *Karthago*, 1992より

市壁のすぐ内側の海岸沿いの市街地はダウンタウンで、丘の上は神殿や宮殿、役所や邸宅の連なる「山の手」であった。その中間の丘の麓《ふもと》

のどこかに、まだ発見されていないカルタゴの「アゴラ」——公共広場があったと考えられている。このような空間で展開された前四世紀のカルタゴの政治は、陰謀渦巻くとはいっても首長同士の単純な殺し合いというようなものではなく、都市国家としての政治制度を駆使した、ソフィスティケートされた過程であったと想像されもするのである。アリストテレスも、カルタゴの国制のそのような制度的完成に注目したのだろう。

ティモレオンとアガトクレス

カルタゴ政治の精緻《せいち》化、制度化は対外政策にも反映された。前四世紀後半のカルタゴのシチリア政策は、マゴ王朝期のような力ずくの大遠征によってではなく、シュラクサイをはじめとする個々のギリシア人都市の内政に上手に干渉し、内紛と分裂をひき起こすことによって、対カルタゴ強硬派の政権掌握を防止するという方針に貫かれていたように見える。詳細は省くが、前三四四年に始まるコリントスから来たティモレオンのシチリアでの活動は、このような前提抜きには理解できない。

事件は長い失脚から復位した僭主ディオニュシオス二世の手を逃れたシュラクサイの亡命者達が、ギリシア本土の母市コリントスに救いを求めたことに始まる。ディオニュシオスの復位は、カルタゴにとってもシチリア再介入のチャンスであった。前三四五年にカルタゴは一五〇隻の軍艦、五万の歩兵、三〇〇の戦車と予備の馬の大軍、攻城用機器と膨大な物資を携えてシチリアに上陸していた。シチリア西部のエンテッラ市を占拠していたカンパニア

（中南部イタリアの地方）人との戦いを当面の目的としているようだったが、ディオニュシオス二世の帰還で混乱するシチリアでカルタゴによる保護を口実に支配圏を拡大する狙いであったろう。ディオドロスはカルタゴ人達が島中の僭主達との間に友情を築いたと強調している。

一方、シュラクサイ人の要請に応えてコリントスが派遣したのは、わずか数隻の船を委ねられたティモレオンで、彼はシチリアに到着するや各地の僭主達とカルタゴ軍を相手に奇跡的大勝利を収め、ディオニュシオス二世を追放し、シュラクサイとシチリアに自由をもたらしたという。決戦となったクリミソス河の戦いにはカルタゴの名門の子弟からなる重装部隊「神聖軍団」も参加したが、戦死者はカルタゴ市民だけで三〇〇〇人におよんだ。

ティモレオンとの和約で、カルタゴは再びシチリア西部のみの領有に甘んじる結果となった。この戦争の特徴の一つは、もはやカルタゴ勢対ギリシア勢の単純な衝突ではなく、個々のシチリア都市の内政問題、僭主政か「民主政」かという体制選択の問題が根底にあり、そこに外部勢力としてのカルタゴ、コリントス（さらにはカンパニア人）がからんでいる点である。軍事力だけでなく政治と文化の力、ギリシア人を説得して「友人」として味方にするだけの外交力がカルタゴ側に不可欠であった。ギリシア語を理解し、ポリスの政治の言葉を理解できる「スニアトン的」対外政策の延長線上にあった戦争とも言えるであろう。

このようにシチリアのギリシア人都市の政治の背後に、常にカルタゴの元老院の影がちらつくようになると、今度はより露骨に、初めからカルタゴの力を利用して権力を握ろうとするギリシア人が現れても不思議はない。シチリアの僭主アガトクレスは、その一例である。製陶業者の息子ですさんだ少年時代を送ったこの人物は、シュラクサイで民主派として知られ、兵士として頭角を現して将軍となったが、寡頭派の貴族勢力によって二度の亡命を余儀なくされた。南イタリアで傭兵隊長として力を蓄えた彼は、シチリアのモルガンティナ市の将軍となってレオンティーニを占領し、シュラクサイを攻囲した。

カルタゴはシュラクサイ人の救援要請に応えて将軍ハミルカルを派遣した。カルタゴ軍が宿敵シュラクサイを防衛するという驚くべき状況である。ところがハミルカルは、アガトクレスの誘いに乗って彼と結託してしまい、ハミルカルの仲介でアガトクレスとシュラクサイ市は和解、前三一九／八年、アガトクレスは将軍としてシュラクサイに帰還した。この時、彼はケレス（デメテル）女神の神器に手を置いて、カルタゴに従うことを誓ったという。

ついでアガトクレスは、ハミルカルに委ねられた五〇〇〇人のリビア兵を使ってクーデターを起こし、貴族達を殺害してシュラクサイの六百人寡頭政治を終わらせ（前三一六年）、さらにアクラガス、ゲラ、メッセネ等の都市（ここにはシュラクサイの寡頭派が亡命していた）を攻撃した。メッセネ市はカルタゴに救援を求め、再びハミルカルの仲介のもとでカルタゴとアガトクレスの間に和約が結ばれた。この和約のもとでアガトクレスがハミルカルの黙認を得てシチリアの諸市、特に西部のカルタゴの同盟諸市を攻撃したので、カルタゴはギスコの子のハミルカル（先のハミルカルとは別人、先のハミルカルはこの間に死亡した）指揮下の大軍を派遣し、アガトクレスを破ってシュラクサイ市を攻囲した。

アガトクレスのアフリカ侵攻

窮地に陥ったアガトクレスはシュラクサイ市防衛を兄弟に委ね、壮年の奴隷を全員解放して兵士とし、自由人の同数の兵士と共に船に乗せ、カルタゴ艦隊による封鎖を突破して一路アフリカに向かった。兵士達には行き先がアフリカであることは到着まで秘密にされていた。こうしてアガトクレス一行は前三一〇年夏、ボン岬付近に上陸すると、乗ってきたすべての船を焼き払って退路を断った。これによって兵士を決死の戦いに駆り立て、カルタゴの田園を略奪し、城砦や都市を次々と落とした。

ボン岬のケルクアン遺跡　スフィンクスの家と呼ばれる遺構。アガトクレスはこの付近まで攻めてきた。2009年、栗田伸子撮影

彼が攻め入った地域にはあらゆる種類の農園・果樹園が細かい水路によって灌漑されて豊かに広がり、美しい化粧漆喰《しっくい》を施した豪華な別荘が連なっていた。ここ数十年のアフリカのカルタゴ領の安定と、それが生み出した富の証拠である。ブドウやオリーブをはじめとするさまざまな果樹がたわわに実り、牛や羊、馬の群れが牧草を食《は》んでいた。この地域こそはカルタゴの富裕層の土地経営の展開する場、私生活の楽しみのためにそっととっておかれた場所であった。アガトクレスの軍隊はこの富に仰天しながら片端から略奪しつつカルタゴ市に迫った。

アガトクレス一行を追尾してきたカルタゴの船隊はこの様を見て、船の舳先《へさき》を皮で覆った――これはカルタゴに災難がふりかかった時にいつもする合図であった。そしてカルタゴ市に急使を送り、事態を連絡した。市内はすでにパニックに陥っていた。先に田園から知らせが入っており、アガトクレスがアフリカへ来るからにはシチリアのカルタゴ軍は壊滅したに違いないと早とちりしたのである。群集は公共広場に殺到し、元老院は慌《あわただ》しく協議した。そのうち船隊からの急使が入港して、カルタゴ艦隊はまだ無事にシュラクサイを包囲中であることがわかると、元老院は勇気を取り戻し、ボミルカルとハンノを将軍に任命してギリシア勢に立ち向かった。

カルタゴ軍の中心になったのは市民軍であり、四万の歩兵、一〇〇〇の騎兵、二〇〇〇の戦車からなっていたとディオドロスは伝える――ユスティヌスは三万の村人の軍と言うのだが――。戦列の右翼を担ったハンノのかたわらにはカルタゴ貴族の精強部隊である神聖軍団があった。激戦の中、ハンノは倒れた。するとかねてから僭主となる野望を抱いていたボミルカルは、むしろカルタゴがアガトクレスに敗れたほうが市民を従えるよい機会になると考えて卑怯にも戦線を離脱した。勝利したアガトクレス軍がカルタゴ軍の陣地で見出したものは、二万対《つい》以上の手枷《てかせ》を満載したたくさんの荷車であった。カルタゴ側はギリシア勢を簡単に打ち破れると思い、できるだけ多くを生け捕りにして奴隷の檻に入れるつもりだったのである。

敗北に動転したカルタゴ市は、二つの宗教的対策を講じた。まずヘラクレス（メルカルト神）をなだめるため多額の金と供物を母市テュロスへと送った。富裕になって以降なおざりになっていたテュロスのメルカルトへの十分の一税を、この災難の中で復活したわけである。また、カルタゴの神殿からテュロスの神々のために、神像を納めた黄金の社《やしろ》が奉納された。

次にカルタゴ人は「クロノス神」（バアル・ハモンかタニト）への生贄《いけにえ》を大々的に挙行したという。貴族の子供達をこの神に捧げる習慣であったのに、最近では買ってくるかそのために養ってきたかした（奴隷の？）子をすりかえて捧げていたケースがあったので神々が懲罰を下した、と考えたのである。ディオドロスは、二〇〇人の貴族の子供達が公的に生贄にされたというこの事件をおどろおどろしく描いている。ここにギリシア人歴史家の、カルタゴの宗教に対する偏見が影を落としているのは当然で、現存の史料から実際に何があったのかを見分けるのは難しい。

将軍達の運命

しかしアガトクレスの侵攻が平和に慣れたカルタゴにとって大変なショックだったことは確かであろう。シュラクサイで追いつめたはずの敵によって本拠アフリカを攻撃され、伝家の宝刀とも言うべき神聖軍団まで一敗地にまみれたので、面目は丸潰れであった。カルタゴの弱さを目のあたりにしたリビア人、いくつかのアフリカの都市が離反してアガトクレスに味方し、東のキュレネの支配者オペッラスはアガトクレスと組んで全北アフリカ支配を構想し、カルタゴの将軍ボミルカルもすんでのところでアガトクレス軍に合流するところであった。結局オペッラスがアガトクレスによって暗殺され、カルタゴではボミルカルが捕まって処刑され、前三〇八／七年、アガトクレスはシチリアに帰って一件は落着した。アガトクレスに本気でカルタゴを征服する気がなく、シチリアおよび南イタリアでの勢力拡大を優先したからよかったものの、危うい一幕であった。

この処刑されたボミルカルは、最初にアガトクレスに力を貸したハミルカルの甥であった。この人物はユスティヌスによって「王」と呼ばれており、G・シャルル・ピカールのように、この時までカルタゴの王政が続いていたとする説もある。ボミルカルが祖国を裏切って僭主となろうとしたのは、将軍として戦ったあとの裁判と処罰を恐れたためであったとディオドロスは示唆している。戦時にはカルタゴ人は市の指導者達を将軍として前線に立たせる。指導者達が国家全体のために真っ先に危険を冒すのは当然と考えられていたからである。そして平和を勝ち取ると、彼らは妬みから将軍達をさまざまな偽りの容疑で訴追し重罰を科そうとするので、将軍達はこれを恐れて、ある者はその地位を捨て、ある者は僭主となろうとするというのである。

前四世紀のアテネで見られたような役人の執務審査、弾劾裁判と似たような制度が、この時代のカルタゴにもあったのである。しかも処罰はアテネの場合より残忍で苛烈であった。先述のティモレオンとの戦いの際に不覚をとった将軍マゴは百人会の前に召喚されたが、十字架刑に処せられる前に死を選んだという。精緻化していく寡頭政の諸機関による将軍達への監視は、時に疑心暗鬼を生み、ボミルカルのような将軍側の陰謀が生まれる。これもまた、リビア（アフリカ）人の離反の可能性と並んでカルタゴ国家にとっての宿痾《しゅくあ》であった。

こうしてカルタゴとシュラクサイとが互いに侵食し合いつつ疲弊していく間に、東方ではアレクサンドロスの帝国がすでに出現して——それはテュロスの陥落をもたらした——大王の死とともにヘレニズム諸国の形成に至り、地中海をとりまく情勢は激変していた。カルタゴにとってより重大な変化が、シチリアの北、イタリア半島で起こっていた——ローマの拡大開始である。

最初の対ローマ戦——第一次ポエニ戦争

ローマとイタリア

ティベリス河畔の一都市国家であったローマが、いかなるメカニズムで拡大を開始したのか、それを分析することは本書の目的ではないし、別の大部な一冊を必要とするであろう。ここではその拡大の起点が前四世紀の後半、すなわちラティウム征服（前三三八年）とカンパニアへの介入、「投票権ぬきのローマ市民権」の付与の頃にあることを指摘するにとどめよう。

この時点以降のローマは、形式上はなお一都市国家であり続けたが、実態としてはイタリア中部の諸都市を束ねる一大「帝国」（インペリウム）であり、そこでは旧来のローマ貴族層に被征服地のイタリア諸都市の貴族が加わって、ノビレス（貴顕貴族）と呼ばれるより幅広い支配層を形成していった。この貴族層が牛耳る元老院こそが共和政ローマの真の権力の所在する場であった。市民総会としての民会は存在し、コンスル（執政官）等の政務官は民会選挙で選ばれたが、政務官も民会も元老院の権威ある助言には従うのが常であった。アリストテレスがこの政体を分析したなら、やはりカルタゴと同様、寡頭政および民主政への傾きを含んだ貴族政だと言ったことだろう。

ローマの中南部イタリアへの膨張の背景には、ローマ市自体を含むラティウム地方の都市国家の内的諸要因だけではなく、前四世紀初頭以来の北からのガリア人の侵入、さらにはサムニテス人等、都市国家を形成していないアペニン山脈の山地民の活発化といった外的要因が働いていた。前四世紀のイタリア半島は諸種族の移動と侵入の相次ぐ殺伐たる社会であり、その中にあってローマ市はいわば「平地側」「都市側」の軍事的チャンピオンとしてふるまうことによって、諸都市の保護者＝征服者の地位を獲得していったようにも見える。

この点を強調してローマ市とイタリア諸市の関係のあり方と、カルタゴ市とアフリカの諸市（リビュ＝フェニキア人都市――すなわち北アフリカ沿岸のフェニキア系都市――、リビア人都市）の関係のあり方とを比較し、前者は諸都市へのローマ市民権等の付与を伴う法的で緻密な構造体であるのに対し、後者はカルタゴという一都市が専断的にふるまう粗雑な、力による支配であったにすぎぬとする見方もできるだろう。ローマ連邦対カルタゴ帝国の戦いという図式である。しかしこれはローマ・カルタゴ戦争（ポエニ戦争）が結局ローマの勝利に終わったことを知っているがゆえの結果論かもしれない。ローマのイタリア征服の過程はカルタゴの北アフリカ征服以上に、念入りな暴力的併呑であったことも事実なのである。

第二次サムニウム戦争（前三二七～前三〇四年）に勝利したあとは、イタリア半島におけるローマの軍事的優勢は動かしがたいものになっていった。かつてはローマ市自体の王権の担い手であり、また昔からのカルタゴ・フェニキア勢力のパートナーだったエトルスキ（エトルリア人）も次第にローマの支配下に屈していった。前四世紀の初めに、ティベリス川をはさんでローマ市と対峙するエトルスキの都市ウェイイーが陥落したのを端緒として、ローマ勢力のエトルリア進出が進み、カエレ（チェルヴェテリ）も「投票権ぬきのローマ市民権」を付与されてローマに吸収された。カエレはあのフェニキア語の書かれた黄金板（ピュルギの碑文）が発見された場所である。前二九五年、エトルスキ、ガリア人、サムニテス人、ウンブリア人は大連合軍をもってローマに最後の決戦を挑んだが敗れ（センティヌムの戦い）、サムニテス人は弱体化し、ローマ勢力は南イタリアのギリシア植民市分布域――いわゆるマグナ・グラエキア地方――に迫った。

ピュロス戦争

当時、すでに繁栄の盛りを過ぎ、ディオニュシオス一世以来アガトクレスまでのシュラクサイの僭主の支配下に置かれることもたびたびであったマグナ・グラエキアのギリシア系都市の中にあって、繁栄を続けていたのはタラス（タレントゥム）市であった。スパルタの植民市と称されるこの都市は、前四世紀半ばからは外国傭兵軍に頼りながら、活発化した山地民の圧力――ルカニア人やメッサピ人の攻撃――に対抗していた。このタラスの好敵手はトゥリー市で、両者はこの地方の盟主の地位を争っていた。前二八二年、トゥリーはルカニア人に対抗するためローマに救援を求め、ローマ軍を受け入れた。ローマ艦隊は続いてタラス市沖に現れた。タラスがこれに抗議してローマ船を沈め、トゥリーのローマ兵を追い出すと、ローマはタラス攻撃に乗り出した。タラスはいつものように外国傭兵を頼った――すでに何度か援軍を依頼したことのあるギリシア西北方のエピルス（エペイロス）王国に使いを送ったのである。

エピルス王ピュロスはアレクサンドロス大王ばりの野心家で、南イタリアとシチリアに帝国を築く気で乗り込んできた。二万五〇〇〇の歩兵、三〇〇〇の騎兵、それに二〇頭の象の部隊を率いた彼はヘラクレイアの戦い（前二八〇年）でローマ軍を破ったあと、タラス等のギリシア都市軍だけではなく、ルカニア人、ブルッティー人、そしてサムニテス人らの山地民の加勢を得て、ローマ市へ向け進軍したが、ローマと和睦することには失敗した（いわゆる「ピュロスの勝利」――つまり戦いには勝っても勝利の果実は逃した空しい勝利――である）。

翌二七九年、再びローマ軍を破った（アウスクルムの戦い）あと、エピルス王はシチリアへ矛先を転じた。カルタゴと対峙するシチリア人達（シクリー）が彼をシチリアへ呼んだのである。こうしてローマとカルタゴはピュロスと戦うという点で同じ側に立った。

カルタゴとローマは軍事同盟を結んだ。より正確に言うなら、以前からあって何度か更新・改定されてきた両国間の条約に、対ピュロス戦争で協力するという軍事条項を追加した。ユスティヌスが伝えているカルタゴからローマへの援軍の派遣もこの前後――前二七九年頃――のことであろう。一二〇隻の船とともにローマ市（あるいはローマの外港オスティア）に到着したカルタゴの将軍マゴは、ローマの元老院で次のように演説した。「ローマ人がイタリアで外国の王による戦禍を蒙ることはカルタゴにとっては耐え難いことである。そのために私は派遣されてきたのであり、ローマは外国の敵に圧迫されているのであるから、（カルタゴ軍という）外国軍の援助を受けてもかまわないはずである」――前五〇九／八年の第一回条約以来の、ラティウム地方ないしイタリアへのカルタゴ勢の進駐を制限する条項を一時的に棚上げして、カルタゴからの援軍を受け入れよ、と説得したように読める。

ローマ元老院は感謝の意を表しただけで援軍は断り、送り返した。数日後、マゴは「フェニキア式のやり方で」今度は調停者を装ってピュロス王の陣に赴き、ピュロスのシチリア行きの計画を探り出そうとした、という。ピュロスのシチリア進出を遅らせ、イタリアにとどめ置くために、つまり対ピュロス戦の主戦場をシチリアではなくてイタリアにしておくためにこそ、カルタゴはローマに援軍を送ったのだというのがユスティヌスの解釈らしい。「カルタゴ人の信義はあてにならない、必ず裏があるから警戒せよ」との例のローマ人の偏見が、ここにも表れている。

しかし実際にはローマはカルタゴのシチリアでの善戦に助けられてピュロス戦争を生き延

びたのである。カルタゴは前二七八年から前二七五年までピュロス軍を引き受けてシチリア戦線を持ちこたえ、イタリアに戻った疲弊したピュロス軍はベネヴェントゥムの戦いでローマに敗れた。ピュロスはエピルスへと去り、タラス市はローマに降《くだ》ってその同盟国となり（前二七二年）、ローマのマグナ・グラエキア征服は完了した。そしてその瞬間からローマ対カルタゴの、ついには開戦に至る疑心暗鬼の睨み合い、探り合いが始まるのである。

メッセネ問題

イタリア半島とシチリア島はメッシナ海峡をはさんで目と鼻の先である。海峡に向かって突き出したシチリア北東の角の先端近くにあるメッセネ（メッサナ、現メッシナ）と、イタリア半島先端の町レギオン——海峡の両側で向かい合うこの二つのギリシア系都市を見舞った類似した事件が、カルタゴとローマの衝突の直接のきっかけとなった。

シュラクサイのアガトクレス——アフリカに侵攻してきたあの僭主——が死んだ（前二八九年）あと、彼に雇われていた大勢のカンパニア出身の傭兵達が行き場を失った。彼らは、かつてアガトクレスに占領されたことがあるメッセネの美しさと富に目をつけ、この市に友人として受け入れられたあと、市民を追放・殺害して乗っ取ってしまい、自ら「マメルティニー」と名乗った。カンパニア人の言葉（オスク語）で「軍神（マルス）の子ら」の意である。この事件が起きたのが前二八〇年代のいつなのかは正確にはわからない。

傭兵による都市乗っ取りというアイデアは、たちまち模倣犯を生んだ。ピュロス王がイタ

メッシナ海峡　メッシナ港からイタリアを望む。©Alamy/PPS通信社

リアに侵攻した時、レギオン市は助けを求めてローマの守備隊を受け入れたが、この守備隊もローマ市民とはいってもカンパニア人からなっており、司令官デキウス＝ウィベリウスはカプアの名門の出身であった。彼らはマメルティニーの例に倣《なら》ってレギオンを占拠し、こうしてピュロス戦争の間中、レギオンとメッセネの二つのカンパニア人傭兵都市は協力し合ってピュロス軍からの独立を保った。いやそればかりか、レギオンのローマ（カンパニア）人守備隊という後ろ盾を得たメッセネのマメルティニーはシチリアの多くの地域を略奪し、貢納を課し、シチリア西部のカルタゴ人とシュラクリイを悩ませていた。

　ローマは、自らがレギオンに送った守備隊がこの市を乗っ取っているという事態を遺憾には思っていたが、対ピュロス戦の間は手を出せないでいた。しかしピュロスが去ると、レギオン攻囲に着手し、守備隊の大部分を殺し、残りの三〇〇人ほどをローマに連行して広場で鞭打ちのあと、斬首した（前二七〇年頃）。レギオン市を裏切った守備隊を厳罰に処すことによって、同盟者のローマに対する信頼を回復しようとしたわけで、いかにもローマらしいやり方である。

　レギオンのカンパニア人の支援を失ったメッヤネのカン

パニア人（マメルティニー）は、シュラクサイの新たな僭主ヒエロンに敗れ（前二七〇／六九年頃）、シュラクサイ領から追い出された。ロンガノス川（メッセネ近郊）の戦いでヒエロンに大敗したマメルティニーは、一部はカルタゴに訴えて自らとメッセネ市をカルタゴ軍に引き渡そうとし、他の一部の者はローマに使いを送って市をローマに引き渡し、同族のよしみで自分達を助けてくれるように要請しようとした。

ローマは長いことマメルティニー救援、すなわちシチリアへの出兵をためらった、とポエニ戦争史の中心的な史料であるポリュビオスの『歴史』は伝えている。レギオンのローマ人守備隊を裏切りの罪で厳罰に処したのに、同じような不正をメッセネ市に対して行ったマメルティニーを救援するのは不合理だというのがその理由であった。

しかし同時に、もしマメルティニーを見捨てて、メッセネがカルタゴの手に渡ったとしたら、とローマ人は議論を続けた。シチリアの他の部分を意のままにしているカルタゴがシュラクサイをも滅ぼして全シチリアをすぐに支配下に置くことは明らかだ。するとカルタゴは全アフリカのみならずイベリアの多くの地方とサルディニア海・ティレニア海のすべての島を手中に収めているのだから、イタリアはあらゆる方向から攻囲されることになる。メッセネを見捨てるな、イタリアへと渡る橋をカルタゴ人に作ってやるようなことはすべきではない――云々。だが、ポリュビオスは否定しているが、この場面でローマのメッセネ（マメルティニー）救援の障害となる別の要因もあった可能性がある。ローマとカルタゴの間の一つの条約の存在である。

イタリア・シチリア条項

この条約は「ローマ人が全シチリアから、カルタゴ人が全イタリアから離れているように」定めたものであったと言われ、もしこの条約、ないし条約中の一条項が実在したとすれば、ローマのシチリア都市メッセネへの介入は明白な条約違反ということになる。第一次ポエニ戦争について「カルタゴ寄り」の立場から叙述したとされる同時代のアクラガス出身の歴史家フィィリノスがこの条約について伝え、ローマ人は最初にシチリアに渡った時にこの条約と誓いを破ったのだ、と主張したらしい。しかしフィリノスの著書は現存せず、ポリュビオスがこのフィリノスの主張をまったくの無知ないし虚偽の産物として批判している一節から、間接的に知ることができるだけである。

ローマ・カルタゴ間の条約は先に紹介した前五〇九／八年のものをはじめとして、前三四八年、前二七九／八年（対ピュロス戦争時）と少なくとも三度にわたって結ばれており、他にもリウィウスが伝える前三〇六年の条約（更新）がある。フィリノスの言う「イタリア・シチリア条項」を含む条約が実在したのかどうか、実在したとすれば、その締結年代はいつか、という問題は研究史上の難問の一つで、ここでは解決できない。が、ポリュビオスがフィリノスを批判して、「フィリノスの文書を信用した多くの人がこの点――（つまりローマがシチリアへ渡ったことそれ自体が条約違反だと考えるという点）――で真理から遠ざけられ誤った観念を抱かされている」と述べているのは見逃せない。すなわち、逆に言えば同時代人の多くは、漠然とであれ、イタリア半島の勢力であるローマがシチリア島に渡るのは越権行為である、というふうに感じており、フィリノスの記述に素直に納得していたとも読めるのである。

反対にカルタゴがイタリア半島内の都市を——たとえラティウムの外のマグナ・グラエキアのギリシア系諸都市であっても——援助するのも「条約違反」であった。前二七二年、タラス（タレントゥム）市を（ローマから）救うためにカルタゴが艦隊を派遣した時、それはローマ側から見て「条約違反」であった。リウィウスの第一四巻の摘要はそのように略述している。イタリア・シチリア相互不干渉を定めたローマ・カルタゴ条約の存在をうっすらと読み取ることができる、史料上のかすかな痕跡である。

開戦

いずれにせよ、ローマの元老院はマメルティニー支援をためらい、この議題はコンスル（執政官）によって民会にかけられた。コンスルが戦争の利点——国家にとってばかりではなく個々人にとっての戦利品獲得という利点——を説いたので、平民は（ポリュビオスのこの箇所については、これを民会ではなく元老院での議論とする説もある）これに賛成し、メッセネ援助の法案が決定され、コンスルの一人、アッピウス＝クラウディウスが司令官としてメッセネに派遣された。

前二六四年、ローマ軍はついにメッシナ海峡を渡った。この間に同じくマメルティニーの要請に応えてカルタゴ軍がメッセネに到着しており、すでに城塞を占拠していたが、マメルティニーは策略と脅しによってカルタゴ軍司令官に城塞を明け渡させ、アッピウスを呼び寄せたのである。カルタゴ政府は、メッセネの城を無思慮にも放棄したこの司令官（ハンノ）を磔刑《たっけい》に処したという。

カルタゴはミスを挽回すべく、艦隊をもってシチリア北東のペロリアス岬を押さえ、同時に陸軍がシュネイス（ないしはエウネス）に拠《よ》って陸海からメッセネ市を攻囲した。他方、メッセネ（マメルティニー）のそもそもの戦いの相手であるシュラクサイのヒエロン——彼はロンガノスの戦勝のあと、王と称せられていた——は、市の反対側の山に布陣してメッセネに迫った。なんとカルタゴとシュラクサイは、ローマがすぐにシチリアから手を引かないなら共にローマと戦うという軍事同盟を結んだのである。このようにローマ軍がシチリアに渡った当初の対決の構図は、既存のシチリアの勢力であるカルタゴとシュラクサイが、イタリア半島からの侵入者であるならず者の傭兵政権とそれを支援しに来たローマ軍を前にして、これまでの確執を捨てて手を組んで迎え撃つというものであった。信義を重んじるはずのローマとしてはどうにも体裁の悪い開戦時の状況である。ポリュビオスの説明がなんとなくまわりくどいのもそのせいであろう。

この間、ローマとカルタゴは一度、海戦で相まみえたらしい。その戦いのあと、目の前に横たわっている戦争の巨大さを考慮してカルタゴはローマのコンスルに使いを送り、最後の話し合いを試みた。制海権を握っているカルタゴ側は相手を威圧しようとしたらしい。「よくもシチリアへ渡ってくるなどということをやってのけたものだ、もし我々との友好関係が維持できなければローマ人はもはや海に手を浸して洗うことすらできなくなるぞ」というのが、ディオドロスの伝えるカルタゴの使節の脅し文句である。「海の問題で師匠ぶるのはやめたほうがいい。我々ローマ人はこれまでも陸戦において師匠面をしたエトルスキ、ギリシア人をことごとく弟子として追い抜いて倒してきた。相手の楯、隊形、攻城兵器をそっくりそのまま採用することによってだ。今度はカルタゴ人が海戦を教えてくれるというならそうしてみろ。すぐに弟子が師匠を追い抜くのを見ることになる」――ローマ人はおおよそこのように答えたという。ローマ共和政の初め以来二〇〇年以上にもわたってまがりなりにも続いてきたカルタゴとローマの友好関係は、こうしてついに敵対関係へと変わった。

ヒエロンの読み

さて、メッセネ近郊におけるローマ軍対カルタゴ・シュラクサイ軍の最初の陸戦の結果はどうであったか。実は、この点がはっきりしないのである。「親カルタゴ的」なフィリノスは、ローマ軍はシュラクサイ軍にもカルタゴ軍にも敗れたが、合戦後、ヒエロンとカルタゴ勢がなぜか恐怖にかられて陣営を去ったのでローマはシュラクサイを包囲するに至った、と書いているらしい。ポリュビオスはこのフィリノスの叙述をナンセンスときめつけ、ローマがシュラクサイ市を包囲したのが事実である以上、最初の戦いでローマがシュラクサイ勢・カルタゴ勢に勝利したというのが真相だと論じている。

ともかくもアッピウス＝クラウディウス指揮下のローマ軍は、結果的にシチリアに居座ることに成功した。ローマは、翌（前二六三）年の二人のコンスルを全軍団とともにシチリアへ派遣し、戦争拡大の意思を示した。これを見てシチリアの大部分（六七市あるいは五〇市）がカルタゴとシュラクサイから離れた。シュラクサイのヒエロンは形勢不利と見てカルタゴとの同盟を捨て、ローマ軍司令官と和睦して賠償金を払い、ローマの友人・同盟者となるとの条約を結んでしまった。

第一次ポエニ戦争――カルタゴとローマの最初の戦いは、実はこの時点で大きくカルタゴに不利に傾いたと言えるであろう。なるほどカルタゴは制海権を握っており、イタリアからシチリアに至るローマ軍の補給を阻むことはできたが、すでにシチリアにいるローマ軍は、最大都市シュラクサイをはじめとするシチリアのギリシア系都市の大多数から補給を得ることが可能となったのである。それに何より、シュラクサイの離反によって「イタリア半島からの侵入に対してシチリアを守る」というカルタゴ側の戦争の大義は崩されてしまった。

カルタゴ勢とローマ勢を見比べてローマを選んだシュラクサイ王の判断は「ローマの軍団の数の多さと重厚さ」に着目してのものだったといわれる。結果から言って、このヒエロンの読みは大変的確であった。派遣されたローマ軍はローマ市民軍の四軍団とイタリアの同盟国軍合わせて四万人程度であって、過去のカルタゴのシチリア派兵の規模に比べて圧倒的というほどではない。しかしこれは最近一〇年以内にマグナ・グラエキアを含む全イタリアを征服したローマ軍そのものであり、長年シチリア島の中でカルタゴと小競り合いを続けてきたシュラクサイ人から見ると、その精強ぶりが際立っていたのであろう。ヒエロンが敵に回り、ローマのシチリア介入が本格化したので、カルタゴも決意を固めて軍勢を集めた。ヨーロッパからリグリア人とガリア人、イベリア人の傭兵を募り、シチリアへ派遣した。シチリア南岸のアクラガス——かつてカルタゴが占領・破壊したギリシア系都市——がカルタゴの基地となった。

前二六二年、ローマは全軍を投入してアクラガス攻撃に着手する。包囲されたカルタゴ軍を救援するため、カルタゴは傭兵と象部隊、それにノマデス（ヌミディア人）の騎兵をシチリアに送り、これらを率いたハンノがアクラガス市を攻囲するローマ軍をさらに外側から攻囲するという形になった。ローマ軍は物資の欠乏と疫病に悩んだが、シュラクサイのヒエロンからの補給もあってかろうじて持ちこたえた。二重の包囲戦は七ヵ月に及んだが、結局アクラガス市内のカルタゴ軍の食糧が先に尽きた。苦境を知らせる狼煙を見た城外のハンノは一か八かの決戦に臨んだ。

ローマ軍団とハンノ軍の激戦は長時間にわたったが、とうとう先頭にいたカルタゴ傭兵部隊が象部隊のところまで敗走し、他の部隊も押しまくられて後ろに下がり始め、全軍が混乱状態に陥って近くのヘラクレイア・ミノア市へと逃亡した。ハンノ軍の敗走を見たローマ軍が勝利に酔って包囲をおろそかにしたので、アクラガス市内のカルタゴ軍は夜のうちに全軍ローマ人の目を盗んで脱出した。夜が明けてこれに気づいたローマ軍は、アクラガスに突入してすでに敵のいないこの町を略奪し、全住民二万五〇〇〇人を奴隷とした。

前二六一年初頭のこのアクラガス奪取は、ローマ人の戦争方針の大きな転換点となった。

ローマの元老院はもうメッセネ救援などという小さな目標では満足できなかった。カルタゴ人をシチリア島から追い出す。そしてローマのものにする。そしてその次は……とにわかに構想は拡がったであろう。さすがに世界制覇（地中海周辺全体の征服）はまだ展望しえないにしても、少なくとも西地中海においてカルタゴの制海権＝海上帝国に挑戦し、その一部を分捕るぐらいのことはもう完全に視野に入ってきたのである。第一次ポエニ戦争は開戦四年目にして、メッセネ問題を離れ、シチリアを舞台としながらも実はカルタゴ「帝国」そのものに狙いが定められる「小さな大戦争」へと発展したのであった。

ミュライの海戦

前二六一年末、ローマは大艦隊の建造に着手する。一〇〇隻の五段櫂船と二〇隻の三段櫂船が、そのようなものを造るのは初めてというローマの船大工達によって非常な苦労の末に造られたという。手本となったのは、ローマ軍のメッセネ渡航（この時ローマはまだ甲板つきの船を持たず、タラス、ネアポリス等の南イタリアのギリシア系都市から借りた船に兵士を乗せた）の際に、ローマ軍を迎撃しようとして捕まった一隻のカルタゴ船——甲板を備えた船——であった。同時にローマは漕ぎ手の訓練にも励んだ。古代の海戦は、船の舳先に衝《しょう》角《かく》を付けた手漕ぎの軍船同士の激突であったから、船の性能と共に漕ぎ手の熟練がスピードを左右し、敵艦にうまく衝角をぶつけて撃沈できるかどうかの決め手になったのである。以前から海軍を持っている南イタリア、マグナ・グラエキアの同盟諸市が多くの漕ぎ手を提供

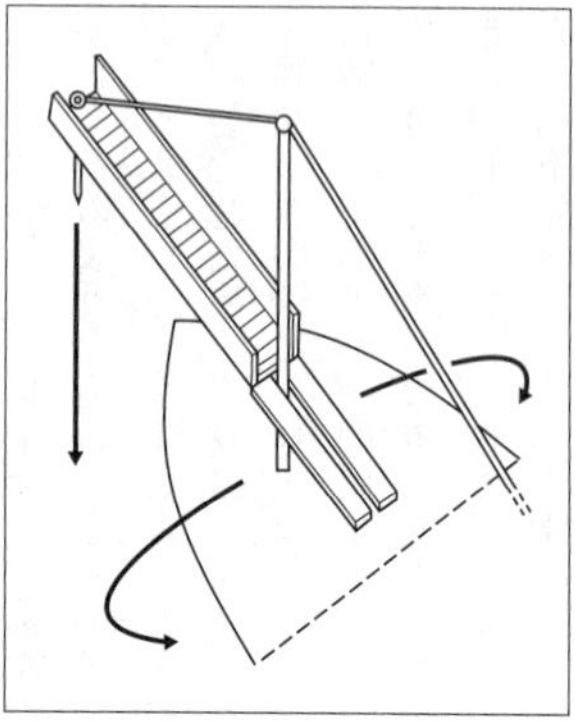
ローマ海軍の「カラス」 J. F. Lazenby, *The First Punic War*, 1996より

したと思われるが、ローマ市自体の下層市民——プロレタリイ——もこれに加わったかもしれない。

艦隊が完成し、漕ぎ手の訓練も終わると、ローマ海軍はさっそくメッシナ海峡へと向かった。ところがここで椿事が起こった。海軍の司令官である前二六〇年のコンスルが率いる一七隻が別行動でシチリア北東のリパリ島を攻撃しようとして逆にカルタゴ艦隊に湾内に閉じ込められ、漕ぎ手は逃亡、コンスル自身とローマ船はカルタゴ人の手に落ちた。処女航海らしいミスである。

もっともローマ艦隊本隊はなお健在で、イタリア半島に沿ってシチリアへ向かいつつあった。捕まった海軍司令官の代わりに陸軍の司令官であったもう一人のコンスル、ガイウス＝ドゥイリウスが艦隊の指揮を執ることになった。自軍の船がカルタゴ船に比べて装備が劣り動きも鈍いとみたローマ人は、敵船が接近してきた時に相手の船に乗り込んで戦うための可動式の通路（タラップ）——のちにカラス（鴉）と名づけられる——を各船に取り付けた。この通路は綱と滑車で柱に結び付けられていて、敵船がぶつかってくると通路を持ち上げて相手の船の甲板に落とすようになっていた。通路の先端には尖ったつるはしが付いていて、甲板に食い込み、固定するのである。

ローマ艦隊とカルタゴ艦隊は、シチリア北東、ペロリアス岬の近くのミュライ沖で激突した。カルタゴ側は一三〇隻で、司令官ハンニバルはかつてピュロス王が乗ったという七段櫂船に乗っていた。ローマの各船は皆、「カラス」を高く引き揚げていた。カルタゴ人は見慣れぬ装置だとは思ったが、かまわず攻撃を開始する。その時「カラス」が一斉に舞い下り始めた。あちこちで敵船に突進していったカルタゴ船が「カラス」に捕まって相手の船に固定されてしまい、その通路を使ってローマ兵が続々と甲板に乗り込んでくる。あっという間に、甲板は白兵戦の場となった。

「この戦いは陸上での戦いと全く同じ」になった、とポリュビオスは書いている。カルタゴ艦隊の惨敗であった。少なくとも五〇隻の船が捕獲あるいは撃沈され、七〇〇〇人が殺され三〇〇〇人が捕虜となった。司令官ハンニバルの七段櫂船も捕獲されたが、ハンニバル自身は一隻のボートで逃れた。カルタゴ海軍が——難破等でなしに——敵にここまで完全に圧倒され敗れたのは、おそらく初めてのことである。ローマという弟子が、師匠カルタゴを出し抜いた瞬間であった。

アフリカ本土攻撃

前二六〇／五九年のミュライの海戦から数年ののち、ローマはカルタゴの本拠地アフリカに上陸する計画にとりかかった。もうカルタゴ艦隊を恐れることなく航行できるのだから、戦場をシチリアからアフリカへ移し、カルタゴ自身の領土内で戦おう――そしてあわよくばカルタゴの存在自体を危うくしてやろうというのである。ローマのこの考えにはシュラクサイのアガトクレスによるアフリカ侵攻というお手本があった。アフリカ本土の諸都市の、外部からの攻撃に対する弱さ、住民がすぐカルタゴに叛旗を翻すという傾向はすでに見たとおりで、カルタゴ側もよく自覚していた。アガトクレスの侵攻の際にはアフリカの牧畜民ノマデス（ヌミディア人）の諸部族も大量に離反し、鎮圧するためにカルタゴ市民の精鋭部隊が出動したほどである。

カルタゴは海上でローマ軍を食い止めようと決意し、前二五六年春、シチリア南岸のエクノモス沖で両艦隊は激突した。カルタゴ海軍は善戦したが、ここでもローマ艦隊に乗り組んでいたローマ陸軍の活躍が目立ち、結局ローマ側の勝利に終わった。カルタゴ海軍は三〇隻が沈み、六四隻が捕獲された。他方、ローマ船は二四隻が沈んだが、捕獲されたものはなかったのである。

ローマ艦隊はアフリカへ向かい、アガトクレスの時と同じようにカルタゴ市の北東のボン岬に上陸した。そしてほとんど抵抗に遭わずに豊かな家財のある家々を略奪し、多くの家畜と二万人もの捕虜を船に連行した。すでにその夏も終わりかけていたので、ローマの両コンスルのうち一名は艦隊をローマへと連れて戻り、もう一人のコンスル、マルクス＝アティリウス＝レグルスが四〇隻の船と一万五〇〇〇の歩兵、五〇〇の騎兵とともにアフリカにとどまった。

このレグルスの属するアティリウス氏族はカンパニア地方の有力貴族で、ローマ元老院における対カルタゴ主戦派の中核であったと考えられている。当時のカンパニアは陶器製造やオリーブ油、ワインの輸出でタラス等のマグナ・グラエキア都市を上回りつつある新興の商工業地帯であった。以前からシチリアに多くの傭兵を送り出していて、それがメッセネ問題の原因となったことはすでに述べたとおりである。研究者によってはローマのシチリア介入、第一次ポエニ戦争開戦の背景に、このカンパニア貴族達の商業的利害――カルタゴの制海権を奪って自らの商圏を拡大しようとする意図――があったと見る立場もある。ローマの戦争の動機を完全に経済的利害に還元しつくしてしまう見方には無理があるかもしれないが、第一次ポエニ戦争の中でもその攻撃性・積極性において突出しているアフリカ上陸作戦をアティリウス氏族のレグルスが担っていることには、やはり注目すべきである。

さて、アフリカに残留したレグルスは単独でアフリカ諸市の攻略にとりかかった。カルタゴはシチリア西部にいた主力部隊を呼び戻し、ハスドゥルバル、ボスタルの二人の将軍と共にレグルス軍に向かわせたが、敵を食い止めることはできなかった。レグルスはついにテュネス市を占領し、カルタゴ市まであと一歩の所に迫った。ノマデスの諸種族も蜂起した。ローマ軍が与えた被害よりノマデスがカルタゴ市周辺に与えた被害のほうが大きいくらいで、恐怖にかられた田園の住民がカルタゴ市内に逃げ込み、急激な人口集中により市内では早くも飢餓が始まった。

カルタゴを追いつめたと考えたレグルスは、翌年のコンスルが到着する前に決着をつけてしまおうとカルタゴに厳しい条件の和約を突きつけた。その内容はある史料によれば、シチリアのみならずサルディニアをも手放せ、そして一隻を除く全艦隊をローマに引き渡し、以後ローマの許可なく戦争も和睦もしないように等々というものであった。和約に応ずる気のあったカルタゴの元老院もこの条件には憤り、過去の栄光を汚さぬようあらゆる手段で戦うことを決めた。

おりしもギリシアへ傭兵を募集に行った者が多くの兵士を連れてカルタゴ市へ入港してきた。その中にクサンティッポスというスパルタ人傭兵がいた。スパルタ式軍事教育を受けたベテランの兵士である彼は、カルタゴ人に正しい陣形の配置、行軍の仕方を教え、騎兵・歩兵・象の部隊をどのように配列すればよいか指導した。将軍達はこのギリシア人の助言に従って、一万二〇〇〇の歩兵、四〇〇〇の騎兵、一〇〇頭の象の部隊でローマ人に立ち向かい、象と騎兵の能力を最大限に生かせるように平地でレグルス軍と対決した。圧倒的な数の騎兵と象に四方から囲まれたローマ軍は、大部分が象に踏み殺されて全滅し、マルクス＝アティリウス＝レグルスは部下五〇〇人と共に生け捕りにされた。ローマのアフリカ本土上陸はみじめな敗北に終わったのである。

崩折れる象の群れ

こののち、戦争はローマ、カルタゴ双方にとって泥沼化した。大嵐によって二度までも艦隊を失ったローマにはもはやアフリカを攻撃する力はなく、戦場はシチリアに限定された。

しかしカルタゴもレグルスの侵攻で疲弊し、特にノマデスの蜂起に苦しんで、アフリカ領の維持に追われたので、シチリアへ大軍を送ることはできなかった。

戦局は一進一退で、シチリア北西部のカルタゴの拠点パノルモス（パレルモ）は前二五一／〇年、ローマの手に落ちたが、これに続くリリュバエウム攻囲戦ではカルタゴ側が長く持ちこたえた。マゴ王朝期以来ずっと保持してきたシチリア最西部の諸拠点――前五世紀初めのヒメラの戦いの時の基地であったパノルモスや、モテュア島破壊後の最大拠点であるリリュバエウムをカルタゴは必死の力で握りしめる。そのつかんだ指を一本一本力任せにはずしていくようなローマの戦いであった。

この間、ローマでは市民を鼓舞するために派手な催しが行われていた。パノルモスの攻防戦の際、ローマ軍はカルタゴの象部隊を投げ槍によって潰走させ、そのすべてを捕獲していた。この勝利にローマ人は歓喜した。ピュロス王との戦いや最近のレグルスの敗北で蓄積されていた、ローマ兵の「象コンプレックス」が解消されたのであろう。翌年、戦勝の司令官ルキウス＝カエキリウス＝メテッルスは、一〇〇頭以上もの象を追い立てつつ意気揚々と凱旋式を挙行した（写真はこの時の模様を刻印した貨幣である）。そのあとこの象達は観衆の前で狩られ、ことごとく殺されたという。

象の描かれたローマ貨幣　C.メテッルスの銘がある。栗田伸子蔵

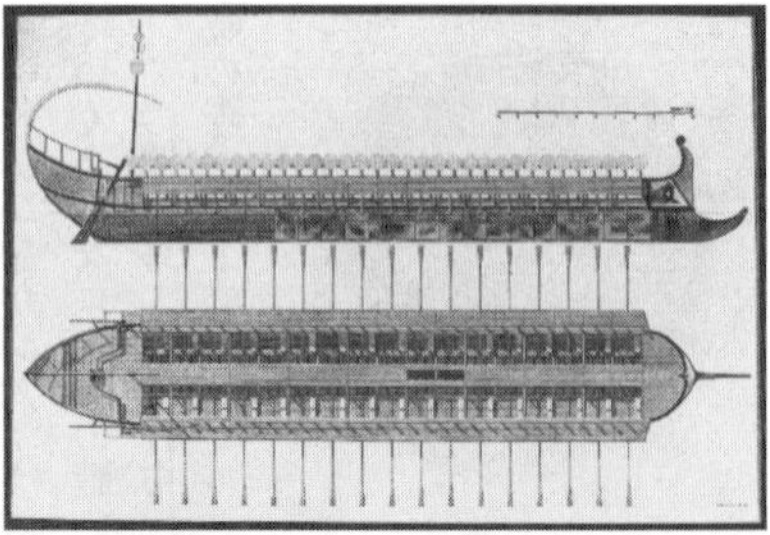

カルタゴの軍船　マルサラ（リリュバエウム）沖で発見された難破船（前3世紀）の復元図。S. Lancel, *Carthage*, 1995より

囲まれ、矢を射かけられ崩折れていく象の大群の姿に、ローマ人は敵カルタゴを重ね合わせたであろう。カルタゴ海上帝国という、共和政ローマの誕生の時からすでにそこにあった、ローマ人にとっての所与の環境のような存在――自分よりずっと古くずっと大きいと思っていた存在――を狩ることの喜びにローマ人は浸りつつあった。対するカルタゴは、奮闘しているとはいえどこか受け身であり、時に得られる勝利のあとにたたみかけていく勢いに欠けていた。

ドゥレパナの海戦

前二四九年、カルタゴにチャンスが訪れた。シチリア西端、包囲下のリリュバエウムの北にあるドゥレパナ沖の海戦で、アドヘルバル指揮下のカルタゴ艦隊はアッピウス＝クラウディウス＝プルケルのローマ艦隊に圧勝した。造船技術と乗組員の熟練のゆえにカルタゴ船はローマ船よりもはるかに速く、しかも外洋からローマ艦隊を陸地との間に押し込める形になったのが幸いした。九〇隻を超えるローマ船が捕獲された。続いて、後続のユニウス＝プッルス指揮のローマ艦隊も、リリュバエウム攻囲軍への補給に向かう途中、カルタロ指揮下のカルタゴ艦隊と遭遇し、敵の数に押されて避難中に嵐に遭い、全滅した。

カルタゴは再び制海権を手にしたかに見えた。しかしローマ人は海軍を失ってもシチリア西部攻撃をやめなかった。難破から生還したユニウスはエリュクス山を占領した。エリュモス人の聖地で山頂にはアシュタルテ／アフロディテの神殿があるこの山は、ドゥレパナに接し、はるかにパノルモスを望む要害の地である。カルタゴが保持している都市はこの時点でリリュバエウムとドゥレパナだけであり、エリュクス山を押さえればその両方を陸から攻略することができるのである。

明らかにカルタゴは勝機を逸した。ドゥレパナの海戦とローマ艦隊の難破の直後にもっと大胆な攻撃に出ていれば――そしてパノルモスの奪回をやり遂げていれば――ローマ側にシチリア分捕りをあきらめさせ、そしてシュラクサイ相手のこれまでの戦争の時と同じようにシチリア西部を確保する形で和平に持ち込むことができたかもしれなかった。

孤塁を守るハミルカル・バルカ

こうして戦争は最後の局面に入る。前二四八／七年、アドヘルバルらに代わって海軍を委ねられたハミルカルは、バルカ、つまり「稲妻」ないし「白刃」を意味する家名を持ち、将軍となる前から高潔な人格で知られた。この頃カルタゴでは大ハンノ――前四世紀に活躍した「タカ」派の大ハンノの子孫とも言われる――がアフリカでの最高指揮権を握り、シチリアでの対ローマ戦よりもアフリカの対リビア（アフリカ）人、ノマデス（ヌミディア人）作戦を優先する政策を打ち出していた。

この大ハンノらをレグルスの侵攻で被害を受けた大土地所有者層の利害の代表者だと見る論者もいる。海上帝国を維持するための海外での戦争よりも本国アフリカ経営のほうを重視する一派が台頭していたというのだが、どうであろうか。ともかく、カルタゴ政府がまだシチリアでの攻防戦が続いているにもかかわらず、アフリカのカルタゴ領の再平定・拡大に本腰を入れ始めたのは事実であった。ハンノは自らアフリカ内陸の砂漠の中の町ヘカトンピュロス（「百の門を持つ」の意。現テベステ）市を無血開城させ、寛大な扱いに感謝した住民に歓待された。このような政策転換の中で、ハミルカル・バルカはシチリアで孤独な戦いを続けざるをえなかった。

ハミルカルは艦隊を率いると、まずイタリア南部の海岸を荒らしたあと、パノルモスの領域に敵前上陸し、近くのヘイルクテーという丘を占拠した。この山は現在のペレグリーノ山ないしカステラチオ山にあたるといわれ、要害の地で海陸の両方の側に断崖があり、また港もあって、ドゥレパナやリリュバエウムからイタリアへ向かうのに好適であった（事実、クーマエまで出撃している）。

以後数年間、ハミルカル・バルカはこの天然の要害に拠りつつ、パノルモスのローマ軍、エリュクス山のローマ軍と戦い続けた。ハミルカル軍がエリュクス山腹のエリュクス市を占領すると山頂と麓《ふもと》のローマ守備隊がこれを逆に攻囲するという具合で、シチリア西端のこの一角で両軍は双方の攻城技術を駆使し、また持久力のすべてを尽くして何年間も戦い続けた。敵中に孤立し、ただ一本の海に通じる道から補給を受けつつ持ちこたえたハミルカルには、歴史家ポリュビオスも賞賛を惜しまない。ポリュビオスはこの戦いを、翼を使えなくなってもなお猛り立って相手に打撃を与え続ける闘鶏にたとえている。

ローマもカルタゴも、もはや息も絶え絶えであった。すでに開戦から二〇年以上が経過していた。無限に続く戦闘と兵士の消耗、戦時の重税、物資の補給、戦争費用……双方ともその国力の限界まできていた。あと一撃、もうあと一撃で相手は倒れるに違いないと思いながら、互いにその最後の一撃を加えることができずに、永遠の攻防を続けるかのようであった。

敗戦

転機は、海から訪れた。ドゥレパナの海戦以来、海戦をあきらめていたローマは、もう一度艦隊の建造に乗り出した。その艦隊でエリュクスのハミルカル軍への海からの補給を断ってしまえばこの戦争のけりはつく、と考えたのである。すでにローマの国庫は空であったが、有力市民が一人で一隻、あるいは二～三人で一隻という具合に、五段櫂船の建造を引き受けた。これらの船の手本とされたのは、何年か前にリリュバエウム近郊で捕獲されたロドス人のハンニバルという冒険児の高速船であった。この人物は包囲中のリリュバエウム市の様子を探るため、勇敢にもローマ軍による封鎖をたびたび突破したが、最後に船ごとローマ人の手に落ちたのである。

この貴重なモデルを基に、ローマは二〇〇隻の艦隊を作り上げ、前二四二年の夏の初め、この年のコンスル、ガイウス＝ルタティウス＝カトゥルスの指揮のもと送り出した。おりしもカルタゴ艦隊は、アフリカに戻っていた。突然シチリア沖に現れたローマ艦隊はたちまち、ドゥレパナの港とリリュバエウム港外の錨地を占拠し、ドゥレパナ市の攻囲にとりかかった。カルタゴはハンノを司令官として物資を満載した艦隊をエリュクスへ向けて送り出す。エリュクスのハミルカルと合流して物資を陸揚げし、船を軽くしてハミルカル・バルカの陸軍を乗船させたうえでローマ艦隊と交戦する計画であった。

ハンノの意図を読みとったルタティウスは、リリュバエウム沖のアイグーサ島に急行した。翌朝ハンノの艦隊がヒエラ（聖なる）島と呼ばれる基地から出航して、順風に帆をいっぱいに張って航行してくると、ルタティウスは自分達にとっては逆風だったが、敵にシチリア上陸を許してしまってはハミルカルを相手に戦わなければならなくなることを恐れて、あえて出航した。たちまち両艦隊は激突し、衝角をぶつけ合う海戦となった。しかし戦闘準備を整えて必要なもの以外は降ろしていたローマ船に対し、重荷を積んでいるカルタゴ船の動きは鈍かった。

戦いは早々に決着がついた。カルタゴ艦隊は五〇隻が撃沈され、六〇隻が捕獲され、残る何隻かはヒエラ島に逃げ帰った。アイグーサ沖（アエガテス沖）の海戦はこうしてあっけなくカルタゴの敗北に終わった。

予期せぬ敗北にカルタゴ側はついに追いつめられた。戦う気力と熱意はまだあった。しかし艦隊を失ってしまい、しかもローマのほうは大艦隊を擁している以上、もうシチリアに補給を続ける手段がなかった。エリュクスのハミルカル・バルカ軍は敵中に完全に孤立してしまったのである。

カルタゴ政府はハミルカル・バルカに使者を送り、和戦を含めての全権を委ねた。彼の頭越しにローマと和睦してハミルカルと彼の軍を裏切る形になることを恐れたのだという。ハミルカルは状況と自らの持つ手段を注意深く吟味し、指揮下の兵士を救う合理的方法はもはや和平しか残っていないことを知った。ルタティウスの陣に和平の使節を送る。ルタティウスはすぐにこれに応じた。ローマ側も、実はもう疲弊しきっていた。

和平の条件としてカルタゴに突きつけられたのは、全シチリアの明け渡しという重い要求であった。シチリアを、少なくともその西部を確保しておくために、ヒメラの戦い（前四八〇年）以来これまでカルタゴが費やしてきた何百年間の歳月、カルタゴの国制や社会の構造自体がそれによって規定されてきたと言ってもよいシチリア作戦の長い歴史は、こんなふうに唐突に終わってしまった。

課せられた条件はこれだけではなかった。ローマの同盟者であるシュラクサイのヒエロン王およびシチリア人に対する戦争の禁止、全ローマ人捕虜の身代金なしの返還、さらには賠償金として二〇年賦で二二〇〇エウボイア・タラントの銀（一エウボイア・タラントは約二六キロ）の支払いが義務づけられた。カルタゴはこれを受け入れたが、ローマの民会はこの条件に不服で、一〇人の委員を派遣し、さらに厳しい条件を付け加えた。支払いの期限を半分の一〇年間とし、賠償金に一〇〇〇タラントを追加し、さらにイタリアとシチリアの間にあるすべての島（アエガテス諸島とリパリ諸島）の割譲も求めたのである。

カルタゴはこの条件をも甘んじて受け入れた。負けと決まったからには早く区切りをつけて損益を確定したい――そんな気配が感じられるのである。実際、もしこれで完全にローマの手出しがやんだのだったら、カルタゴはまだまだ海上貿易国家としてやっていけたであろう――すでにひびの入ってしまった「帝国」ではあるが――。しかし、不幸にしてこの敗戦はほんの始まりでしかなかった。

第八章　ハンニバル戦争

反乱するアフリカ

栗田伸子

帰還傭兵

紀元前二四一年、カルタゴの港には、傭兵達を乗せたシチリアからの船が何日間かの間隔をおきながら一隻また一隻と入港し続けていた。対ローマ戦に敗れたカルタゴは戦場から兵士を引き揚げつつあった。ハミルカル・バルカから軍を引き継いで帰還を指揮したリリュバエウムの司令官ギスコ（ゲスコン）は、傭兵達がカルタゴに集結して騒動が起こるのを防ぐため、先に着いた者達が給与を受けとって故郷へ散っていった頃に次の一団が到着するという具合になるように、わざと帰還船の間隔をあけたのである。

しかし、せっかくの配慮は無に帰《き》してしまった。カルタゴ政府は、傭兵全員を一堂に集めたうえで支払えば給与を値切ることができるのではないかとさもしい計算をして、帰還傭兵をカルタゴ市内にとめ置いた。事実、多大な戦費によってすでに国庫は枯渇していたのである。そのうち傭兵の数が膨れ上がり、乱暴狼藉《ろうぜき》が目に余るようになると、カルタゴ政府は兵士らに各一枚のスタテル金貨だけを渡し、シチリアからの帰還が完了して給与支払いの準備ができるまでカルタゴ市を離れて内陸のシッカという町で待機するよう指示した。傭兵の家族も荷物ともども市を退去させられた。給与を受け取るためにどうせもう一度カルタゴに戻るのだから家族や荷物はそのままにしておいてくれてもよいではないか、と傭兵達は不満を抱えたままシッカへと行軍した。

シッカに到着して給与支払いを待つ傭兵軍のもとへ、アフリカにおける司令官であった大ハンノがやって来る。愚かにも彼は給与引き下げを提案した。国庫は乏しくローマへの賠償金支払いもあるので約束の額どおりには払えないとの理由である。傭兵達の怒りは爆発した。大ハンノの説明が言葉の壁のせいで傭兵達にうまく伝わらなかったことも災いした。カルタゴ政府は傭兵達が一致団結することを恐れてさまざまな民族から徴募するのが常であった。それがちょうど「バベルの塔」のような混乱を招いた。リビア（アフリカ）人、イベリア人、ケルト人、リグリア人、バレアレス人、混血のギリシア人等々からの混成部隊であるこのような傭兵軍は、ひとたび不信や怒りの虜《とりこ》となると、なだめたり真実を伝える手段がないために暴走し野獣と化す——歴史家ポリュビオスはこう分析し、このあとに始まる傭兵戦争をいわば「人間の魂における潰瘍」の進行として描いている。

傭兵達は二万の兵力でカルタゴの目の前のテュネス市に陣取り、給与その他の支払いについて毎日新しい要求を思いついてはカルタゴの使節に突きつけた。彼らはシチリアでともに戦ったハミルカル・バルカを嫌っていた、とポリュビオスは書いている。バルカが敗戦直後に司令官職を辞したのは給与についての交渉から逃げるためだった、と兵士達は思っていた。ギスコとなら交渉できる、と彼らは言った。ギスコは親身になって帰還の手配をしてくれたからだった。

争議から反乱へ

ギスコはこの知らせを聞き、急いで金《かね》を持ってシチリアから帰国し、テュネスで兵士達との交渉を開始した。傭兵を種族ごとに集め、説得したうえで給与の支払いにとりかかった時、騒ぎが始まった。スペンディオスとマトースという二人の指導者が出現して暴動へとけしかけたのである。

二人の経歴は対照的であった。カンパニア人のスペンディオスはローマ人のもとから脱走した奴隷であり、対ローマ戦が敗戦に終わった今、主人に引き渡されるのを恐れていた。逃亡奴隷はローマ人の習慣では拷問の末に殺されるのである。これがスペンディオスの反乱する理由であった。彼の同志となったマトースは自由人だったが、リビア人であった。最初に傭兵軍が蜂起してテュネスへ向かった時、その中心になったのが彼である。それゆえ彼もまた暴動首謀者としての処罰を避けるため、和解を恐れた。

集会所で二人は、カルタゴを非難しギスコをなじる扇動演説を繰り返した。傭兵達は深く同感して聞き入り、二人以外の誰かが発言しようとして前に進み出ると即座に投石して打ち殺してしまった。「石を投げろ」という言葉だけは傭兵全員が理解できる言葉で、彼らにとっては仲間を石打ちにするのは日常茶飯事だったという。こうして反対者がいなくなると、傭兵達はスペンディオスとマトースを「将軍」に選んだ。ギスコは暴動を食い止めようとなおも傭兵の説得を続けていたが、給与支払いを後回しにされていたリビア人達がまず暴徒化し、金を奪ってギスコらを捕らえ、これをきっかけに全軍がマトースらの指揮のもとカルタゴに戦争をしかけるに至った。

マトースはただちにアフリカの諸都市に使いを送り、自由のための戦いに参加せよと要請した。ポリュビオスの言うとおり要請する必要もないほどすばやく反応があった。第一次ポエニ戦争中、カルタゴによるリビア人への課税は極限に達していた。全収穫の半分が収奪され、都市の税はそれ以前の倍にされていた。特別税を払えぬ者は容赦なく連行された。最大の税収を得るために地方を最も苛酷に扱う将軍が有能な人材として評価される――そういう時代であり、そのような「財政家」の代表格が大ハンノだったのである。

アフリカの人々は傭兵蜂起と同時に決起し、少なくとも七万人が兵士として蜂起軍に加わった。夫や親達が特別税のせいで連行されるのを目のあたりにしていた女性達は、互いに持ち物を何一つ隠すまいと誓い合って宝飾品を供出し、蜂起軍の軍資金とした。当初は反乱に加わらなかったウティカ市とヒッパクリタイ（ヒップー・アクラ）市も最後はカルタゴからの援兵を城壁から突き落としてリビア人に加担した。いわば全アフリカ領が、田園の諸部族や農民だけでなくフェニキア化の進んだ都市民まで含めてカルタゴから離反し、傭兵軍に協力したのである。それゆえこの戦争は、傭兵戦争と呼ばれるだけでなくリビア戦争またはノマデス戦争とも呼ばれた。

カルタゴは突然すべてを失いかけていることに気づいた。アフリカの田園こそは日々の必需品の産地、戦争のための物資と戦費の供給源であり、また兵力の中心は傭兵軍であった。今やそのアフリカと傭兵軍が団結してカルタゴに戦いを挑んでいるのである。この反乱と戦うための拠《よ》るべき場所、あてにできる資源が、一時的に裸の一都市となってしまっているカルタゴにはなかった。前二四一年から四年間続いたこの反乱は、アフリカ支配が根底から崩壊しかけたという意味で、対ローマ戦の敗北以上に「帝国」カルタゴの失墜を物語るものであった。

アフリカの神々　シェムトゥ出土。紀元前２〜前１世紀頃。ヌミディアの神々を表している。S. Moscati, *L'Empire de Carthage*, 1996より

アフリカは不当にカルタゴに支配されているのであり、自由のために戦うべきだ——先のマトースのリビア諸都市に対する要請には、このような一種の「解放戦争」思想が見られる。「帝国」転覆を訴えるこのような考えは、古代地中海においても危険思想であったのであろう。ポリュビオスがこの傭兵戦争の野獣性、「極悪非道」ぶりを強調する背景には、そんな事情もありそうである。カルタゴ「帝国」に対する反乱を放置しておいては自分達の支配権も危ういと考えた各地の支配層がカルタゴ救援に乗り出した。シチリアのヒエロン、あの日和見主義者のシュラクサイ王は、最も熱心にカルタゴの要

請に応えた。カルタゴが壊滅すればローマが誰一人歯向かうことのできない大勢力になり、シュラクサイのシチリア支配も揺らぐと冷静に計算したのである。

そのローマも、表面上は友好国としてカルタゴ支援に努めた。ただしイタリアから傭兵軍に食糧を送る動きもあった。この船団をカルタゴが拿捕《だほ》して乗組員五〇〇人を連行したのに対し、ローマは抗議し、カルタゴは全員を釈放した。その後、ローマは方針を転換し、カルタゴへの物資輸送船には常に渡航許可を与える一方で、リビア軍への補給は禁止したという。

ヌミディア人ナラウアス

これらの「友好国」の助力を受けて、アフリカでは孤立無援となりかけていたカルタゴは海上から補給を得、新たに傭兵を募集し、また市民軍である騎兵隊と歩兵隊も動員して盛り返しつつあった。将軍としての無能ぶりをさらけ出した大ハンノに代わって、ハミルカル・バルカが指揮を執《と》っていた。彼の傍らには最近カルタゴ軍に加わったヌミディア人がいた。ナラウアスというこの青年は、ノマデス（ヌミディア人）の多くが蜂起軍に加わる中で部下と共にハミルカル・バルカの陣を訪れて、カルタゴへの協力を申し出たのであった。

ナラウアスの一族は名門で、代々カルタゴの友人であったという。傭兵軍、リビア軍、ノマデス軍に四方から包囲され窮地に陥っていたバルカはこの提案を歓迎し、盟約の証として娘をナラウアスと結婚させる約束をした。些細に見えるエピソードであるが、カルタゴの支配層が野蛮人扱いしていたアフリカの臣民に娘を与えるのはやはり異例のことである。それだけ情勢は深刻であり、蜂起したノマデスを切り崩すためには政略結婚もやむなしということであったのだろう。

ナラウアスの率いるノマデス騎兵隊の働きはめざましかった。「ノマデス」というギリシア語は英語の「ノマド」の語源で、本来「遊牧民」のような意味であり、前四世紀末のアガトクレスのアフリカ侵攻の頃からアフリカの種族集団としてたびたび史料に登場する。農耕も知らないわけではなかったが、その騎馬技術は際立っており、首輪のような簡単な馬具を着けただけの裸馬を楽々と乗りこなし、戦場では一人で何頭もの馬を走らせつつ一頭から別の一頭へと跳び移るという曲芸的乗り手であった。このため、騎馬民族・遊牧民という面が強調されるのである。第一次ポエニ戦争中はカルタゴ騎兵の一翼を担ってアクラガス攻防戦に参加している。

ハミルカル・バルカは結局、ナラウアスの騎兵隊と象部隊の威力に頼りつつ危地を脱し、その後の蜂起軍によるカルタゴ市包囲をも切り抜けた。この間、蜂起軍に捕まっていたギスコらカルタゴ人の使節は、腕を切り落とされてむごたらしく殺された。残忍さではカルタゴ側もひけをとらなかった。捕虜となった蜂起軍兵士はすべて象の群れの足元に投げ出され、踏み潰された。

カルタゴ市を包囲した傭兵軍・リビア軍はバルカとナラウアスの軍によって外からの補給を断たれ、食糧不足に陥って捕虜を食い奴隷を食いお互いをも食う地獄絵図となった。停戦の協議のためバルカの陣に出頭したスペンディオスは、反乱の代表として仲間九人と共に十字架にかけられた。蜂起軍の主力は、鋸《のこぎり》山と呼ばれる場所で包囲され、四万人以上が殺された。

マトースはなおも残りの兵を率いて各地で戦い続けたが、敗色が濃くなりついにバルカに果たし状を送って決戦を挑んだ。

結果はバルカ軍、カルタゴ側の勝利であった。リビア軍はほとんどがこの戦場で倒れ、アフリカの反乱は終わった。アフリカ領を再び平定したカルタゴは、蜂起に加担した町、種族に残酷な報復を行った。ノマデスの一部族ミカタニー人は女子供も含め捕らえられた全員が磔刑《たっけい》に処せられた。虐殺を生き延びた彼らの子孫はカルタゴの最も容赦ない敵となったという。

サルディニア喪失

前二三七年の初め、大反乱を鎮圧したカルタゴを待っていたのはローマの背信行為であった。問題はサルディニア島に関わる。傭兵戦争・リビア戦争中に同じくカルタゴの傭兵であるサルディニアの守備隊も蜂起し、同島は一時カルタゴの手を離れた。サルディニアからの補給が得られなかったことが、傭兵軍による包囲中のカルタゴ市の苦境をいっそう切羽詰まったものにしたのであった（以前にも何度かカルタゴ市が包囲されたことはあったが、たいていはサルディニアからの食糧が海上経由で入ってきて大事には至らずにすんでいた）。それゆえ、傭兵戦争を平定した今、サルディニアを回復することはカルタゴにとって焦眉《しょうび》の急であった。

ところが、ローマが先にサルディニア遠征を決定した。これに対しカルタゴがこれらの島々の支配権は自己に属すると抗議し、反乱の首謀者らの処罰のために軍を整え始めると、ローマはたちまちこれを口実として、カルタゴはサルディニア人に対してではなくローマに対して戦争準備をしていると言いがかりをつけ、カルタゴに宣戦布告した。

アフリカの大反乱をようやく切り抜けたばかりのカルタゴに新たな戦争に耐える余力があるはずもなく、サルディニアを放棄し、さらにローマとの戦争に巻き込まれないために一二〇〇タラントを支払うという羽目に陥った。コルシカ島も同様にローマの手に落ちた。

この打撃はある意味で第一次ポエニ戦争の敗北によるシチリア島からの撤退以上に深刻であった。シチリアではカルタゴは一度も完全に勝利したことはなく、島の西部を根城に一進一退を繰り返していたにすぎない。しかしコルシカやサルディニアはフェニキア人が西地中海に進出した前九～前八世紀以来、一貫してフェニキア・カルタゴ勢が確保してきた海上交易の拠点であり、サルディニアの場合は重要な食糧基地でもあった。サルディニアのノラ出土の碑文がフェニキア人の西方展開を示す最古の考古学資料であることは第三章で見たとおりである。この両島を失ったということはイタリアとサルディニアの間の海域、さらにはティレニア海全体の制海権を失ったに等しく、もはや西地中海はフェニキア・カルタゴ船が自由に活動できる空間ではなくなりつつあるということなのである。

ポリュビオスは第二次ポエニ戦争、つまりハンニバル戦争の原因について論じている箇所で、開戦前夜に起きたイベリア半島での諸事件――カルタゴ軍のサグントゥム市包囲、エブロ川渡河――を原因とする意見を退け、これらは戦争の発端にすぎないと強調する。真の原因は第一次ポエニ戦争末期、とりわけ傭兵戦争時のこのサルディニア問題にさかのぼるというのである。

シチリアでの戦争（エリュクス山の攻防戦）で最後までローマと互角に戦ったハミルカル・バルカにはなお戦争再開の意欲があって、それが娘婿のハスドゥルバルと息子のハンニバルに継承されたのが第一の原因であり、第二のそして最大の原因はサルディニアをローマに譲らされ巨額の賠償金まで払わされたことに対するカルタゴ市民の憤りだとポリュビオスは明言している。

市民全体のローマに対する怒りを背景として、ハミルカル・バルカは傭兵を鎮圧して祖国の安全を確保するとただちにイベリア半島へ赴き、この地を対ローマ戦の資源として利用しようとした、という。このポリュビオスの解釈によれば、こうして始まるバルカ一族のイベリア半島経営は当初からローマへの報復戦争の基地建設を目的としていたことになり、ハンニバル戦争（第二次ポエニ戦争）は実際にハンニバルがスペインからイタリアへ向け進軍を始めるより二〇年近く前からすでに予定されていたことになる。

スペインへの出発

ただ、ハミルカル・バルカのスペイン行きには別の意味もあったかもしれない。フェニキア人・カルタゴ人の交易活動全体にとってイベリア半島の鉱物資源、とりわけ銀が最重要品目であったことは、すでに見てきたとおりである。ガデスからテュロスへの銀の航路こそはフェニキア人の海上交易の原型だったのであり、時代は変わってもスペインの銀を押さえておくことはフェニキア人・カルタゴ人にとって基本中の基本であったはずである。傭兵を雇うための銀を主としてスペインの銀山に依拠していたことはディオドロスの証言からもわかる。ローマにサルディニア、コルシカを掠《かす》め取られた時、カルタゴ市民の脳裏を「スペインは大丈夫だろうか？」という疑念が去来したのではなかったろうか。

サルディニア喪失を通じて自らの勢力圏を次々に奪っていこうとするローマの意図を感じたカルタゴ政府が、その交易体系中の中核部分であるイベリア半島南部を一刻も早く明確な自国の領土として画定しようとした――従来のような間接的支配ではなく軍事的支配によって――というのが真相かもしれない。バルカ一族の動きをカルタゴ政府本体とはズレた過激な対ローマ報復主義とだけ見るのは、無理があるようにも思われる。

ともあれハミルカル・バルカはイベリア半島へ出発した。大ハンノの勢力はすでに衰え、傭兵戦争・リビア戦争鎮圧者としてのバルカは英雄であった。彼のイニシアティブに反対できる者はいなかったであろう。イベリア半島へ渡る時、バルカは九歳になる息子ハンニバルを連れて行った。ハンニバル自身が子供らしくせがんだのだという。それはちょうど出発のために「ゼウス」（バアル・ハモンあるいはバアル・シャメン？）神に犠牲を捧げていた時のことで、息子の頼みを聞いたハミルカルはハンニバルの右手をつかんで祭壇に連れて行き、犠牲獣の上に手を置かせて、けっしてローマの友にはならないと誓わせたという。これは後年ハンニバル自身が語ったとされる幼い日の思い出である。

アルプス越えまで

バルカ家のスペイン

前二三七年夏、カルタゴを出発したハミルカル・バルカの遠征軍は北アフリカ海岸を西へ進み、ジブラルタル海峡（ヘラクレスの柱）を通過してイベリア半島のガデスに到着した。以後、ハミルカルの息子ハンニバルがローマとの戦争——ハンニバル戦争、つまり第二次ポエニ戦争——に突入する前二一八年までの二〇年間、ハミルカルとその後継者である娘婿のハスドゥルバル、さらにはハンニバル自身によるイベリア半島の征服と経営が続く。いわゆる「バルカ一族のスペイン支配」である。

この間、カルタゴ本国政府・元老院はスペインでの作戦を逐一掌握していたわけではないらしく、バルカ一族の独断で事態が進行していったように見える。この点を強調するなら、第二次ポエニ戦争は対ローマ報復の執念に凝り固まったハミルカル・バルカとその一党の「暴走」によってひき起こされたのであり、カルタゴ本国の意思に反して始められた、ということになるだろう。同時代人の間でもこのような見方はあった。初のローマ人歴史家として知られる、第二次ポエニ戦争期の元老院議員ファビウス＝ピクトルはその典型であったらしい。

彼によれば「暴走」の始まりはハミルカルの娘婿ハスドゥルバルの野心にあった。ハミルカルの死後、スペインで大勢力を築いたハスドゥルバルは、アフリカに帰国してカルタゴの国法を廃し一人支配《モナルキア》へと変えようとしたが、有力者達の一致した反対に直面した。身の危険を感じた彼はスペインに戻り、以後、本国の元老院を無視してイベリア半島支配を続けたという。ハンニバルは幼い頃からハスドゥルバルのやり方に憧れ、これを手本として行動したのであり、対ローマ戦の引き金となったイベリア半島のローマの同盟国サグントゥム市への攻撃も、カルタゴの高官達は誰一人賛成していなかったにもかかわらず独断で決めたのだ、というのである。このような見方は第二次ポエニ戦争を体験したローマ支配層の「ハンニバル憎し」の感情の反映であると同時に、現にイタリアに侵入してきたハンニバルとカルタゴ本国との仲をなんとか裂きたい、ハンニバルの立場を孤立させ、その頭越しにカルタゴ政府内にいると想像される「親ローマ派」と交渉したいというローマ元老院の政策ないし願望の反映であろう。

カルタゴ本国は新たな対ローマ戦に反対であったというこのファビウス＝ピクトルの意見を紹介しているのはギリシア人歴史家ポリュビオスであるが、彼はこれを一笑に付している。カルタゴ政府は、サグントゥムを陥落させたハンニバルをローマに引き渡して戦争を回避する機会が現にあった――ピクトルによれば、サグントゥム陥落後、ローマの使節がカルタゴに来て、ハンニバルを引き渡すか戦争に応ずるかどちらか選ぶよう迫ったという――にもかかわらず、実際にはハンニバルの決断に従って以後一七年間の第二次ポエニ戦争を戦い、国力のすべてを使い尽くし、破滅に瀕するまでやめようとしなかったではないか、とポリュビオスは論じている。

ローマにサルディニアを奪われたカルタゴは全体として対ローマ復讐の方向へ傾きがちであり、その急先鋒がハミルカル・バルカだった、それゆえハミルカルのスペインへの出発の時からすでに第二次ポエニ戦争への秒読みは始まっていたのだ、というのがポリュビオスの見方であり、彼が先述の幼いハンニバルの「ゼウス」神の祭壇での誓い――けっしてローマの友にはならないという誓い――に言及しているのも、この主張を裏づける証拠としてなのである。

バルカ家の「革命」

イベリア半島のバルカ家と本国の対ローマ戦についての温度差を過大視すべきではないというポリュビオスの見方は、第二次ポエニ戦争の大局観としてもっともである。ただ問題を複雑にしているのは、バルカ一族とカルタゴ政府・元老院の間に微妙な緊張関係があったのは事実であり、しかもそれは海外遠征軍司令官とカルタゴ元老院の間の昔ながらの警戒心であるだけではなく、そこにいわゆる「バルカ家の革命」という要素が絡んでいる点である。

ハミルカル・バルカが政敵大ハンノを追い落として権力の座についたのは傭兵戦争・リビ

ア戦争の過程においてである。ともに将軍として反乱鎮圧にあたっていた両者は激しく対立し、この争いを解決するため「カルタゴ人達」（カルタゴの民会）は両将軍のうちどちらが去るべきかを軍の兵士の投票に委ねた。その結果、ハンノは職を追われ、民会が送った別の将軍と交代させられた。

ポリュビオスが記録しているこの事件は、G・シャルル・ピカールらによって、だいたい次のように解釈される。この時まで将軍の任命は元老院の専決事項であった。両将軍の対立に際して、元老院は当然、寡頭派のボスである大ハンノを支持したが、ハミルカル・バルカは娘の一人を「王」（スーフェース？）ボミルカルと政略結婚させ、このボミルカルが元老院の決定に反対した。元老院と「王」達の意見が不一致の場合、その事案を民会に提出するかどうかは人民が決める、というカルタゴ国制の原則に従って、ことは市民総会である民会に委ねられ、民会は前述のとおり、軍隊に決定を委ねるとともに排除される将軍の代わりを選んだ。つまりハンノの退任はハミルカルが仕組んだ大がかりな政変の一部であり、寡頭政的な従来のカルタゴ国制を、民会の多数を占める下層市民を動員して改変しようとする一種の「革命」であった、というわけである。

この時期、カルタゴの一般市民、特に下層市民が上層市民中心の旧来の体制を我慢できなくなった第一の原因は、傭兵戦争そのものによる生存の危機であったろう。カルタゴ市自体が包囲攻撃される情勢の中で手をこまねいている大ハンノと元老院は明らかに市民の敵であった。しかし、原因はそれだけではない。第一次ポエニ戦争の敗北、特に海軍の崩壊によって艦隊の漕ぎ手であった人々――そこに下層市民も含まれた――が行き場を失ってバルカ党に参加したという見方もある。海軍の漕ぎ手の身分、市民であったかどうか、彼らに民会での投票権があったのかどうか等には不明な点が多いが、この説が当たっているならバルカ家の「革命」は、ギリシア史で言えばペロポネソス戦争期のアテネの「漕ぎ手の民主政」に通じる面を持っていたことになろう。

さらには対ローマ敗戦によるシチリア西部喪失の社会経済的影響も無視できない。アリストテレスの言うように、カルタゴは「王」や将軍を選ぶのに富を基準とする寡頭政的国家という面を持っていたが、海外領がある限り、豊かでない市民にも属領での貿易あるいは属領支配の下級役人として富を蓄積し、社会的に上昇する機会があった。アフリカ本国の政治の中枢は先祖代々の富を築いてきた貴族的な何十家族――たぶん大貿易商であると同時に大土地所有者でもあった――によって独占されていたとしても、それ以外の中小市民にも致富のチャンス、支配層へと昇りつめる道はリリュバエウム（シチリア西部）やノラやタッロス（サルディニア）に無数にあり、それが寡頭支配に対する大衆の反乱を未然に防いでいたのだった。

傭兵戦争がサルディニアにも飛び火し、海外領が一度に崩れ去ろうとしている時、こうした中小の貿易商・商人・手工業者・小役人層は、急進的な「愛国主義者兼民主派」となってハミルカル・バルカを支持したのかもしれない。彼らにとっては第一次ポエニ戦争末期以来の大ハンノや元老院の「無能」ぶりは、アフリカに大農場を持っているがゆえに海外領の目減りには鈍感な金持ち達の許しがたい「のんきさ」の表れと思えたことであろう。傭兵戦争を鎮圧するや否やイベリア半島征服に乗り出したハミルカルの行動の背後にこうした中小市民層――カルタゴ「帝国」の受益者であり推進力でもあった商工業者大衆の新たな海外雄飛願望の存在を想定することは順当な推理と言えよう。

「新天地」の夢と現実

バルカ家のイベリア半島支配は、このように対ローマ敗戦とそれに続くサルディニアとコルシカの喪失、アフリカの反乱という「帝国」の総崩れとも言うべき事態のなかで、崩壊の波をもろにかぶった中下層の市民、失われた海外領からの帰還者達が、民会に結集して元老院を牽制し、「ローマに負けなかった」英雄ハミルカルに「帝国」再興の夢を託した結果でもあった。

ハミルカル・バルカ像といわれるヘラクレスの貨幣　長谷川博隆『カルタゴ人の世界』2000年より

寡頭支配層から見れば、民会を出しゃばらせるバルカ家のやり方は不愉快で危険なものと映ったであろうけれども、本国に居座られて本格的に国制の「民主化」などをされるよりは支持者ともどもスペインに遠征してくれたほうがはるかにましだったであろう。イベリア半島確保の重要性は、バルカ家に限らず支配層全体の共通認識だったであろうからである。

バルカ家の新機軸がイベリア半島内部にとどまる限り、元老院も百人会も黙認した。もともとカルタゴの海外での戦争は、将軍に選ばれた名望家がいわば請け負って自分の才覚で計画し、傭兵を集め、実行するもので、結果の責任は百人会の前で厳しく問われるものの、作戦の各段階を本国が逐一チェックするようにはなっていなかったように見える。

ハミルカル・バルカと娘婿ハスドゥルバルがスペインで採用したのは、アレクサンドロス大王のマケドニアに影響された一種の「ヘレニズム的」な王朝支配であった。バルカ家時代にスペインで発行された一連の貨幣がそれを物語っている。そこにはテュロス／カルタゴの都市神であり、またスペイン支配の拠点ガデスの神でもあるメルカルト／ヘラクレスが棍棒を肩にしたギリシア的ヘラクレス像として表される。

いずれもヘレニズム諸王国の貨幣と見まがうばかりの意匠であり、ヘレニズム諸国の場合、君主の横顔がヘラクレスの姿をとって描かれるのが常であるので、これらのバルカ家のコインも、髯《ひげ》のある年配の横顔のヘラクレスはハミルカルの、より若い無髯《むぜん》の「ヘラクレス」は美男と言われたハスドゥルバルの肖像ではないかと推測されてもいる。

カルタゴ本国がどう位置づけていたかは別として、イベリア半島における作戦の指揮権がハミルカル↓ハスドゥルバル↓ハンニバルと世襲されていく時の「論理」は王朝的と言わざるをえず、当時の東地中海の標準的支配体制であるヘレニズムの王権の手法を模倣した面があったのは確かだと思われる。

ところでバルカ一族のスペイン征服はどのように進行したのだろうか。軍事力による征服であったことは間違いないが、力ずくの過程だけではなかった。すでに見てきたとおり、イベリア半島の南部、特にガデスの後背地であるいわゆる「タルテッソス」の地は、少なくとも前八世紀頃以来フェニキア人が銀や銅等の鉱石を求めて接触し続けてきた地域である。タルテッソス文化はもう過去のものとなっていたが、フェニキア人の影響は深く浸透し、スペイン南部にはセム語系のアルファベットで自らの言語を表記する種族が広範に分布していた。このようなフェニキア文化の洗礼を受けている地域の有力者層・貴族層のある者は、たとえば「鉱山の共同開発」のような話に乗って、バルカ家との同盟関係に入ったかもしれない。ハスドゥルバルもハンニバル自身も、スペインの種族の娘と結婚している。ハンニバルの妻となったのはシェラモレナ山脈の銀の産地カストロの貴族の娘で、イミルケという名であり、ハンニバルの息子を産んだことになっている（前二二〇年頃）。

こうした政略結婚も含めた交渉のためには、ハミルカルもハスドゥルバルも単にカルタゴから派遣されてきた将軍というだけでは不十分であり、「王」的外観を備える必要があった。またスペインの諸種族にとって長らくフェニキア文化の発信地であり続けたガデス市の支配者であることを強くアピールする必要もあった。先に述べたバルカ家の貨幣は、こうした「外交」推進のための重要な宣伝手段だったとも考えられる。

しかしながらこのような交渉による服属化という面があったとはいえ、スペイン支配の本質はやはり軍事的征服であった。ディオドロスによれば、ハミルカルはイベリア人と「タルテッソス人」、さらにはイストラティオス兄弟に率いられたケルト人と戦い、この兄弟を含む敵の全軍を粉砕し、生き残った三〇〇〇人を自分の軍に編入した。さらにインドルテスという指導者が率いる五万（誇張されているかもしれないが）の敵を破り、生け捕りにしたインドルテスを目をくり抜いてから磔刑に処したが、捕虜となった一万人以上の兵は解放したという。前五世紀のヒメラの敗戦後のマゴ王朝による北アフリカ征服がそうであったのと同じように、この第一次ポエニ戦争敗戦後のバルカ家のスペイン征服も、強い敵に対して失った分をより弱い相手から奪って埋め合わせる作戦に他ならず、無慈悲な侵略の過程であったことは否定できない。

ハミルカルの死

ハミルカル・バルカがイベリア半島南部の征服を進めつつあった前二三〇年代、アフリカではノマデス（ヌミディア人）が再び蜂起していた。この蜂起を鎮圧したのが、ハミルカルがスペインから送った娘婿ハスドゥルバルの軍隊であったことは興味深い。アフリカ本土の戦争にさえ、カルタゴ本国政府（そこでは大ハンノがなお活躍していたとされる）ではなくハミルカルとバルカ家が対処しているのである。

ハスドゥルバルは八〇〇〇人のノマデスを殺して二〇〇〇人を生け捕りにし、残りの者を奴隷化して貢納を課した。約二〇年後の第二次ポエニ戦争の時代、ヌミディア人の王権としてマッシュリー人の王家とマサエシュリー人の王家の二つが史料に現れるが、この両王権によるヌミディア支配体制の起源は、蜂起鎮圧後のハスドゥルバルの戦後処理にさかのぼるのかもしれない。

さて、イベリア半島のハミルカルは、ジブラルタル海峡の西のガデスから東は地中海のイビサ島に面するナオ岬あたりまで支配を拡大し、現在のアリカンテ付近にギリシア語でアクラ・レウケーと呼ばれる植民市を建設した。スペインには以前からガデスをはじめ、マラカ、セクスィ、アブデラ等のフェニキア人の居住地があり、それらはそのままカルタゴの支配拠点ともなったと思われるが、カルタゴ人自らが新たに都市建設を行った例がこれである。

イベリア半島東岸のこのナオ岬あたりまでは、北方のエンポリオン（アンプリアス）市等のポカイア系・マッサリア（マルセイユ）系のギリシア植民市の活動が及んだ地域である。前五〜前四世紀、カルタゴがシチリアでの対シュラクサイ戦にかまけている間に、この付近へのギリシア文化の浸透は進み、たとえば「エルチェ（古代のイリキ）の婦人像」のようなフェニキア・ギリシア・イベリア文化の高度な融合である作品を生み出すに至っている。

この地域へのカルタゴの進出、とりわけ対ローマ報復論の先頭に立つハミルカル・バルカ自身による都市建設は、ローマを強く刺激するとともに、マッサリアの警戒も招いたであろう。一説では、前二三一年頃、ローマの使節がスペインのハミルカルのもとを訪れ、なぜスペインにいるのか、何をしているのかと詰問したという。ローマに払うべき賠償金のために働いているところだ、とハミルカルは皮肉に応じた。

その二年後、「ヘリケー」という都市——これはしばしばエルチェと同定される——を攻囲したハミルカルは、退却中に戦死する。ヘリケーを救援しに来たオリッシー（オレタニー）人の王の偽の協力の提案にのせられて敗北し、逃げる途中、大河で溺れたのだという。彼の二人の息子、ハンニバルとハスドゥルバル（実の子。娘婿のハスドゥルバルとは別人）もこの戦いに同行しており、ハミルカルは息子達を助けるために敵をひきつけつつ騎馬で川を渡ろうとして押し流された。二人の息子達は無事アクラ・レウケーに戻ることができた。

「エブロ条約」

前二二九／八年、ハミルカルの跡を継いだ娘婿ハスドゥルバルがカルタゴ本国政府との間に軋轢《あつれき》を抱えていたことは、すでに述べたとおりである。彼はイベリア半島の軍隊によって将軍に選ばれたあと、カルタゴ民会によってその地位を追認されたのかもしれない。バルカ家の「革命」と呼ばれるような中下層市民を動員する政治手法はまだ続いていた。

ハスドゥルバルは二〇〇頭の象を含む大軍を擁してオリッシー人に復讐し、彼らの一二の都市をはじめとする「全イベリアの都市」を手中に収めたあと、イベリアの君主の一人の娘と結婚し、「全イベリア人によって」、全権を持った将軍に宣せられた。ハスドゥルバルの実際の支配領域がスペインのどのあたりまで拡大していたのか見定めることは難しいが、「全イベリアの支配者」という主張を掲げたことはおそらく事実であろう。同時に彼はナオ岬から少し南へ下がったスペインの東南の角に「カルト・ハダシュト」、つまり本国カルタゴと同じ名前の新都を建設して宮殿を構え、スペイン支配の拠点とした。いわゆるカルタゴ・ノワ（現カルタヘナ市）である。この地は銀・錫《すず》鉱山と塩田に近く、地中海きっての良港であった。

この一連の動きに対してローマはただちに反応した。自分達が眠っている間にカルタゴはイベリア半島に巨大な支配を確立した。大変だ、遅れを取り戻さなければ、というのである。しかしこの時点ではローマはカルタゴに撤退を命じたり戦争をしかけたりすることはできなかった。イタリアの北部のガリア（ケルト）人との戦争に忙殺されていたからである。

前四世紀初頭にはローマ市そのものをも占領したことがあるガリア人は、ローマにとって常に切実な脅威であった。前二三〇年代、ガリア人はウンブリア地方のアリミヌムまで侵入した。ローマ軍も逆にこの地方のガリア人の種族セノネス人を破り、彼らが占拠していたピケヌムの土地をローマ市民に分配した。これがガリア人を刺激し、北イタリアのガリア人がアルプス以北のローヌ川流域のガリア人にも呼びかけてローマ攻撃を準備し始めた。イベリア半島でハスドゥルバルが一大勢力を築きつつあった前二二〇年代前半の情勢はこのようなものであり、ローマは北イタリアに軍隊を移動させ、今にも動き出しそうなガリア諸部族に備えている最中だったのである。

前二二六／五年、ハスドゥルバルのもとに派遣されたローマの使節は、そんなわけで強硬な主張を掲げることはできず、イベリア半島に関してはただ次のような条項だけを含む条約をハスドゥルバルとの間に交わした。「カルタゴは戦争を意図して、イベルの名で呼ばれている川を渡ってはならない」との条項である。「イベルの名で呼ばれている川」とはスペイン北方を東西に流れ、地中海に注ぐ古代のイベルス川——現在のエブロ川を指すとするのが定説で、この条約は「エブロ条約」と呼ばれることが多い。しかしこの条文を伝えているポリュビオスの原文では「イベル」は「イベリア半島の川」という一般的形容のようにも読め、必ずしもイベルス（エブロ）川を指すとは限らないようにも読める。エブロ川を指すとすれば、ローマはハスドゥルバルにエブロ以南、つまりイベリア半島の大部分の領有を黙認したことになるのであるが、そうではなくて、もっと南の別の「イベルの川」——たとえばバレンシアの少し南のスクロ（フカル）川を指すとする説も存在する（J・カルコピーノ説）。この場合は、ハスドゥルバルの支配圏はイベリア半島の中南部に限定され、のちにローマとの開戦のきっかけとなるサグントゥム市はこの境界の川の北、外側にあったことになる。

いずれにせよ、ハスドゥルバルの北への進軍に待ったをかけたローマはガリア人との対決に乗り出した。「エブロ条約」締結後まもなく、ローヌ河畔のガリア人ガイサタイ族（「給料のために出陣する人々」の意だという）がアルプスを越えてポー川の平原に現れ、北イタリア最大のガリア人部族、インスブレス族とボイイー族も合流してローマ人を脅《おびや》かしたが、結局エトルリア地方のテラモンでローマ軍に粉砕された（前二二五年）。その後ローマはガリア人への攻勢を強め、前二二三年にはインスブレス族をその拠点メディオラヌム（ミラノ）で破った。ガリア人はポー川周辺の平野部から追い出されたのである。カルタゴが、あるいはバルカ一党が真剣にローマを滅ぼそうとしていたのだったら、この前二二五年〜前二二三年の時期に条約を遵守《じゅんしゅ》していた律儀さは不可解ではある。条約違反というような露骨なまねはしないのがカルタゴの流儀だったのか、あるいはイベリア半島支配の安定化を最優先していたと見るべきだろうか。

ハスドゥルバルの構想がいかなるものであったにせよ、それは未完のまま終わった。前二二一年、彼は自分の家の奴隷——ガリア人だとも言われる——に個人的恨みのため、夜、宿舎で殺された。この暗殺の背後にローマの影を見る説もある。ハスドゥルバルの死が伝えられると、カルタゴ政府はイベリア半島の軍隊の意向を見守り、兵士全員がハンニバルを最高指揮官に選ぶと、カルタゴ民会も全会一致でこの決定を承認した。ハミルカルの子ハンニバルはこうしてわずか二五歳でイベリア半島の最高指揮権を手にした。

サグントゥム

ハンニバルは将軍に就任した瞬間から戦争をしかけ始めた——ただし、スペインの諸族に対して。まずスクロ川、グアディアナ川上流のオルカディー族の首都アルタイアを征服し、その周辺の諸部族をも服属させ、貢納を課すと、多額の資金を手にしてカルタゴ・ノワ市に戻りその冬を越した。

翌前二二〇年夏、今度ははるか北のワッカエイ族の土地に攻め込み、二つの都市を攻略したが、その帰路、カルペタニー族の大軍に襲われ、窮地に陥った。前年の敵オルカディー族の亡命者や征服したワッカエイ族の都市から脱出した人々もこの大軍に加わっていた。戦場はタゴス（タホ）川の上流、トレトゥム（トレド）の近郊であった。南下してタゴス川を渡り終えていたハンニバルは、とっさの機転で軍を反転させて川辺に布陣し、追ってきた敵軍が川を渡る瞬間に攻撃を開始した。渡河を強行したスペイン勢は川岸でカルタゴの象部隊に踏み殺され、まだ川の中にいた者達はカルタゴ騎兵に上から斬り伏せられ大損害を蒙《こうむ》った。ついにはハンニバル軍のほうが逆に川を渡って敵を敗走させた。一〇万を超える大軍に対するハンニバルの初の大勝利である。準備された会戦ではなく、敵の不意打ちに対処する形ではあったが、川を楯にし、相手の渡河のタイミングをうまく捉えて象と騎兵の特性を生かした機敏な戦いぶりであった。

前二二〇年末、首尾よく遠征を終えてカルタゴ・ノワに戻ったハンニバルを待ち受けていたのはローマの使節であった。この使節はサグントゥムの要請に応えたもので、サグントゥムへの攻撃と「イベルの川」（エブロ川？）の渡河に対して警告するものであった。サグントゥムはローマの保護下にある、またイベルの川を越えることはハスドゥルバルの時の条約に違反しているから、と使節は主張した。

サグントゥム——第二次ポエニ戦争の直接のきっかけとなったこの都市は、この文脈で史料に初めて登場する。ギリシア系都市と主張する史料（アッピアノス等）もあるが、間違いらしい。スペインの種族の町でスクロ（フカル）川の北、エブロ川のはるか南のスペイン東海岸にあり、海岸沿いの平野を望む岩地の上に立地していた。この立地こそが、サグントゥムを悲劇の町、大戦争の発火点とした。すなわち東海岸の平野はこの地点で狭くなってお

カルタゴ時代のイベリア半島　主要都市と主な先住民種族を示す

り、ここさえ押さえればカルタゴ・ノワを出発したカルタゴ軍が、エブロ川へ、さらにはピレネー山脈へと向かうのを容易に阻止できるのである。

　ローマがこの町に目をつけたのがいつか、サグントゥムがローマの同盟国となったのが「エブロ条約」の前なのかあとなのかについては諸説ある。しかし、この町を攻撃すればローマが黙ってはいないことはカルタゴ側、バルカ家も早くから認識していたようである。ポリュビオスはハンニバルもサグントゥムにはできるだけ手出しを控えていた、それは父ハミルカルの助言に従ったからで、イベリア半島の他の部分をすべて獲得するまではローマに開戦を正当化する口実を一つも与えないようにするためだった、と述べている。

「サグントゥムへの攻撃は控えるように」――ローマの使節にこう迫られたハンニバルは激昂したといわれる。彼が最初からローマとの戦争を意図していたとしても、「サグントゥム問題」をローマ側に先に突きつけられたのは予定外だったかもしれない。もっと有利な、大義名分のある開戦のしかたがあったはずだった。ポリュビオスは、傭兵戦争に乗じてローマに奪われたサルディニア島の返還とその際の不当な賠償金の返還を要求したほうがずっとよかった、ハンニバルは執念の虜となっていて彼が本当は依拠することができたはずの正当な根拠を見失ったのだ、と論じている。ローマの大きな不正を淡々と指摘するのではなく、そのローマに指摘された自らのサグントゥム攻撃の意図（しかも彼はまだこれに着手すらしていなかったのに）の「正当性」を弁護することに若いハンニバルは夢中になった。

彼の反論は次のようなものである。少し前にサグントゥムで党派争いがあった時、調停を頼まれたローマは不正にも指導的な市民の何人かを処刑した。カルタゴはこの信義違反を見過ごすつもりはない。不正行為の犠牲者をけっして見捨てないのがカルタゴの父祖伝来の原則である――サグントゥムへの介入は、ローマの不正の犠牲になったサグントゥム市の有力者（おそらく親カルタゴ派の市民）を守るためだ、サグントゥムの真の保護者は自分達のほうだ、という主張である。ローマの使節にこの返答をつきつけると、ハンニバルは本国カルタゴに指示を仰ぐ使いを送った。サグントゥム人がローマとの同盟をよいことに、カルタゴに従っている人々に不正を働いているのに対し、何をすべきか、と問う使いであった。開戦の許可を求めたといっていい。

ハンニバルがローマの使節に向かってサグントゥムへの介入を公言したこの瞬間に第二次ポエニ戦争は不可避となり、同時にその構図も決まってしまった。「ハンニバルがローマの同盟国サグントゥムを攻撃したのでローマとカルタゴは戦争になった」という構図であり、ポリュビオスの言うとおりカルタゴにとって割に合わない開戦理由である。戦争は避けられないと悟ったローマの使節は、カルタゴ本国にハンニバルに対してしたのと同じ申し入れを行うためにカルタゴ・ノワから出航した。ただ彼らは、戦場はイベリア半島であり、サグントゥムを基地としての戦争になると思っていて、イタリアが戦場になるとは夢想だにしていなかった。

宣戦布告

この間、カルタゴ政府がハンニバルにどのような指示を与えたのか、ローマの使節の要求に何と答えたのかについては、ポリュビオスは沈黙している。次に史料に登場する時にはハンニバルはすでにサグントゥム攻略のためにカルタゴ・ノワを出発するところである。サグントゥム占領には前二一九年の春から八ヵ月を要した。ローマの歴史家リウィウスによれば、包囲戦のさなか、ローマ元老院が派遣した二人の使節がハンニバルのもとを訪れたが会見を拒否されたためカルタゴ本国に向かい、これを受けてカルタゴの元老院では大ハンノがハンニバル批判の大演説をしたことになっている。ハンニバルは本国でも批判されていた、

ハンニバル像といわれる貨幣
長谷川博隆、2000年より

とすることでその無法ぶりを強調するレトリックであるかもしれない。

　サグントゥムを陥落させると、ハンニバルはこの町の豊かな金銭をイタリア遠征の資金として自分の手元にとっておき、捕虜はすべて奴隷として戦功に応じて兵士に分配し、品物はカルタゴ本国市民の歓心を買うためにアフリカへ送った。すべてあらかじめ計画しておいたとおりであった。サグントゥムを奪ったことで、ローマがイベリア半島で戦争する芽は摘んだわけであり、また他の反抗的なスペインの種族への見せしめにもなった。何よりこれで背後に一人の敵も残さずに先に進軍できる。ハンニバルの意図はこのようなものであったとポリュビオスは説明している。

　サグントゥム陥落は前二一九年秋であったと思われるが、ローマはおそらく前二一八年春以降にカルタゴへ最後通牒を送っている。ハンニバルとその顧問団をローマへ引き渡すか、さもなければ戦争だ、という選択肢を示したのである。このローマ使節に対するカルタゴ元老院の代表の反論は興味深いものである。

　まず「エブロ条約」違反との非難に対して、カルタゴ側は、この条約はハスドゥルバルが自分達の同意なしに締結したものであるから無効だ、としたうえで、第一次ポエニ戦争終結時の条約（前二四一年にローマ民会が介入して改定されたあとの最終的な条約）に依拠しつつ、この条約にはイベリア半島に関する何の規定も含まれていないこと、ただ双方の同盟国について危害を加えることを禁じているだけであることを指摘した。そのうえでサグントゥムは前二四一年時点でローマの同盟国ではなかったことを強調し、条約のいくつかの箇所を読み上げた。このポリュビオスの記述に見る限り、カルタゴの元老院はバルカ一族のスペインでの軍事的「暴走」というより、外交上の先走りを苦々しく思っていたようである。カルタゴとローマとの間にイベリア半島に関するいかなる条約も存在しない、したがってイベリア半島ではカルタゴは――ハンニバルは――いかなる軍事作戦も自由に行えるはずだ。これがカルタゴ政府の公式見解であった。

サグントゥムがまだ無事だったならいろいろ議論の余地もあるだろうが、現にこの都市は条約違反の犠牲になって屠《ほふ》られてしまったのだ、犯人を引き渡すか戦争に応ずるかいずれかにせよ、とローマの使節は答えた。前二四一年の条約がいう「双方の同盟国」にはその時点での同盟国だけでなく将来新たに同盟国となる国も含まれる――少なくとも保護規定から除外するとは書かれていない――というポリュビオスの指摘はおそらく正しいであろう。そのサグントゥムが前二一九年より少し前からローマの同盟国であったことも確からしい。そのサグントゥムを征服したのは条約違反には違いなく、視野を「サグントゥム問題」に限定すれば、ハンニバル／カルタゴの非は明らかである。ローマ側はこの有利な開戦のチャンスを見逃すつもりはなかった。

ローマの使節の一人――最年長の者――が着ていたトガ（ローマの市民服）のふところを

指しつつ、カルタゴの元老院集会に向かってこう述べた。「この中に戦争と平和を入れてきた。どちらでも諸君の求めるほうを置いていこう」。これに対してカルタゴの「王」（スーフェース）がどちらでも望みのほうを置いていくがよい、と答えると、ローマ人はそれでは戦争を、と言った。するとカルタゴの元老院議員の大多数が「受けよう」と叫んだ。第二次ポエニ戦争――カルタゴとローマの運命を決定すると同時に地中海世界全体の様相をも一変させることになる大戦争――は、このようにして始まった。

進軍開始

この間、ハンニバルはスペインで遠征の準備を進めていた。イベリア半島で戦うのではなく、ローマの本拠地イタリアを衝《つ》く計画であることがここで初めて明らかになる。彼は弟のハスドゥルバルに多くの軍船、騎兵、歩兵、それに二一頭の象を委ね、イベリア半島の防備を固めさせた。ローマのイベリア攻撃を想定してである。同時に本国カルタゴのあるアフリカを守るためにアフリカの兵をイベリアへ、イベリアの兵をアフリカへと移動させた。アフリカ・イベリア両国を忠誠心で結びつけるため、と説明されているが、兵士をその徴募した土地に配置しておくと先の傭兵戦争・リビア戦争の時のように出身地の人々と呼応して反乱する可能性があるからであろう。この配置換えによって、アフリカにはマスティアニー人やオルカディー人、オレタニー人といったスペイン南部の種族の兵士がおり、他方イベリア半島のハスドゥルバル軍には、リビア人、リビュ＝フェニキア人とマッシュリー人やマサエシュリー人などのヌミディア人、マウリー人が含まれるという結果になった。

出発準備を整えたハンニバルはガリア（ケルト）人からの使いが来るのをじりじりしながら待っていた。北イタリアのガリア人が、ピケヌムの土地をローマに奪われたことをきっかけに、アルプスの北のガリア人と語らってローマを攻めたが前二二五年にテラモンの戦いで敗れたのは前に見たとおりで、ガリア人のローマへの憎悪はつのっていた。ハンニバルは北イタリア、ポー川流域の肥沃さや人口、ローマとの関係についてすでに詳細に調査し終えており、北イタリアに到達してガリア人の協力を得ればイタリアでローマと戦争することが可能だと結論していた。

北イタリアとアルプス山中のガリア人に彼は何度も使いを出し、あらゆる約束をして同盟へと誘っていた。その返事はとうとう来た。ガリア人はカルタゴに協力する、アルプスを越えることは困難で骨が折れるが、けっして不可能ではない、との使いであった。

前二一八年春、とうとうハンニバル軍は前進を始めた。その前にカルタゴ本国から宣戦布告の報せが届いていたので、今や彼は本国市民の支持を確信して行動することができた。出発前に彼は軍の集会を開き、ローマとの戦争を呼びかけ、ローマの使節が彼自身と幕僚の引き渡しを要求したことを語って兵士の怒りをかきたて、これから目指す土地の豊かさ、ガリア人との同盟のことを話して彼らを励ました。兵士の集会で戦争の大義とだいたいの計画を説明するのは古代地中海世界の戦争では普通のことで、それは都市国家の軍隊のもつ「市民軍」的性格によるものであろうが、「バルカ家の革命」の申し子であるハンニバルの場合、演説によって兵士の合意をとりつけることはいっそう不可欠であった。彼の将軍としての正統性自体が、兵士による選出と本国民会による承認という手続きによっているからである。この点でハンニバルの軍隊は、種族的にはアフリカやイベリア半島、地中海各地のさまざまな民族からなり、身分も傭兵あり同盟国軍ありバルカ党のカルタゴ市民ありと多様であったにせよ、この擬似民主的な兵士の集会の構成員としての一体感は共有していた。給与目当ての傭兵軍にすぎないとは言い切れない面もあるのである。

ローヌ川渡河

スペインのカルタゴ・ノワ市からピレネー山脈を越え、ローヌ川を渡り、アルプス山脈を越えて北イタリアのポー川流域まで。このハンニバル軍の行軍の全行程をポリュビオスは九〇〇〇スタディオン、すなわち一六二〇キロメートルと計算している。

このうち現在のスペイン・フランス国境のピレネー山脈まででもすでに行程の半分以上となるが、ここまでの道はイベリア半島の内部であり、前進は容易であった。まずエブロ川を渡り、イレルゲテス族、バルグシー族等のスペインの種族を破りつつピレネー山脈の麓《ふもと》に至った。

ここでハンニバルは軍を編制し直している。遠征軍のうち歩兵一万、騎兵一万を割いてハンノという部下に託し、エブロ川以北の地域の総督としたのである。新たに征服した種族、特にローマ人と友好関係のあったバルグシー族を監視するためであった。さらに二万のイベリア人の兵士を故郷へ帰らせたが、それは彼らがそれぞれの故郷で親カルタゴ派の中核になるように、また遠征に参加する残りの兵士達が自分達も最後は無事に帰郷できるだろうとの希望をもつようにという配慮であった。また、遠征軍の兵士達の荷物もハンノのもとに保管させた。あの傭兵戦争のきっかけの一つが傭兵達の荷物と家族をカルタゴ市に置かせてやらなかったカルタゴ市側の不親切であったことを思えば、このハンニバルの措置は納得がいく。荷物はここにちゃんと保管するし、君達も必ずここに戻ってこられる、というメッセージなのである。

こうして身軽になり準備の整った遠征軍は、歩兵五万と騎兵九〇〇〇であった。ポリュビオスの言うとおりイタリアでのローマの動員能力と比較すれば無謀とも言える人数である。前二二五年のガリア人との戦争の時点で、従軍可能なローマ側の人数はローマ市民と同盟市民の合計で歩兵七〇万以上、騎兵約七万とポリュビオスは計算している。誇張はあるかもしれないが、ローマ側が数十万を優に超える兵力を擁していたことは疑いない。

ハンニバル軍がピレネーを越えようとしていた頃、ローマには、カルタゴへと送ったあの最後の使節が交渉決裂と開戦の一報をもたらしていた。ハンニバルがすでにエブロ川を渡ったとの報せが入った時、ローマも応戦の準備をする。前二一八年の二人のコンスル、プブリウス＝コルネリウス＝スキピオをイベリア半島に、ティベリウス＝センプロニウス＝ロングスをアフリカに送ることが決定されたが、そこに思わぬ邪魔が入った。

北イタリアのガリア人の地に以前から計画のあったプラケンティアとクレモナの二つの植

民市の建設を強行したところ、ガリア人のボイイー族がインスブレス族とともに蜂起した。プブリウス＝スキピオに割り当てられるはずだった軍団は、窮地に陥っている北イタリアの軍団の救援に向かうことになり、スキピオは新たに同盟国から徴兵して新軍団を編制せざるをえなくなった。カルタゴ軍が来るとの報せがボイイー族へ届いていたことが蜂起につながったのであり、北イタリアのガリア人と同盟してローマを攻撃するというハンニバルの計画は早くも効果をあげつつあった。

ローマの二人のコンスルがイベリア半島とアフリカへ向けて出港したのは前二一八年の夏の盛りであった。センプロニウスはシチリアへ渡ってリリュバエウムで物資を集め、すぐにもカルタゴへ上陸せんばかりの勢いであり、他方スキピオは六〇隻の船でリグリア海岸を北上し、ピサへ寄港してからマッサリア市の近くのローヌ川河口に投錨した。ハンニバルがピレネーを越えたとの報せは入手していたが、ローヌ川までは距離があり、まだ時間はあると考えていた。

ところがハンニバル軍は出し抜けにローヌ川付近に現れた。海から約四日行程分上流の地点であったという。しかしこの地点での渡河は対岸にカルタゴ軍を阻止しようとするガリア人の一隊が集まったために断念し、さらに上流の中州のある場所を発見してここで渡河した。ガリア人を追い散らしつつ、三七頭の象まで筏《いかだ》に乗せて渡る離れ業を、ポリュビオスは詳しく描写している。スキピオのローマ軍は、うまくまかれてしまった。ただしハンニバルが河口のローマ軍を探るために送ったヌミディア人の騎兵隊は、スキピオが送った斥候の騎兵隊と遭遇して損害を出した。これがハンニバル軍とローマ軍の最初の戦いとなった。

　渡河を終えるとハンニバルは集会を開き、そこでポー川流域から来たガリア人（ボイイー族）の首長達に、兵士の前で話をさせた。イタリアのガリア人が現にカルタゴ軍の到来を期待してローヌ川まで迎えに来ている事実を示したわけである。アルプス越えの道案内と道中の食糧も約束された。ハンニバルのアルプス越えは思いつきの冒険主義ではなく、事前の工作によって道筋を確保したうえでのものであったことがうかがわれる。おそらくフェニキア人・カルタゴ人の商人達とガリア人との接触も――特に錫の交易ルート等をめぐって――従来からあったのであろう。バルカ家の三代にわたるスペイン支配の間に、スペインからイタリアを攻撃する方法、アルプス越えのルートについての研究がされなかったはずはない。ローマ人の予想を上回るスピードでピレネーからローヌ川へ到達し、渡河してしまったのは、ハンニバルが名将であるからというより、フェニキア人・カルタゴ人が長年にわたって蓄積してきた地理学的実力の発揮であった。

ローヌ川を渡るハンニバル軍　19世紀の画家による。A. Lloyd, *Destroy Carthage!*, London, 1977より

　ハンニバル軍はしばらく川沿いに進み、東へ向かった。アルプス山中へ分け入っていったのである。ロー

マ軍を率いたスキピオは三日後に渡河地点に到着して、カルタゴ軍がすでにアルプス経由でイタリアへ向かったことを知って茫然となった。そしてすぐに河口へ取って返し、兄弟のグナエウスを当初の目的地であるイベリア半島へ送り出すとともに自分は船首をめぐらせてイタリアへ向かった。ハンニバルがアルプスから下りてくるところを待ち受ける計画であった。

カンナエへの道

アルプスの一五日間

アルプスへの登り口に着いてから約半月の間、カルタゴ軍はローマ人から見れば行方知れずとなった。今日に至るまで、ハンニバルのアルプス越えのルートについては数百冊の本が書かれ、何十通りもの説が提示されている。これらの説はポリュビオスとリウィウスの関連記事を実際の地形や道のりと照合することによって成立したもので、二つの史料を比較すればポリュビオスのほうがより信頼性が高いとされている。ポリュビオスはハンニバル軍がアルプスを越えた約七〇年後に自ら同じ道を踏査してこの地方を観察したと語っているからである。ハンニバル軍の生き残りに話を聞いてもいるらしい。

大別すれば、ローヌ川渡河のあと川をさかのぼって支流であるイゼール河谷に入り、いずれかの箇所から登り始める北ルートと、イゼール川より南の支流であるドローム河谷等から入る南ルートがあると言える。このうち後者の説をとるG・デ・ビーアは、次のように結論する。ハンニバルはアルルでローヌ川を渡り、デュランス川とエーグ川を渡ってポリュビオスの言う「島」と呼ばれる豊かなデルタ状の地域に入り、ローヌ川をさかのぼってドローム川沿いにグリモーネ峠まで行き、ここで敵対的なガリア人との第一回の戦闘となる。ここからラ・バティ＝モンサレオンの近くの町を経てガップを通ってギル川流域に入り、ここで第二の戦闘となる。ギル川沿いのシャトー・ケラース付近にポリュビオスがハンニバルの野営地と記している「はだか岩」があり、ここからモンテ・ヴィーゾ山の横のトラヴェルセッテ峠を越えてサルーツォでポー川流域の平野に出る――。

「北ルート」のほうが「南ルート」よりは遠回りとなることを考えれば、デ・ビーア説は少数説ながら説得的である。ポリュビオスが機知に富んだ言い方で喝破しているように、ハンニバルが前人未到の無人の魔の山に挑戦したように考えるのは的外れである。ハンニバルはアルピニストではない。現地の人によく知られた、より低くより安全な道を選ぶはずで、そうでなければとても名将とは言えない。

アルプス越えはガリア人にとっては日常茶飯事であった。前二二五年の対ローマ戦の時、ローヌ河谷のガイサタイ族がポー川流域のインスブレス族とボイイー族に呼ばれてエトルリアへ侵入した例からも明らかである。ボイイー族の視点で見れば、北イタリアの土地をめぐるローマとの紛争にガイサタイ族を呼んでみたが敗北したので、今度はカルタゴ軍を連れてくることにしたまでのことである。ローヌ渡河後の集会にポー川からマギロスというガリア人の首長が現れたのも、彼らの期待の大きさを物語るものであろう。それゆえ、道案内には不自由しなかったハンニバル軍であったが、むしろ問題はアルプス山中に住むガリア人の諸部族のうち、どれが友好的でどれが敵対的かを見分け、敵対部族の土地を回避しつつ通り抜ける方法であった。

ポリュビオスの言う「島」の地域でカルタゴ軍は現地の二人の兄弟が王権をめぐって対立しているところに行き合わせてしまった。兄のほうがハンニバルに支援を求めたので、カルタゴ軍は兄王に加勢して弟を追放し、兄王から食糧、武器、山越えのための衣服や装備いっさいを提供され、アルプスの登山口までの護衛までつけてもらった。こうして敵対的なアロブロゲス族の土地を通り抜け、アルプスを登り始めたが、護衛の部族が引き返し、隘路《あいろ》へさしかかった時、アロブロゲス族の攻撃が始まった。そこは崖の縁を通る狭い登り道で、馬や荷役獣は次々と断崖を滑落していった。物資をのせた荷役獣が全滅すれば、残りの部隊も生き残ることは難しい。しかしこの攻撃をかろうじて撃退したのちは、行軍はスムーズに進むかに見えた。

次に待ち受けていたのは、友好を装った罠であった。和睦の印の若い木の枝と花輪を持ったアルプスの住民達が、カルタゴ軍を歓迎した。ハンニバルはこの歓迎を信じなかったが、はねつければはっきりと敵に回してしまうので、信じたふりをして住民の差し出す人質や家畜を受け取り、道案内を頼んだ。はたして峻険な難所にさしかかった時、この部族は攻撃してきた。ハンニバルが用心のため荷を運ぶ輜重《しちょう》隊と騎兵を先に進ませ重装歩兵を後衛として配置していなかったら、彼らはここで全滅するところであった。しかし高所から石を投げ落としてくる激しい攻撃で大損害を出したことには変わりない。彼らを救ったのは象の存在であった。見慣れぬ巨獣の姿を警戒した住民側は、行軍していく隊列のうち象のいる所にはあえて手を出さなかった。

アルプスに入ってから九日目、ハンニバル軍は頂上に達した。プレアデス星団（日本でいう昴《すばる》）が日の出前に地平線に沈む季節——一一月七日すぎ——が迫っており、山頂付近にはすでに積雪があった。意気消沈する兵士達に、ハンニバルは眼下に広がるポー川流域のイタリアの平原を示し、ローマの方向を指差して教えさえした。

下りの道は、しかし予想外に困難であった。まもなく崖崩れで道が狭くなった恐ろしい場所に行きあたる。あたり一帯は急斜面で、根雪の上に今年の新しい雪が降り積もり、新雪を踏み抜くと固い万年雪の上をどこまでも滑った。いったん倒れれば人間も獣もそれで終わりだった。立ち上がることができぬままに人ははるか下まで滑落し、荷役獣や象は雪の中にめり込んでそのまま動けなくなった。

ハンニバルは最初この場所を迂回しようとしたが、積雪のため不可能だった。そこで尾根の近くの雪をかきのけて軍をそこで野営させ、問題の崖に道を開削する工事にとり

モンテ・ヴィーゾ　ハンニバルのアルプス越えの候補地点の一つ。©ユニフォトプレス

かかった。ヌミディア兵達が動員された。リウィウスによれば、この時カルタゴ軍は道をふさいだ巨岩を火であぶり、酢を注いで割れやすくしたあと、鉄で砕いたという。酢は、武器の手入れのために軍隊が常備していたのであろう。このようなテクニックはバルカ家がイベリア半島で鉱山開発に取り組むなかで身につけたものであったかもしれない。馬と荷役獣を通す道は一日で開けた。すぐに馬達を通して雪のない向こう側に移し、草地に放した。象が通れる広さにまで拡幅するには三日かかった。山越えの間、積雪で草すらも食べられなかった象達は、やせ衰えた凄惨な姿で通り抜けた。崖道を抜けてから三日目、カルタゴ軍はとうとうイタリアの平野に降り立った。

カルタゴ・ノワ出発から五ヵ月、アルプス越えに一五日を費やし、ローヌ渡河、アルプスでの戦闘と難路によって膨大な損害を出しながらの、まさに死屍累々の行軍であった。ピレネーを越える時に歩兵五万、騎兵九〇〇〇であった軍勢は、ローヌ渡河の時点ですでに歩兵三万八〇〇〇、騎兵八〇〇〇にまで減っていたが、アルプスを越えてポー川流域にたどり着いたのはそのさらに半分、リビア人歩兵一万二〇〇〇、イベリア人歩兵八〇〇〇、騎兵全部で六〇〇〇にすぎなかった。しかし象達はかなり残っていた。その象達をカルタゴ軍の兵士達はどんなに頼もしい思いで眺めたことだろう。それは彼らが敗残兵ではないことの証、アルプス越え成功の証であった。

ティキヌス河畔、そしてトレビア

以後、イタリアでのハンニバルが、北イタリアのガリア人の加勢があったとはいえ、この少数の軍勢でローマのコンスル率いる軍団を相手に、いかに劇的な戦勝を重ねたかは戦史に名高い。まず北イタリアのガリア人のうち反カルタゴ派であったタウリニ族の首府（トリノ）を陥落させたあと、ポー川の支流ティキヌス（ティチーノ）川の近くでマッサリアから船で戻って待ち構えていたプブリウス＝スキピオの騎兵部隊と相まみえ、敗走させた。

この小競り合いは、ヌミディア騎兵がローマ騎兵隊を破ったという点で、こののちの戦いの行方を予言するものであった。事実、ローマ騎兵の敗走を見た近隣のガリア人の部族は続々とハンニバルのもとに使者を送り、同盟を結び、援軍と物資の提供を申し出たのである。ティキヌスの戦いで自らも深手を負ったスキピオは、ポー川を南へ渡って退却した。しかしその陣営では、ローマ軍に参加していたガリア兵の寝返りが始まっていた。

同時に、ボイイー族もハンニバルの陣に現れた。彼らが少し前に捕らえたローマの高官三人――この三人はポー川流域の土地をローマ市民に分配するために派遣されていた土地収用委員であった――を引き渡しに来たのである。ボイイー族とインスブレス族にとっては、第二次ポエニ戦争は一貫して彼らの故郷へのローマ人入植を阻止するための土地奪還闘争であった。ハンニバルは感謝してボイイー族と同盟の誓いを交わしたのち、三人のローマ人をボイイー族自身の人質と交換するために厳重に監禁しておくように助言して彼らに返した。

ガリア人の裏切りに危険を感じたスキピオは、陣を引き払ってトレビア川に向かった。その付近の丘陵に布陣すればカルタゴ軍の騎兵の威力を封じることができる。他方、シチリアに送られていたローマ軍のもう片方——ティベリウス＝センプロニウスに率いられた軍団——もリリュバエウムから呼び戻され、スキピオ軍に合流した。ティキヌス河畔の騎兵戦の結果を耳にして不安を覚え始めていたローマ市民も、ティベリウスと彼の軍団がローマ市内を抜けて北へ向かうのを見て、これで勝負はついたと思った。

トレビア川近くのティベリウス軍とカルタゴ軍の前哨戦は、ローマ側の勝利となった。全体的な構想抜きでなし崩しに大会戦に巻き込まれることを恐れたハンニバルが、早めに退却ラッパを鳴らしたのである。ティベリウスはこの勝利に酔って決戦を急いだ。負傷しているプブリウス＝スキピオは、時間を稼げばガリア人も気が変わってカルタゴ軍から離反するだろうと考え、冬を越すことをティベリウスに説いたが空しかった。ローマのコンスルの任期は一年であり、後任の選挙が迫っていた。それがティベリウス＝センプロニウスの焦りを生んだらしい。

トレビア河畔の会戦は前二一八年の暮れ、冬至の日に行われた。特別に寒い日で氷雨が降り、やがて雪に変わった。先に全軍で川を渡ったのはローマ軍である。ヌミディア騎兵の挑発に乗ったのだ。ポリュビオスは、ハンニバルが戦いの前日の夕食の前に手配りをして弟のマゴに作戦を授けた次第を説明している。入念に練られた計画で、川を楯として使う点、ハンニバルの最初の勝利であったトレド近郊の戦いの発展型とも言える。胸まで水に浸かってトレビア川を渡ったローマ軍は、カルタゴ軍の整然たる陣形に直面してなすすべもなく敗北し、背後の川と敵勢の間にはさまれて象と騎兵の餌食となって倒れた。歩兵一万はプラケン

第二次ポエニ戦争時代のイタリア半島

ティアまで逃げのびたが、残りの二万数千は全滅した。

こののちのハンニバルの陣形の基本が、ここに示される。中央に長い歩兵（イベリア兵、ガリア兵、リビア兵）の横列を置き、両翼にヌミディア人とガリア同盟軍の騎兵を配するのである。象部隊は二分して歩兵の前面の翼に配置した。両翼の騎兵がローマ騎兵を追い散らし、あとに残ったローマの歩兵部隊を両側から包み込んで殺し尽くす。大勝利であった――が、象達にとってはこれが最初で最後の戦いとなった。戦いのあとも降り続いた激しい雨と雪のなかで、アルプスを越えてきた象達は一頭を除き皆、死に絶えたからである。人も馬も凍死した。ハンニバル軍にとっても苛酷な冬であった。

トラスメネス湖畔の戦い

トレビアの戦いの真相が伝わると、ローマでは慌しく対策が講じられた。その内容を見ると、ローマはカルタゴがすぐに南から――海から――別の部隊を送ってくるのを警戒していたことがわかる。サルディニア、シチリアに置かれた軍団は増強され、タラス（タレントゥム）その他の要所は守備隊で固められた。シュラクサイのヒエロンに支援を求める使いも出した。ヒエロンはすぐに五〇〇人のクレタ兵を含む一五〇〇人の援軍を送ってきた。シュラクサイの支持を確保したことは重要である。もしこの時点で、シュラクサイがカルタゴ側に転じていたら、ローマはもちこたえられなかったかもしれない（シュラクサイはこののち老ヒエロンが死んだ前二一六年、すなわちカンナエの戦いのあと、ローマを見捨ててカルタゴ側につくのだが、その時はすでに好機は去っていた）。

前二一七年の二人のコンスル、グナエウス＝セルウィリウスとガイウス＝フラミニウスは同盟諸市の軍を集め、ローマ市民から新たに軍団を編制し、セルウィリウスはアドリア海側のアリミヌムに、フラミニウスはエトルリアへ向かってアッレティウムに布陣した。この両地点を前線基地としてポー川流域からのハンニバル軍の南下を阻止する構えである。

両コンスルのうち、フラミニウスは北イタリアのガリア人（セノネス族）の土地をローマの下層市民に分配しようとした張本人であり、元老院に楯突く「民衆派」政治家のはしりであった。ハンニバル戦争の前提の一つである北イタリアのガリア人のローマへの敵対は、彼の土地政策の結果だと言える。ローマの指揮官はローマ市出発の前に鳥占い等によって神意を問い、よき前兆を携えて戦いに臨むのが大原則であったが、フラミニウスはこの儀式を欠いたまま前線へ赴いていた。元老院に彼のコンスル就任に反対する動きがあったことの表れであろう。鳥占権（アウスピキウム）を欠いたコンスルには不吉の影がつきまとう。リウィウスが伝える各地で見られたという凶兆の数々はすさまじい。ローマ兵の携える槍が突然燃え上がり、楯は血に濡れ、灼熱した石が天から降り注ぎ、空では太陽と月が争うように見え、また二つの月が昇った。カエレでは水に血が混じり、ヘラクレスの泉から滴り落ちる水が血の痕を残した。ローマではアッピア街道沿いにあった軍神マルスや狼の像が気味悪く濡れた。

他方、ハンニバルは北イタリアの冬営陣地でローマのイタリア支配解体のための策を練っていた。トレビアで捕虜とした敵軍のうち、ローマ兵には最小限の食べ物しか与えずに鎖でつなぐ一方、イタリア各地の同盟国からの兵は丁重に扱ったうえで、彼らを集めて演説した。我々は諸君と戦うために来たのではなく、諸君のためにローマ人と戦う目的で、つまりイタリアの人々の自由を回復し、ローマ人に奪われた各々の都市や土地を取り戻す手伝いに来たのだ、と彼は語り、身代金なしで故郷へ帰らせた。

ハンニバル軍にはギリシア人の歴史家シレノスが同行していた。ポリュビオスが記録する遠征中のハンニバルの言動の多くはシレノスの書物に拠ると思われるので、事実とそう隔ってはいないであろう。この頃、ハンニバルは陣中で変装していたという。味方になっているガリア人を信用していなかった彼は、暗殺を避けるためにさまざまな年齢に合わせたかつらを用意し、それらを着け替え、服装もそれに応じて替えて、本当の容貌を知られないようにした。

前二一七年春、ハンニバルはエトルリアへ軍勢を向けた。四日三晩、アルノ川の氾濫原を突っ切っての強行軍で、ガリア兵を中心に多くの死者を出した。一面の泥沼の中を一睡もできずにカルタゴ軍は進み、ハンニバル自身はただ一頭生き残った象に乗って、かろうじて水に浸らずに行く。彼は眼病を患っていて激痛に苦しめられていたが、この状況下で治療もできぬまま、ついに片方の眼球を失う。

エトルリアに入ったハンニバルは、アッレティウムのフラミニウスの陣をかすめて南へ進み、ローマの領土を次々と荒らした。「民衆の被害」を見すごすわけにはいかないフラミニウスの扇動政治家としての虚栄、かっとなりやすいその性格をよく研究したうえでの作戦である。はたしてフラミニウスは同僚コンスル、セルウィリウスの軍の到着を待たずに追跡してきた。ローマ軍にはフラミニウスの勝利を見ようと大勢のローマの民衆がついてきていた。彼らはもう戦利品を分捕る気でいて、カルタゴ兵を奴隷として連行するための鎖や足枷まで持参していた。

こうしてカルタゴ軍を追うローマ軍は、トラスメネスと呼ばれる湖の横を通って前方の谷間に入る。六月二一日の霧の深い朝のことである。その谷間は、ハンニバルが仕掛けた巨大な罠であった。谷の奥の険しい峰の上にイベリア兵とリビア兵、進路の右には長槍隊とバレアレス諸島出身の投石兵、左側には騎兵とガリア兵が配置してあった。一万五〇〇〇のローマ兵がほとんど抵抗らしい抵抗もできぬまま、カルタゴ軍に討ち取られた。フラミニウス自身もガリア兵に殺された。谷の手前の隘路を通過中だった後続のローマ軍は湖に押し出され、ある者は重い甲冑を着けたまま溺れ、他の者は湖面に頭だけ出して立っているところを騎兵隊になで斬りにされた。その場を逃れた約六〇〇〇人も捕虜となった。フラミニウス軍は消滅してしまったのである。

神々の戦い

これまでローマの支配層は戦闘の結果を市民へ正確に伝えていたわけではなかった。たとえば前年のトレビアの敗戦もうわさで伝わっただけで、指揮官センプロニウス自身は嵐のため勝利を妨げられたと報告してすませていた。しかし今度はもう隠しきれなかった。市民全員を集めた民会が開かれ、プラエトル（法務官）が「我々は大きな戦いで敗れた」と言うと、あからさまな敗戦というものを初めて体験したローマの民衆は驚愕し、動揺した。元老院はさすがにまだ平静を保っていたが、次に、生き残っているもう一人のコンスル、アリミヌムのセルウィリウスが派遣した騎兵隊四〇〇〇がハンニバルの部下マハルバルによって全滅したとの報が届くと、元老院も絶望せずにはいられなかった。毎年行われていた政務官選挙はとりやめとなり、非常事態において最大半年間だけ国家の全権を委ねられる独裁官（ディクタトル）の選出が決まった。

任命されたのはクィントゥス＝ファビウス＝マクシムス。ローマのパトリキ貴族の名門の出身で、トラスメネス湖畔で斃《たお》れたフラミニウスの土地分配政策に反対した経歴をもつ。カルタゴとの戦争にも慎重で、宣戦布告に最後まで反対した一人であった。保守の良識派といえる。独裁官は軍事の大権を持つが本人は歩兵を率い、騎兵長官が別に任命される。この時の騎兵長官はマルクス＝ミヌキウスで、こちらは「民衆派」に近かったが少々軽率であった。

非常時の戦闘体制を整えたのは、ローマの人間達ばかりではなかった。ローマの神々、宗教も異常な様相を呈し始めた。古代人は、戦争を人間同士の争いであると同時に双方の神々の闘争と考えた。ハンニバル軍とともにイタリアへ侵入してきたのはどの神なのか、とローマ人は自問した。それはガデスのヘラクレス（メルカルト）だ、というのが答えである。

ローマの歴史家リウィウスは、ハンニバルがスペインを出発する前にガデスへ赴き、そこのヘラクレス神殿で約束の捧げ物を果たし、もし残りの作戦も成功したらこれこれの捧げ物をすると新たな誓いを行ったと述べている。トラスメネス湖の敗戦の前にさまざまな凶兆が見られたなかで、カエレ（あのピュルギの近くの）のヘラクレスの泉から血の水が滴った例があったことに、ローマの神官団ははたと思いあたったかもしれない。

そうと判れば、このヘラクレスをなんとしても味方につけなければならない。ローマのヘラクレス神殿で供犠が行われ、騎兵長官ミヌキウスはハンニバル軍と戦うかたわら、ヘラクレスに祭壇を捧げた（前二一八年）。騎兵長官ミヌキウスはハンニバル軍と戦うかたわら、ヘラクレスのための「妻」ユウェンタスのために饗宴が開かれた（前二一七年）。ローマ人が、カルタゴ人によってメルカルトとして崇拝されている神としてのヘラクレスを意識していたことは、明らかである。

前二一七年の年末、一二月一七日にはローマ古来の祭礼の一つであるサトゥルナリア祭（サトゥルヌス神の祭り）が執り行われたが、この年から儀式は「ギリシア風」に変えられたという。研究者の一人は、この変更がカルタゴのサトゥルヌス、つまりバアル・ハモン信仰における神の饗宴をまねた公的饗宴の導入であったと推理している（R・E・A・パルマーの説）。この饗宴では主人が奴隷を食卓へ招き、いわば通常の価値観の逆転がなされるのである。

メルカルト神やバアル・ハモン神をとりこもうとする一方、ローマ古来の神々の援助を得るためにも、並はずれた手段が講じられた。ファビウス＝マクシムスは独裁官に就任した日、今回の災難の原因はフラミニウスのコンスル就任の際の儀式軽視にあったとして、神々の怒りを解くためにシビュラの予言書――王政時代から伝わるローマの運命をことごとく予言した書物――を調べるように命じた。その結果、さまざまな宗教上の非常手段がとられたが、中でも重要なのは「聖なる春」の誓いである。これは、もし今後五年間、ローマの国家をカルタゴおよびアルプス以南のガリア人との戦争においてもちこたえさせてくれたなら、ユッピテル（ジュピター）神に、その春生まれたすべての家畜を犠牲として捧げるという厳粛な誓いであり、民会で決定されたが、本当に実行されたのは前一九五年になってからだったらしい。カルタゴのトフェトでの儀式――ギリシア人、ローマ人はそれを大規模な幼児犠牲式だとみなしていた――に対抗するような、生まれたばかりの子（ただし人間ではなく動物の）の大量虐殺であった。

「先延ばし屋」のファビウス

このような大がかりな宗教上の手続きを整えつつ、独裁官ファビウスはハンニバル軍に相対するのだが、意外にも彼は戦おうとはしなかった。百戦錬磨のカルタゴ軍に決戦を挑んでも勝てるはずはない、むしろローマ側の強み――本拠地イタリアにいるがゆえの無限の補給と豊富な人員――を生かして持久戦に持ち込み、敵の疲弊を待とうという作戦である。

実際、アルノ川の沼地の行軍のあと、ハンニバル軍は人も馬も皮膚病に悩み、トラスメネス湖での勝利後に赴いたアドリア海側の地方で、ブドウ酒で馬を洗って治療したほどである。このアドリア海岸から、ハンニバルはイタリア侵入後初めてカルタゴに使いを送ることができた。勝利の報に接した本国は喜びにわき、イタリアとスペインの戦線に全力を投入する方針が固まった。

カルタゴ軍はアドリア海岸で略奪の限りを尽くしながら南へ向かい、イタリア半島南東部のアプリア地方へ入り、ローマのラテン植民市ルケリア等を陥落させ、ダウニア地方に陣を構えた。ここでファビウス軍と出会ったのだが、ファビウスはハンニバル軍の横を並行して進むばかりで仕掛けてはこない。油断したカルタゴ兵が本隊から離れて略奪に出てくると、すかさず襲って殺したりはする。ファビウス側がとっているのは、イタリアの「人民の海」に潜んでの一種のゲリラ戦であった。それが可能であったのは、この中南部イタリアの諸地方がローマへの恐れ、ないし忠誠心を保っていたからであろう。北イタリアのガリア人居住地域との差が、ここに見られる。

ハンニバルがガリア人とともにローマを攻撃しているという事実が、中部イタリアの人々を逆にローマのまわりに結集させてしまったという面もあったかもしれない。北からのガリア人の侵入を何度も経験してきたイタリア半島の人々にとって、ガリア人と一緒になっているカルタゴ軍の将軍に「イタリアの自由」「ローマからの解放」を説かれても、ついていきかねるものがあったであろう。またファビウスの大軍の存在が、カルタゴ軍への加勢を思いとどまらせたかもしれない。ローマ軍はカルタゴ軍に食糧を渡さないために、焦土作戦をも辞さなかったのである。

ファビウスが決戦に応じないのを見たハンニバルは、アペニン山脈を下ってカンパニア平原へ入り、カプア市の周辺を略奪した。イタリア半島の東、アドリア海側とは違って、カンパニアはローマの本拠ラティウム地方に隣接する地方であり、ここを奪うポーズを示せばローマ軍も戦わないわけにはいくまいと判断したのである。

しかしファビウスは誘いに乗らず、ハンニバル軍が肥沃なファレルヌスの野を略奪して莫大な戦利品を集めるのを山腹から見守り、彼らが冬営地へ戻る際の山道を押さえた。袋の鼠になりかけたハンニバルは、角に松明《たいまつ》をくくりつけた牛の群れ――これも戦利品である――を暴走させる奇策で、ファビウスのバリケードを突破し、冬営地へ無事に帰ったのである。絶好のチャンスを逃したファビウスは非難の的となった。「先延《クンクタトル》ばし屋」という綽名《あだな》までつけられた。

ファビウスの同僚の騎兵長官ミヌキウスはこの情勢を見て自分の出番だと勇み立った。ファビウスがある犠牲式へ出るためにローマ市に戻った間、軍を任されたミヌキウスはさっそくハンニバルに挑み、カルタゴ軍が占領したゲレオニウム市の近くで一度は勝利した。この報せにローマ市は熱狂し、ついにファビウスの独裁官職はそのままにして、ミヌキウスを独裁官に任命するに至る。ファビウスは無能のレッテルを貼られたも同然である。ハンニバルはローマの二人の独裁官の間の競争心とミヌキウスの功名心を見てミヌキウス軍に標的を定め、周囲に待ち伏せ隊を潜ませた丘へと誘い込み、大損害を与えた。近くに別に陣を張っていたファビウスが助けに来なかったら、ミヌキウス軍はトラスメネス湖畔の戦いの二の舞になるところだったのである。

カンナエ

前二一七年はこうして終わり、ローマでは政務官選挙の結果、ルキウス＝アエミリウス＝パウルスとガイウス＝テレンティウス＝ワッローが前二一六年のコンスルとなる。前年の生き残ったほうのコンスル、グナエウス＝セルウィリウスと、戦死したフラミニウスの補充コンスルであったマルクス＝アティリウス＝レグルスは命令権を延長され、前コンスルとして引き続き軍を指揮した。指揮官四人でハンニバル軍に対抗しようとしたのである。

動員された軍団は八軍団で、通常、準備されている四軍団の倍である。一軍団は歩兵四〇〇〇、騎兵二〇〇（非常の場合は歩兵五〇〇〇、騎兵三〇〇）であり、これに同数の歩兵と三倍の騎兵からなる同盟諸市の軍隊がつく。普通の戦争ではコンスル一人が二軍団と同盟軍を率いて対処するのが原則であったから、わずか二万程度のカルタゴ軍（ガリア人の同盟軍を入れても五万弱）をいかに恐れていたかがわかる。

ハンニバルのイタリア侵入も、すでに三年目に入っていた。今年こそ根絶できなければローマの威信も危うくなりだす。ローマ元老院の大勢は決戦へと傾いていた。ハンニバルのほうも決戦は望むところであったが、戦う場所が問題であった。敵の半分ほどの兵力だが、騎兵は一万を超え、その中核にはアルプスを越えてきた剽悍《ひょうかん》なヌミディア騎兵と重厚なイベリア騎兵がいる。騎兵の優位を活かせる開けた場所で戦えれば勝機はあるとハンニバルはみていた。

彼が選んだのはアプリア地方のアウフィドゥス川の小都市カンナエである。この町は前年までにすでに破壊されていたが、この地方の物資を集積し、ローマ軍に補給する基地となっていた。前二一六年六月――麦の収穫が終わり、今年の穀物の徴発が可能になる頃――ハンニバルは冬営地ゲレオニウムを出発して五日の行軍ののち、カンナエを占拠する。

カルタゴ軍と対峙していたセルウィリウス指揮下のローマ軍は動揺した。食糧基地を押さえられたのも問題ではあるが、カンナエの城塞はこの地域全体を制する要所であった。すぐに決戦を、放置すれば同盟諸国の決意も揺らぎ始めているので重大な事態になる、との使いが何度もローマに送られた。会戦を決意した元老院は、セルウィリウスに援軍の到着を待つよう指示して、前二一六年の両コンスル、パウルスとワッローを送り出す。特にアエミリウス＝パウルスは前二一九年のイリュリア戦役で功あった名将で、ローマの希望の星であった。

カンナエの戦いは前二一六年の夏、伝承では八月のはじめのことであった。ハンニバル軍が布陣するカンナエ付近に近づいたローマの両コンスルの間では、意見の対立があった。パウルスはこのあたりが林もなく一面の平野であるのを見て、騎兵力でまさる敵とここで戦うのは危険だ、ローマの重装歩兵の本領を発揮できるような別の場所へ敵を誘導すべきだと主張したが、ワッローは聞かなかったという。コンスル二人で軍を率いる場合、指揮権は一日交代となる。ワッローの番になった次の日、ローマ軍はカルタゴ軍に向かって押し寄せた。

行進中のローマ軍にハンニバルは軽装兵と騎兵とで襲いかかるが、ローマ軍の先頭のほうにいた重装歩兵がこれをくい止めたので、全体的にローマ軍優勢のうちにその日は終わった。しかしこの日の戦いでローマ軍はもう撤退できなくなってしまった。向きを変えればカルタゴ軍の騎兵に側面をさらすことになるので、翌日指揮を執ったパウルスもそのままアウフィドゥス川付近に布陣するしかなかった。川の左岸に主要な陣地、右岸にも三分の一の軍勢でもう一つの陣地を設け、敵を威嚇する。

決戦の時が迫ったことを知ったハンニバルは、兵士を集めて演説した。先の小競り合いでの敗北で弱気になっているのを励ますためである。まず周りをよく見るように、と彼は言った。木も少なく、草も枯れはてた地中海地域の夏の平原が広がっている。「今この状況下で、このような場所で敵にはるかにまさる騎兵力で決戦すること以上のことを神々に祈りうるだろうか」——たちまち「否」の答えが兵士の間から沸き起こる。「ではこのことについて神々に感謝したまえ。諸君が勝利を得られるように敵をこの地点へ導いてきたのは神々なのだから。そして私にも感謝したまえ。敵にこれを強いたのは私なのだから。彼らはもう戦いを避けることはできない。この、明らかにわれわれに有利な地点で戦うことから彼らは逃れられないのだ」——ハンニバルの言葉は故郷から遠く離れた敵地の、身を隠す場所もない平原で、味方の倍近い敵勢と対峙している兵士達に、彼がかけた一種の魔法だったかもしれない。彼らの目の前で、平原と、そこに張り付けられている敵軍は、神々の奇跡の業《わざ》へと変容した。敵は自分の意志でそこにいるのではない、神々が、そしてハンニバルがそこへ置いたのだ――格好の獲物として。

実際に大会戦へ突入したのはその三日後、八月二日である。ワッローが指揮を執った日であった。戦いはアウフィドゥス川の右岸で行われたとする説が有力であるが、それもよくはわからない。はっきりしているのはカルタゴ軍の特徴的な陣形である。

両翼に騎兵、中央に歩兵というのは当時の定法でローマ軍も同じであったが、カルタゴ軍の中央歩兵隊は直線でなく、三日月形にせり出していた。その中央にはガリア兵とイベリア兵がいた。ガリア兵は彼らの習慣に従って、戦う時は全裸で、金の首輪だけをはめている。イベリア兵は赤紫の縁取りのある亜麻の戦闘衣を着て、これも目をひいた。その両側にはリビア（アフリカ）兵がこれまでの戦闘の戦利品であるローマ兵の武装で並んでいる。騎兵は左翼にイベリアとガリアの騎兵が、右翼にヌミディア騎兵が配置されていた。

双方の軽装兵同士の衝突のあと、左翼の騎兵戦、そして中央の重装歩兵隊の戦闘へと移行したが、中央での戦闘はハンニバルが意図したとおり、まず突き出した三日月の真ん中で始まった。ガリア兵とイベリア兵対ローマの重装歩兵隊である。「この野蛮人」と、裸のガリア歩兵と戦うローマ兵は思ったかもしれない。カルタゴ軍の歩兵数はローマ側よりずっと少なく、その戦列は薄かった。はたしてガリア・イベリア兵は背を向けて退却し始め、勝ち誇ったローマ重装歩兵は追撃に移る。敵の戦列が崩れた箇所、つまり三日月の中央部へと吸い寄せられるように、である。

カルタゴ軍の三日月は今や後ろにへこみ、漏斗《じょうご》のような形になっている。ローマ軍が敵軍

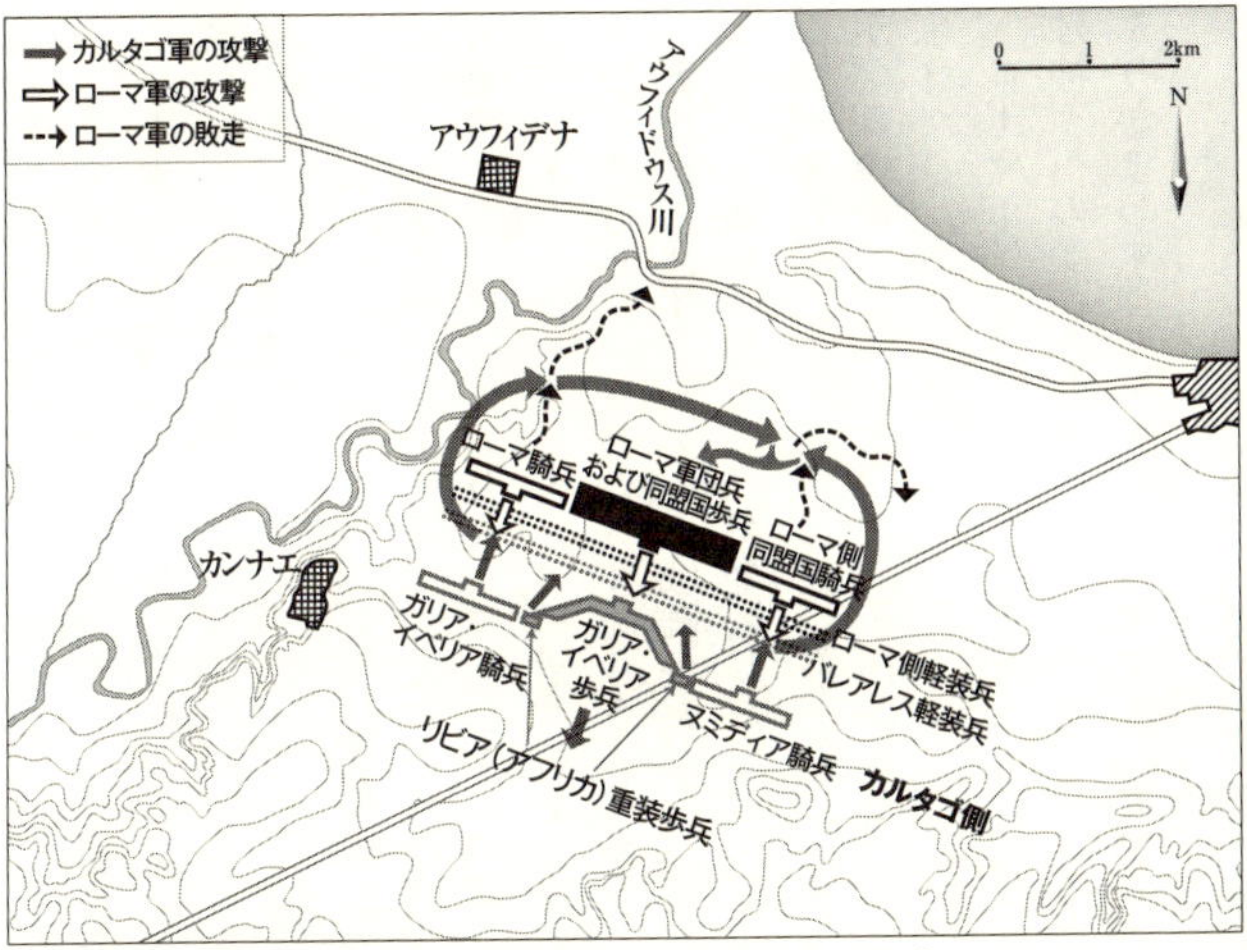

カンナエの戦いの陣形図　J. Kromayerの図をもとに作成

を分断したと思った時、彼らの両側面はローマ式に武装したリビア歩兵にさらされていた。両側のリビア兵が向きを九〇度変えてローマ軍を攻撃する。ローマ歩兵は隊列を保てなくなり、分断された。

　他方、両翼の騎兵戦の行方に日を移せば、右翼ではヌミディア騎兵が、敵に接近しては広範囲に後退し、また向き直って攻撃するという彼ら独特の戦法でローマ側の左翼、同盟国騎兵の動きを封じており、そこへカルタゴ側の左翼イベリア・ガリア騎兵がローマの右翼、ローマ騎兵との戦いに勝って加勢に駆けつけた。ローマ同盟国騎兵は動揺し、背を見せて退却する。

　左翼騎兵隊の指揮官ハスドゥルバルは追撃をヌミディア騎兵にまかせ、自らはイベリア・ガリア騎兵を率いて中央の歩兵戦の戦場へと向かい、ローマ軍を背後から衝いた。気がつけばローマ軍は包囲されていた。まずパウルスが斃《たお》れ、残ったローマ軍も外側の兵士から順番に斬り倒されてゆき、ついに一人残らずその場で殺された。前年のコンスル二人、セルウィリウスとレグルスもその中にいた。その間に同盟国騎兵もほとんど残らずヌミディア騎兵に討ち取られた。わずか七〇騎のローマ騎兵が遠くウェヌシア市まで逃れたが、コンスルのワッローもその一人だった。この他に中央の主戦場以外の所で捕虜になったり、逃れたりした者が一万と少々あった。これがカンナエの戦いの結末である。平原はローマ人の死体で埋め尽くされていた。八万近い大軍のうち、じつに七万人が戦死したのである。カルタゴ軍は五万ほどの軍勢のうち五七〇〇人を失っただけであった。前近代の会戦でこれほどの圧勝、これほど一方的な殺戮となった例は少ない。バアルかメルカルトの仕業としか思えなかったであろう。

数日後、北イタリアでも戦闘があった。プラエトルのポストゥミウス率いるローマ軍が、ボイイー族の奇襲に遭って全滅したのである。このローマ軍はカンナエの戦いより前に、ハンニバル軍中のガリア人を故郷に戻らせるべくムティナ（モデナ）の近くへ向かったのだが、森の中で罠にはまって二軍団が滅び、ポストゥミウスの首はボイイー族の神殿へ持ち去られた。

ローマ市は恐怖に沈んだ。カンナエで両軍が対峙していると伝えられた時からローマ市内は神々への嘆願と供犠で満ち、予兆と神託であふれ返っていた。あらゆる場所で市民がなりふりかまわず神々を味方につけようと祈っていたのだったが、相次ぐ悲報が届いた今、街は喪の様相を呈し始めた。深い、夜のような沈黙が支配し、商店も扉を閉ざした。元老院がアエディリス（按察官――市場を監督する）に市内を巡回させて店を開けて回らせる必要があったほどである。

長い下り坂

何かが変わった

ハンニバルはその軍事的経歴の頂点を極めた。アプリアの海岸地方すべてがカルタゴ軍の支配下に入り、アルピの住民やカプア市はハンニバルを招こうとし、多くの都市の目が一斉にカルタゴ軍へ向けられた。前二一六年のこの夏の何日かの間、カルタゴ軍は全能の力を手に入れていた。一気にローマ市を衝けば何が起こったかわからない。カンナエからローマまでわずか数日の距離であり、しかもこの時点でイタリア半島には、ローマの外港オスティアの艦隊と、新たに徴兵した急ごしらえの二軍団以外、いかなるローマ軍もいなかった。

しかし、八月二日を境に、ハンニバルは急に慎重になるのである。南イタリア、カンパニア地方に腰をすえて、長期的な地盤固めを始める。この方針の転換は、ハンニバルのイタリア遠征の目的の曖昧《あいまい》さによるものかもしれない。対ローマ報復とはいっても、この遠征で具体的に何をどこまで実現するかという明確なプランが最初からあったようには見えない。そこまで考えきる前に「サグントゥム問題」につまずいて開戦せざるをえなくなったというのが真相かもしれない。

ハンニバルの素早さはローマ人の意表を突いてイタリア本土でローマ主力軍を壊滅させることを可能にしたが、この大勝利をうまく利用する準備はハンニバル自身にもカルタゴ本国政府にもできていなかった。カンナエの戦いまで、いわばスペインのバルカ党の主観的な報復主義の勢いに乗って突進したハンニバルは、予想以上の成功を収めた今、イタリアの、そして地中海全体の客観情勢の中に「勝利者カルタゴ」を軟着陸させる必要に迫られていた。老練な外交手腕を要する、困難な作業である。そして——大変な努力にもかかわらず——彼は結局これに成功しない。

ポリュビオスは戦争の行方を左右した要因としてハンニバルの性格分析を試み、しばしば指摘されるその残忍さや金銭欲の噂を検討しつつ、多くの場合、人の行動を決定するのは事態の複雑さや周囲の人間の影響であり、本人の性格ではない——ハンニバルの場合もこの原則があてはまると述べている。慢心したハンニバルが貪欲や残忍性の虜となって略奪・蛮行を繰り返した結果、諸都市を掌握できずに敗北していくという当時の通説に対する懐疑を示していると言える。

実際には、ハンニバルがカンナエ以降、イタリアで試みたことは、「反ローマ」ないし「非ローマ」のゆるやかな同盟の結成であった。前二一六年秋にカルタゴ軍のカンパニア進軍にともなってローマから離反したカプアが、この同盟中最大の都市である。他に同じカンパニア地方のアテッラとカラティア、サムニウム地方の一部、それにアプリア地方のサラピアとアルピとヘルドネア、ブルッティウム地方の住民等が主な同盟者であった。

ローマ側史料は、これらカルタゴ側に寝返った諸都市、特にカプアを、富に驕《おご》った退廃の町として描き出し、ハンニバルがそうした堕落した町の民衆をたきつけて反ローマ運動へと向かわせたかのように物語る。本国カルタゴにおいても「革命」と「民衆」の側を代表するバルカ一族がイタリアでも騒乱の種を蒔《ま》いているという図式であるが、実態とは遠い。カプアでも他の都市でも、カルタゴとの同盟は貴族・有力者の何人かの主導によって締結されていくのである。ハンニバルの「革命」派・「民衆」派的イメージがことさらに強調される背景には、当時のローマの支配層の目に、ハンニバルという外敵と都市下層民衆という「内なる脅威」とが二重写しになっていたという事情があったのかもしれない。

ともあれハンニバルはこのようにして南イタリアを、とりわけカンパニア地方を押さえる努力を重ねつつ、ローマが和を乞うてくるのを待った。カンナエの勝利の直後、彼は捕虜となったローマ人を集め、自分がローマに対して仕掛けているのは絶滅戦ではなく、名誉と支配（＝帝国）をめぐる競い合いなのだと語り、身代金の条件を示したうえで捕虜の代表をローマへ赴かせた。捕虜返還の交渉の名目であるが、カルタロというカルタゴ貴族を同行させ、ローマ側がもし和平に傾いている様子なら、条件を提示するよう指示してあった。しかしローマは市の城門でカルタロを追い返し、捕虜の家族達が民会場に集まって嘆願したにもかかわらず身代金支払いをも拒絶して戦争継続の意思を示した。

カンナエの勝利は、ハンニバルに思ったほどの外交上の成果をもたらさない。幼少時に傭兵戦争・リビア戦争を体験し、また近い記憶として第一次ポエニ戦争の時のローマ軍のアフリカ上陸を伝え聞いた世代に属するハンニバルは、同じように敵の本土を攻撃すれば、ローマの支配体制もあるいは総崩れになるかと期待していたであろうが、それは空想に終わるのである。

マケドニアとシュラクサイ

カンナエでのカルタゴ軍圧勝に動かされたのは、むしろイタリア半島の外の諸国であった。リウィウスは、ローマとカルタゴという「世界でもっとも豊かな」二国間の戦争に、すべての王、すべての民族が注目したと述べている。

なかでもヘレニズム諸国随一の強国マケドニアは、アドリア海をはさんでイタリアと隣接していることもあり、ハンニバル軍のアルプス越えの報せが届いて以来、重大な関心をもって事態を見守っていた。その背景には、ローマがすでに、第二次ポエニ戦争の直前にイリュリア地方をめぐる二回の戦争で、バルカン半島のアドリア海岸に触手を伸ばしつつあるという状況があった。

当時のマケドニア王はフィリッポス五世、前二二一年に即位したばかりの青年王である。フィリッポスにハンニバルとの同盟を勧めたのは、ファロスのデメトリオスだとされる。これは、イリュリアの女王テウタの代官としてアドリア海岸のコルキューラ島を治めていた時、女王を裏切ってこの島をローマ人に渡し（第一次イリュリア戦争の時、前二二九年）この功でイリュリアの地方の支配者とされたが、今度は周囲のローマ保護下の都市を攻撃したかどでローマに攻め込まれ（第二次イリュリア戦争、前二一九年）、マケドニア宮廷へ逃げてきていた――ギリシア世界へのローマの介入のきっかけをつくったという意味で疫病神のような――人物であった。イタリアでのローマの三度の大敗を見たフィリッポス五世は前二一五年夏、ハンニバルの陣営へ使いを送り、対ローマ戦争のための条約を締結する。

ポリュビオスの断片がこの条約の全文を伝えているので、この時点でのカルタゴ、マケドニア双方の立場が手に取るようにわかる。条約はハンニバルおよび彼に同行していたカルタゴ政府の代表全員とフィリッポス五世の全権使節クセノファネスとの間で締結され、双方の神々の神前で誓言されており、そこに列挙されている神々の名――ゼウス、ヘラ、アポロン、カルタゴの守護神、ヘラクレス、ポセイドン等々――はカルタゴ側、マケドニア側の宗教体制を研究するうえでのまたとない史料である。特におもしろいのはギリシアの神々の名に置き換えられずに、「我々とともに戦うすべての神々、太陽、月、大地、川（複数形）、港（複数形）、水（複数形）」として登場している神々があることで、これらはギリシアにはそれに相当するもののないカルタゴ独自の神、あるいはカルタゴ軍中の傭兵等の異民族の神々に言及したものなのであろう。

フィリッポス５世のコイン
D. Hoyos, *Hannibal's Dynasty*, London, 2003

神前で誓われた内容は、「フィリッポス王とマケドニア人達およびその同盟国である限りのギリシア人」が「カルタゴ人達とハンニバルおよび彼の同行者、カルタゴの支配下にあって同じ法のもとにある者、ウティカ人達、カルタゴ支配下の全都市および諸種族、兵士と同盟者達、イタリア、ガリア、リグリアの同盟者およびこれ以降同盟者となる全都市および諸種族」に保護と援助を与え、他方、これらカルタゴ側の全構成員もマケドニア側の全構成員に保護と援助を与えるというものである。そしてカルタゴ側はフィリッポスの敵を敵とし、マケドニア側もカルタゴのローマとの戦争において勝利の日まで同盟者となると誓っている。ローマ人が和約を求めた場合の規定が含まれていることも重要で、つまり両国は必ずしもローマの滅亡を目的としてはおらず、どこかの時点で講和することも想定しているのである。この条約を締結したマケドニアは以後ローマとの戦争に突入し（第一次マケドニア戦争）、ローマは東方にも敵を抱えることとなった。

マケドニアと並んで、カンナエの戦い以降、カルタゴの同盟者となったのが、シチリアのシュラクサイである。第一次ポエニ戦争の時、早々にローマ側についたシュラクサイ王ヒエロンは、この頃九〇歳以上の高齢で没し、跡を継いだ孫息子のヒエロニュモスはわずか一五歳であった。

即位直後、新王に対する陰謀事件――これには親ローマ派の側近が関与していたとされる――が摘発され、残りの側近達はイタリアのハンニバルに使節を送ることを進言し、ヒエロニュモスはこの意見に従った。使節として選ばれたのは、キュレネとアルゴス出身の二人のギリシア人であり、この二人とハンニバルが派遣したシュラクサイからの亡命者ヒッポクラテスとエピキュデス兄弟（この二人は祖父の代にカルタゴへ亡命し、カルタゴを母国として、ハンニバル軍に従軍していた）の仲介で、カルタゴとの条約締結が実現する。カルタゴは陸海軍でヒエロニュモスがローマ軍をシチリアから追い出すのを援助し、その後は「ヒメラ川」を境界としてシュラクサイとカルタゴとでシチリアを折半するという内容である。

シチリアのリリュバエウムに駐屯していたローマの司令官は、二度にわたってこの条約締結を阻止するためにヒエロニュモスの宮廷へ使節を送り、祖父ヒエロンが結んだローマとの同盟を維持するよう迫ったが、無駄であった。少年王はイタリアでのハンニバルの勝利に強い印象を受けていた。彼はプトレマイオス朝エジプトを反ローマ同盟に引き込むために自分の兄弟達をアレクサンドリアへ送ってさえいるのである。ヒエロニュモスはさらに、全シチリアをシュラクサイ領とし、カルタゴはイタリアを支配すればよいではないか、との提案まで行ったが、カルタゴは反対しなかったようである。なんとしてもシュラクサイを味方につける必要があった。こうして前二一四年春、シュラクサイはシチリア西部のローマ軍と開戦した。

地中海大作戦

マケドニアとシュラクサイが対ローマ戦に踏み切ったことで、第二次ポエニ戦争はイタリア半島およびイベリア半島でのローマ、カルタゴ二国間の攻防から、全地中海的ひろがりをもった、当時の主要な強国を巻き込んだ大戦へとエスカレートした。「ローマ包囲網」の形成である。

このような構造はおそらく前二一六年のカンナエの戦いの直後に芽生えていた。カンナエの勝利の報せを受けたカルタゴ政府は、スペインの残留部隊（ハンニバルの弟ハスドゥルバル指揮下の）救援のために一万を超える軍勢を送ると同時にサルディニア島奪回にも乗り出した。他方、イタリア半島へは前二一五年夏にヌミディア騎兵と新たな象部隊、それに軍資金がカルタゴ艦隊によって送られている。さらにシュラクサイでも老ヒエロンの在世中から宮廷内で親カルタゴ派の暗躍が始まっていた。こうして見ると、ハンニバル軍のイタリアでの成功と同時に、本国政府がサルディニア、スペインを確保し、あわよくばシチリアへも手を伸ばして外側からイタリア半島を囲み、ローマに和を乞わせて講和条約締結にもちこみ、おそらくはハンニバル軍のイタリアからの撤退を交換条件としてイタリアの外で占領できた地域およびイベリア半島へのカルタゴの支配権をローマに認めさせる、というような方針が浮かんでくる。前二一六年末から前二一五年にかけてはこのような構想は非常に現実的であった。

しかし前二一五年のうちにサルディニア奪回計画は失敗する。カルタゴが援助した現地民の蜂起は鎮圧され、カルタゴ本国からの援軍も嵐に遭って間に合わず、敗退する。スペインでもハスドゥルバル軍はグナエウスとプブリウスのスキピオ兄弟を相手に苦戦し、前二一五年にはエブロ川の近郊で大敗する。またフィリッポス五世のマケドニア軍のアドリア海域、イリュリア地方での作戦も前二一四年、ローマ軍の奇襲に遭って後退を余儀なくされる。

シュラクサイのヒエロニュモスはといえば、同じ年の夏にはもうマルクス＝クラウディウス＝マルケッルスのローマ軍にレオンティーニを奪われ、殺害される。シュラクサイでは一時、この僭主《せんしゅ》を倒した寡頭派が政権を握ってローマとの和睦を図ったが、結局、ハンニバルが使節として送り込んであったあのヒッポクラテス、エピキュデス兄弟が政権を奪取した。シュラクサイがハンニバルの手足ともいうべきものに変質したのを見たマルケッルスは、たちまちこの都市を包囲し、以後二年近くの攻防戦が続くのである。

数学者アルキメデスがこの籠城戦において得意の力学を応用したさまざまな器械でローマ軍の攻撃を撃退したエピソードは、よく知られている。巨大な投石器や弩《いしゆみ》から正確な射程距離を測って撃ち込まれる石や矢、ローマ側の攻城機を無力にする何トンもある石や鉛の落下

マルケッルス像　「ローマの剣」と呼ばれたマルケッルスはハンニバルを相手に善戦した。D. Hoyos, 2003より

装置、そしてローマ船の舳先を垂直にまで吊り上げて沈没させる大クレーン。もしただ一ヵ所立つ場所を与えてくれたら地球を動かしてみせると豪語した老アルキメデスは、シュラクサイの人でヒエロン王の宮廷の重鎮であり、故郷の町の防衛戦に持てる知識のすべてを注ぎ込んだのであった。

シュラクサイの善戦に助けられて、カルタゴ軍はシチリアでは比較的有利に戦争を進め、アクラガスを押さえ、シュラクサイを囲むローマ軍を外から攻撃する展開にもなりかけた。

潮の変わり目

前二一二年前半には事態は再びカルタゴ優位に傾くかに見えた。イタリア半島南部のタラス市の奪取によってハンニバル軍が南イタリアを本当に制圧したといえる状況になり、またアドリア海をはさんだイリュリア地方ではマケドニア軍がアドリア海岸の要衝アポロニアに迫っていた。

しかしその夏、すべてが暗転し始める。まずシチリアでは本国から遠征してきたカルタゴ軍の間で疫病が広がり、司令官ヒミルコも斃《たお》れ、続いて夏の終わりにはとうとうシュラクサイが陥落した。マルケッルス軍による虐殺と略奪のなかでアルキメデスも殺された。シュラクサイが失われたこの時点で、「ローマ包囲網」構想は破綻したと言える。

ローマはこの勝利に乗じて外交攻勢に出る。まず東方では、北西ギリシアの部族的連合体であるアイトリア同盟をフィリッポス五世のマケドニアに対する軍事同盟に引き込むことに成功した。背後に敵を抱えることになったフィリッポスは動きを封じられ、ジリ貧となっていく。

スペインでも、そしてアフリカ本土でもカルタゴ陣営から離脱しようとする動きが活発化する。特にアフリカにおいて前二一三年以降、ヌミディア人の王シュファックスがカルタゴに叛旗を翻《ひるがえ》しつつあったことは、スペイン戦線にも影響した。ハスドゥルバルはその軍勢の一部をシュファックス鎮圧のためにアフリカへ送らざるをえなかったのである。

それでも前二一一年までは両陣営は互角と言えた。イベリア半島では、スキピオ兄弟率いるローマ軍が相次いでハスドゥルバル・バルカに敗れ、二人とも戦死した。エブロ川付近から南のグアダルキビル川流域まで進みつつあったローマ軍は、一時壊滅状態となる。この機に乗じればカルタゴはスペインを確保できたはずだが、将軍達の内紛が邪魔をした。ハスドゥルバルとマゴのバルカ家の二人に対し、本国から来たギスコの子ハスドゥルバルが喧嘩を売ったらしい。

しかし同じ年、イタリアではカルタゴ側にとって破局といえる事態が起こっていた。前年から、ローマ軍のカンパニア作戦――カプア包囲戦が進んでいた。カプア市こそはカンナエの勝利の最大の果実であったから、はるか南のタラスにいたハンニバルはカンパニアへ急行したが、カプアを囲むローマ軍は柵の向こうに陣取ったまま誘い出されはしなかった。騎兵が動ける空間へ出たら終わりだとよくわかっていたからである。カプア周辺はすでに略奪され尽くしていて飼葉となる草もなかったので、騎兵を率いたハンニバルは長くそこに留まることはできなかった。

彼は、代わりにローマ進軍を試みる。ローマ市を本当に陥落させることは無理でも、ローマ包囲の報が伝われば、カプア攻撃中の敵が包囲を解いて救援に向かうだろうと考えたのだが、この見込みもはずれた。ハンニバルが城門近くに迫った時、ローマのこの年の二人のコンスルは一軍団の徴募を終えたところで、偶然その日が徴兵された兵士の集合日にあたっていた。コンスル達はこの軍団をもってハンニバル軍の前に陣を構え、攻撃を阻むことができたのである。ハンニバルは撤退するしかなかった。カプアを見捨て、ブルッティウム地方へと戻る。カプアは陥落し、親カルタゴ派の貴族達は斬首され、全イタリアへの見せしめとされた。カンパニアは失われた。ハンニバルはカンナエの勝利で得た勢威と名声を使い尽くしてしまった。あとは敗北への長い下り坂が続くばかりである。

スペイン戦線

前二一〇年から、第二次ポエニ戦争は新たな局面に入る。かつての輝きを失ったハンニバル——彼はまだ南イタリアでしぶとく戦い続けていたが——に代わって新しい人物が登場する。プブリウス＝コルネリウス＝スキピオ。スペインで戦死したプブリウス＝スキピオの同名の息子であり、スペインのローマ軍を立て直すべく送られた二五歳の青年で、これは奇しくもハンニバルがかつて義兄ハスドゥルバルの暗殺後、スペインのカルタゴ軍の将軍となったのと同年齢であった。

このスキピオ（大スキピオ）がスペインに赴任した翌年（前二〇九年）、守りの手薄なカルタゴ側の本拠、カルタゴ・ノワ市を奇襲によって陥落させた直後のエピソードがある。あまたの捕虜の中から年配の貴婦人が進み出て、彼の足元に身を投げ出し、カルタゴ人がしたよりもっと正しい配慮をもって自分達を扱ってくれるよう、涙ながらに頼んだ。この婦人はスペインのイレルゲテス族の王アンドバレスの兄弟の妻で、アンドバレスの娘達とともにカルタゴ側に人質として出され、カルタゴ・ノワに捕らわれていたのである。

必要な物はすべて与えるよう指示してあるはずだ、と言うスキピオに、貴婦人は「将軍よ、もし私達の願いが食べ物のことだとお考えでしたら、私の言う意味を正しくとっていらっしゃるとは言えません」と答えた。スキピオははっと気づき、アンドバレスの娘達や他の諸王の娘達の若さと美しさに目をやって涙を浮かべた。彼女達がさらされている危険の性質、それを貴婦人がどんなにわずかな言葉で伝えたかに心動かされた彼は、自分の姉妹・子供に対するのと同じ配慮をしよう、信頼できる男達を付き添わせようと誓ったという。

大スキピオ像　D. Hoyos, 2003より

戦時に蹂躙《じゅうりん》される女性に対するローマ騎士道を示す例であるが、もちろんこれは例外的パフォーマンスであり、陥落したカルタゴ・ノワ市内ではローマ兵による組織的な略奪・暴行が行われていた。ポリュビオスによれば、市の城門を破ったあと、スキピオは部隊を市内の都市住民攻撃に

向かわせ、出会った者は一人も容赦せずに殺させたという。これは恐怖をひき起こすためであり、ローマ人が都市を占領した時には、人間が殺されているだけでなく、犬も真っ二つに裂かれ、他の動物も四肢をバラバラにされているのが見られる、と彼は付け加えている。

実際には、残忍さ、冷酷さにおいて、ローマ軍はカルタゴ軍と択ぶところはなかったが、にもかかわらず、「スキピオの寛容」はまったくのフィクションというわけではなかったであろう。それは大スキピオ自身による、的を絞った政治的ポーズであり、イベリア半島における親カルタゴ陣営を精神的に切り崩すべく巧妙に計算されたものだった。

イレルゲテス族はスペインの先住民のなかでもカルタゴ軍に多くの騎兵を供給している最大の同盟種族の一つであり、その王アンドバレスは特にカルタゴ人の忠実な友として知られていた。先に述べたスペインにいる三人のカルタゴの将軍の対立もこのアンドバレスの扱いをめぐるものであったらしく、それほどにイレルゲテス族の帰趨《きすう》はスペインの先住民全体の動向を左右するものであった。そもそも大スキピオが、カルタゴ・ノワ市攻略を決定した理由の一つは、「全イベリアからの人質がこの都市に預けられていること」を調査して聞きだしたからに他ならなかった。カルタゴ・ノワを占領して、カルタゴが人質としているイベリア諸種族の人質を寛大に扱い、彼らを介してイベリア中をローマ側に取り込むのが、もともとの狙いだったのである。

スペインのバルカ家の本拠カルタゴ・ノワが失われたことで、ハスドゥルバル・バルカは重大な決断をせざるをえなかった。人質ばかりでなく、そこに蓄えられていたカルタゴ国庫の六〇〇タラントにのぼる金と軍備に欠かせぬ職人達も大スキピオの手に渡り、何より、本国アフリカとイベリア半島をつなぐ最良の港が敵に押さえられてしまったのである。このままスペインで兵力を費消していくよりもイタリアの兄ハンニバルの軍に合流したほうがよいと判断した彼は、スペイン戦線を兄弟マゴとギスコの子ハスドゥルバルに任せ、自らはイベリア半島脱出を試みる。

グアダルキビル川上流のバエクラでカルタゴ・ノワから進軍してきたスキピオ軍に敗れたあと、ローマ軍のいる地中海岸を避けてスペイン内陸を北上し、前二〇八年秋、ピレネー山脈を越えた。翌前二〇七年春、兄と同様、アルプスを越えて北イタリアに入るが、今度はローマ側も準備ができていた。南イタリアで戦うハンニバルにハスドゥルバルが北イタリアから送った使いは、ハンニバルのいるメタポントゥム市を目前にしながらローマ軍の手中に落ち、ハスドゥルバルの動きは逐一ローマ側の知るところとなっていたのである。

ハンニバルと戦っていたコンスル、ガイウス＝クラウディウス＝ネロは、北イタリアでハスドゥルバルと戦うもう一人のコンスル、マルクス＝リウィウス＝サリナトルの軍に合流し、両コンスルはアドリア海に注ぐメタウルス川のほとりで川を渡ってきたハスドゥルバル軍を迎え撃った。ハスドゥルバルは善戦し、象の部隊もローマ軍の前線を混乱に陥れたが、それまでだった。

ローマ軍の右翼が横から回りこみ、まるでカンナエの時のハンニバル軍のようにカルタゴ軍を包囲殲滅した。象達は暴走を始め、象使い達がやむなく両耳の間に打ち込む鑿《のみ》の一撃によって斃れていった。リウィウスによれば六万五〇〇〇のカルタゴ兵が殺されたという。第二次ポエニ戦争で、これほど多くのカルタゴ兵が戦死した例はなかった。ハスドゥルバル自身も戦いながら斃れた。ネロは彼の首を南イタリアまで運ばせ、ハンニバルの陣に投げ込ませた。悲劇的な肉親との再会にハンニバルは打ちのめされ、自分はカルタゴの運命を悟った、とつぶやいたという。

前二〇五年には、マケドニアのフィリッポス五世がついにローマと講和した（フォイニケの和）。イタリア半島の南端クロトンに封じ込められたハンニバルは、もはや何の手も打てなかった。ローマ軍のアフリカ本土侵攻が迫る。この計画の中心にいるのは、この年、コンスルとなった大スキピオで、彼は元老院におけるアフリカ本土侵攻反対派を押し切って、本来の職務管轄（プロウィンキア）であるシチリアに加えてアフリカを管轄とし、上陸の機会をうかがっていた。

マシニッサ懐柔

例によって大スキピオのやり方は軍事的という以上に政治的であり、スペインでと同じようにまずアフリカの諸種族を切り崩すことから始めている。手がかりはスペイン戦役にあった。

マシニッサのコイン　『ローマ人の戦争』（吉村忠典編）、1985年より

話は少し前にさかのぼる。前二〇九年（あるいは前二〇八年）にバエクラでハスドゥルバルを破った時、スキピオはアフリカ人の捕虜の中に一人の美しい王族の少年を見出した。マッシワというこの少年はヌミディア人の王ガイア（リウィウスではガラ）の娘の子で、伯父マシニッサに連れられてアフリカからスペインへ渡ってきていて、伯父に告げずに戦闘に参加し、ローマ軍に捕らえられたのだった。

ガイアの子マシニッサについては、スキピオはすでに知っていた。前年、ローマの艦隊司令官マルクス＝ワレリウス＝メッサラがアフリカへ偵察に行き、ウティカ付近に上陸して捕虜から聞きだしたなかに、マシニッサがたいへん勇猛で、ハスドゥルバルの援軍として五〇〇〇人のヌミディア兵とともに送られることになっているという情報が含まれていたのである。マシニッサを懐柔する好機とみたスキピオは、少年に金の指輪や太い縞柄のトゥニカ、スペイン風の外套と金のブローチといった贈り物をし、丁重に敵陣へと送り返した。

その効果は数年後にあらわれる。前二〇六年、イリパの戦いでギスコの子ハスドゥルバルがスキピオに敗れ、イベリア半島のカルタゴ軍は崩壊した。ハスドゥルバルはガデスに逃れ、そこからアフリカへ渡る。置き去りにされたカルタゴ軍は散り散りになったが、この間マシニッサはスキピオの部将シラヌスと接触するとともにアフ

ドゥッガの霊廟　ヌミディアの王族のものと思われる。ポエニ建築の影響を示す。2009年、栗田伸子撮影

リカへ渡ってカルタゴからローマに乗り換えることについて国民の同意をとりつけようとした。

　このマシニッサの父ガイアの治める王国はマッシュリーという種族の国で、現在のアルジェリア東部からチュニジア西部にかけての地域であり、カルタゴ領に隣接するヌミディア諸国の中でも、最もポエニ文化が浸透していた。両国の境界に近いドゥッガで発見されたポエニ語と古代リビア語（ヌミディアの言語）二ヵ国語併記の碑文――この碑文はマシニッサを祀る神殿の奉献碑文と考えられている――にマシニッサの系図が記されており、それによればガイアの父はジラルサンといい、「スーフェース」であった。カルタゴの最高官職名と同じ名称であり、カルタゴの制度を模倣した地方官職名なのであろう。

　これに対し、より西のイベリア半島に向かい合ったあたりにはシガを首都とするマサエシュリー族の王国があり、その王シュファックスは最強の王で、あまたのノマデスの首長達の中で最も高い位を占め、尊敬を集めていた。

　マッシュリー王国もマサエシュリー王国も史料に登場するのはこの第二次ポエニ戦争期になってからである。おそらく傭兵戦争の時のノマデス（ヌミディア人）の蜂起や、それに続く前二三〇年頃のノマデスの蜂起がカルタゴによって鎮圧される過程で、親カルタゴ的ヌミディア貴族（たとえばあのナラウアスのような）がカルタゴへ忠誠を誓いつつ王号を用い始め、第二次ポエニ戦争期に急速に強国化したものとみられる。ハンニバル軍の騎兵の主力をなすヌミディア騎兵とは、実はこのようなアフリカ社会の変動のなかで登場してきた人々であった。

マシニッサと接触する一方、スキピオは当然シュファックスにも接近し、大胆にも自らアフリカへ渡ってこの王の説得を試みた。ところがガデスから逃れてきたギスコの子ハスドゥルバルも同じ日に王の宮廷を訪れ、両者ともシュファックスの饗宴に連なるという展開となった。王のはからいで、なんとスキピオとハスドゥルバルは同じ寝椅子に横たわって食事したのである。シュファックスとしては、この機会にカルタゴとローマを講和させようという考えであったが、それは実現するはずもない。スキピオはシュファックスと友好条約を結んでスペインへ戻った。

シュファックスのコイン
H. G. Horn, C. B. Rüger (hrsg. von), *Die Numider*, Bonn, 1979より

同じ前二〇六年のうちにマシニッサとの対面も実現した。スペインに一人残ったカルタゴの将軍マゴとともにガデスの島にいたマシニッサは口実を設けてスペイン本土へ渡り、スキピオと面談した。スキピオの長い髪、雄々しく美しい様子にマシニッサは魅了されたた

という。スキピオが司令官としてアフリカへ上陸するなら、マッシュリー王国は全面協力する、カルタゴの命数は長くないだろう、とマシニッサは約束した。

こののちまもなくカルタゴ勢のスペイン最後の拠点ガデスがローマの手に渡る。スペイン情勢に絶望したマゴは、本国からの指示もあってガデスにある艦隊をもってイタリアを攻撃することを決意し、そのための軍資金として本国からの金に加えてガデスの国庫、神殿を略奪し、全市民からもあらゆる金銀を供出させた。ガデスのヘラクレス神殿までが破壊の対象となった。こうして艦隊を組み、ジブラルタルを通ってカルタゴ・ノワに至り、この都市の奪回を試みたが失敗し、ガデスへ戻った。ガデス市民はマゴ軍に対し門を閉ざした。怒ったマゴはガデスの高官達（スーフェース）を鞭打たせ磔刑に処したあと、イビサ島へ向かった。こうしてカルタゴ艦隊はガデスの港から永遠に去り、カルタゴのイベリア半島支配の歴史は終わりを告げることとなった。

ソフォニバの悲劇

以上のような背景があって、前二〇六年末にスペインから凱旋したスキピオが前二〇五年のコンスルとなってアフリカ上陸を計画した時、彼はマッシュリーとマサエシュリーの両ヌミディア国家の援助をあてにできるはずであった。しかしカルタゴ政府もこの危険な情勢を黙って見ていたわけではない。彼らが訴えた手段は政略結婚であった。ギスコの子ハスドゥルバルの美貌の娘ソフォニバはもともとマシニッサと婚約していたらしい。マシニッサは幼少の頃おそらく人質としてカルタゴ市で成長し、ハスドゥルバルに才能を買われて娘を与えると約束された。ところがこの前二〇六～前二〇五年頃、カルタゴ政府は——アッピアノスによれば父ハスドゥルバルがまだスペインにいる間に——ソフォニバをシュファックスに妻として与えた。ハスドゥルバルもこれを追認し、マサエシュリー王国はカルタゴ側に転じることになる。

この間、マッシュリー王国では王ガイアが死に、王位継承をめぐる混乱のなかで、結局ラクマゼスという少年が王位にかつぎ上げられた。この王は、ハンニバルの姉妹の娘と結婚したマッシュリーの実力者マザエトゥルスの傀儡であり、マザエトゥルスとシュファックスは以前から賓客関係にあった。要するにマッシュリー王国はカルタゴの息のかかった一派に乗っ取られてしまった。アフリカへ帰ったマシニッサは、「奪われた父の国」を取り戻すためシュファックス軍とカルタゴ軍を相手にゲリラ的戦闘を続けながら、スキピオ軍の到着を待つことになる。

そのスキピオは前二〇四年、シチリアのリリュバエウムから大軍をもってアフリカへ向かい、ウティカ付近に上陸した。このスキピオ軍の中にはカンナエの戦いの生き残りも含まれていた。スキピオは彼らがこのアフリカ作戦で名誉回復することを認めたのであった。

ウティカを攻囲したスキピオに対し、表面上はまだローマと友好関係にあったシュファックスは、再びローマとカルタゴの和解を勧める。カルタゴのイタリアからの撤退とローマのアフリカからの撤退をバーターにし、カルタゴがローマのシチリア、サルディニア、その他の島々およびスペインの領有を認めるという内容で、カルタゴ政府もこれに望みをかけたが実を結ばない。

スキピオは交渉に応じるふりをしただけで、翌年春（前二〇三年）、突如、ハスドゥルバルとシュファックスの陣を急襲して大敗させた。この敗北により貴族派の代表で反バルカ家的だったギスコの子ハスドゥルバルは失脚し、ハンニバルの姉妹の子である、ボミルカルの子ハンノが将軍の座につく。バルカ家がカルタゴ政府の中枢に戻ってきたのである。

スキピオがカルタゴ市へ向かって軍を進め、海陸から市を封鎖しつつあった頃、西方のヌミディアではマシニッサがシュファックスを追いつめていた。マシニッサ軍にはラエリウス指揮下のローマ軍も加わっていたという。とある川の近くで両軍は合戦し、敗れたシュファックスは落馬して捕らわれた。マシニッサはマッシュリーの王国を取り戻し、さらにシュファックスの妻となっていたかつての許婚者《いいなずけ》ソフォニバと結婚する。

しかし、ハスドゥルバルの娘とマシニッサの結婚をローマが容認するはずがない。スキピオはマシニッサにソフォニバの引き渡しを求め、ローマ兵が首都キルタの王宮へ彼女を捕らえに向かうなか、マシニッサは先回りして妻に毒を渡し、それを飲むかローマの捕虜となるか選ばせた。「結婚の贈り物はお受けします。もしわが夫が妻にこれより良い物を贈ることができなかったのなら、これをありがたくいただきましょう。でも伝えてください――もし葬儀の時に結婚するのでなかったら、もっとたやすく死ねましたものを――と」ハスドゥルバルの娘ソフォニバは、使いの者にこう言って毒を飲み干したという。敗北してゆく祖国に殉じたとも見える死である。

ハンニバルの帰還

いよいよ第二次ポエニ戦争は最終局面に入った。テュネスを占領したスキピオは、カルタゴに講和条件を突きつける。シュファックスが捕虜となったことを知ったカルタゴは展望を失って急速に和平へと傾きつつあった。スキピオのもとに派遣されたカルタゴの三〇人の長老達は大地に身を投げ出して——この動作をリウィウスはフェニキア人の宗教儀式に由来すると想像している——和を乞い、スキピオは、イタリアおよびガリア（北イタリアの意、ここでスペインから来たマゴがまだ戦っていた）からの撤退、スペインの放棄、イタリアとアフリカの間のすべての島々（シチリア、サルディニア、コルシカはすでにローマ領となっているので、それ以外のイビサ島、バレアレス諸島、マルタ島等を指す）の放棄、二〇隻を除く全軍船の引き渡し、それに大量の小麦・大麦と多額の賠償金（諸説あるが五〇〇〇タラントともいう）の支払いを含む厳しい条件を突きつけた。

カルタゴ側はそれでも交渉に応じ、同時にイタリアのハンニバルとマゴのもとへは本国への帰還命令が届いた。ハンニバルは「ハンニバルを打ち負かしたのはローマ人ではなくカルタゴ元老院の悪意と中傷だ」と、イタリアへの援軍を渋り続けた寡頭派グループへの敵意を露わにしたという。

前二〇三年の秋、ハンニバルはついにクロトンを去り、こうして一五年間戦い続けたイタ

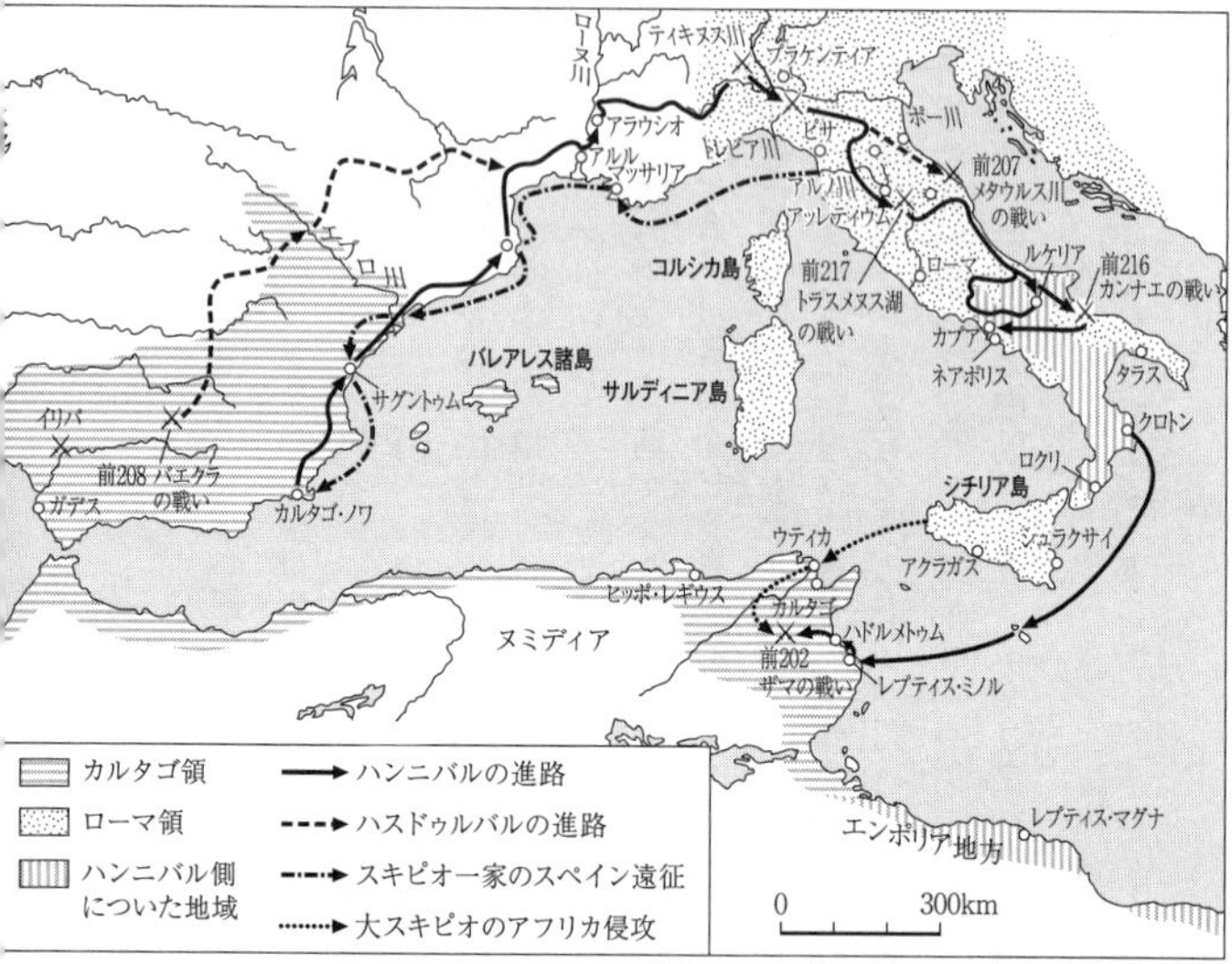

第二次ポエニ戦争時におけるカルタゴとローマの勢力範囲と各軍の進路

リアの地をあとにした。一万五〇〇〇の兵とともにであるが、いくつかの伝承では、彼はアフリカへ行くことを拒んだ兵（二万人ともいう）を出発前に虐殺したという。同じ頃、弟のマゴもイタリアを離れたが、北イタリアでの戦闘で傷ついていた彼はアフリカに着く前に死亡する。ハンニバルはスキピオ軍のいるウティカ市付近を避けて南のレプティス・ミノル（レムタ）に上陸した。ここで彼は兵士達とともに数ヵ月を過ごす。この付近か、その南のタプススとアコッラの間あたりに彼の邸《やしき》があったらしい。おそらくはバルカ家の大所領もあったのであろう。彼が兵士達にオリーブの植林をさせたという伝承も残っている。

ハンニバルの帰還は、カルタゴの主戦派やバルカ党を勢いづかせた。前二〇三年末かあるいは前二〇二年の初め、サルディニアからアフリカへ向かったローマの補給船がカルタゴ市の近くで嵐に遭い、貨物が付近に荷揚げされた時、市内から様子を見ていたカルタゴ市民は広場に押し寄せ、元老院の入口でこれほどの量の戦利品を見過ごすな、と抗議した。ローマとの和平交渉の最中で、停戦中であったが、民衆の勢いに負けた政府は艦隊を出してこの物資を奪った。

スキピオは激怒した。この時すでにローマではカルタゴとの講和条約が先の条件で批准され、誓いもとり交されていたという説もある。スキピオの使節がカルタゴ市に来て、元老院と民会で、誓いと条約を踏みにじったことをなじった、とポリュビオスは伝えている。しかしカルタゴ政府の多数は条約への不服を表明し、停戦は破棄され、戦争は前にも増す激しさで再開された。

ザマの決戦

こうして前二〇二年、ハンニバル率いるカルタゴ軍とスキピオのローマ軍の間でアフリカを舞台とした最後の決戦が行われる。いわゆるザマの戦いであるが、戦場の正確な場所も、日時もわからない。カルタゴ市から南西に五日行程ほど離れた乾燥した平原であったことは確かである。

カルタゴ軍はカルタゴ市民兵、リビア兵と、イタリアからの兵にリグリア人、ガリア人、バレアレスの投石兵、マウリー人等の新たな傭兵を加えて合計四万～五万、対するスキピオ軍はローマ兵、イタリア兵にマシニッサの援軍が加わって合計四万強と両者ほぼ互角の兵力であった。

しかしイタリアでのハンニバル戦法を支えたヌミディア騎兵はマシニッサとともにローマ側についている。その数約四〇〇〇。ハンニバル側にはカルタゴ市民の騎兵以外はシュファックスの縁者テュカイオスの率いる約二〇〇〇のヌミディア騎兵がいるだけであった。しかし八〇頭を超える象部隊が手もとにあった。彼はこれを最前列に配置し、その活躍にすべてを賭けようとした。

戦いを前にして、ハンニバルは最後の演説を行った。カルタゴ市民兵に対しては、もし敗れたら、いかなる苦しみが妻子を襲うか思い浮かべるよう命じ、また自分とともに来た部隊に対しては、この一七年間の連帯と、一緒にローマ人と戦ったすべての戦いを思い出すように励ました。トレビアを、トラスメネスを、そしてカンナエを、と。

もう、戦いは始まっていた。双方のヌミディア騎兵同士が小競り合いを始めていた。ハンニバルは象部隊の突撃を命じる。ラッパと角笛が鳴り響き、何頭かの象は向きを変えてカルタゴ軍に突っ込んだ。残りはローマ軍の前列へ向かったが、スキピオは用意周到にも第二列以下の歩兵隊を、象が通り抜けられるだけの間隔をおいて配置してあった。象達はその隙間を走り抜けてしまい、ローマ軍はほとんど被害を受けなかったのである。ラエリウスとマシニッサの騎兵隊が、象によって混乱したカルタゴ騎兵隊を襲って敗走させ、他方両軍の歩兵隊は白兵戦に入った。

最初のうちはカルタゴ軍前列の傭兵達が優位に立ったかに見えたが、ローマ歩兵が後ろから続々と戦いに加わったのに対し、傭兵隊と後ろのカルタゴ市民兵・リビア兵、さらにその背後のイタリアからの帰還兵の間には相互の信頼と結束が欠けていた。ついに傭兵隊は崩れ、退路に立ちふさがるカルタゴ市民軍を殺し始めた。ハンニバルは最強の部隊であるイタリアからの帰還兵を、決定的瞬間まで温存すべく最後列に置いたのだが、この判断は正しかったのだろうか。ローマ軍とカルタゴ軍の間の空間が死体で一杯になった頃、カルタゴ騎兵を追撃していたマシニッサとラエリウスの騎兵隊が戦場に戻り、ハンニバル軍を背後から襲った。あとは大虐殺である。カルタゴ軍二万人が殺され、二万人が捕虜となった。

こうしてハンニバル軍は消滅した。カルタゴはスキピオの示した新たな講和条件をそのまま受け入れた。前の条件に加えて、一〇隻以外の全軍船の引き渡し、象の引き渡し、アフリカの外のいかなる民族に対しても戦争しないこと、アフリカ内部でもローマの承認なしには戦争しないこと、マシニッサと彼の父祖に属する全家屋、全都市、全財産をマシニッサに引き渡すこと、銀一万タラントを五〇年以内に支払うこと、つまり毎年二〇〇エウボイア・タラントの銀を支払うこと等の苛酷な条件が付け加えられた。

カルタゴは戦争を始める前に所有していたアフリカの諸都市を保持し続け、つまり昔から持っていた土地、家畜、奴隷、その他の財産の保持を認められ、また自らの法と慣習を用いることができ、ローマによる占領は免れた。しかしこれらはスキピオが明言したように勝者ローマのまったくの恩恵であり、締結しつつあった講和条約に背を向けてザマの戦いへと突き進んだカルタゴには、本来期待する権利すらなかったはずの好条件であることが強調された。滅ぼされて当然のところを助けてやった、というのがローマのカルタゴに対する基本的姿勢であり、今後許可なく指一本でも動かしたらその時は、という冷酷な脅しがそこには潜んでいた。このがんじがらめの条件と重苦しい監視のもとで、カルタゴはその長い歴史の最後の日々を生きるのである。

第九章　フェニキアの海の終わり

栗田伸子

最後の五〇年

大カトー現る

紀元前一五〇年代のある日、ローマからの使節団がカルタゴ市を訪れていた。カルタゴとヌミディア王マシニッサとの、最近激化してきた領土紛争を調停するためである。一行の中には、ローマの年老いた権力者、マルクス＝ポルキウス＝カトーがいた。一代で政界中枢に進出した「新人」である彼は、第二次ポエニ戦争中に初陣をはたし、コンスル職にまで昇りつめ、大スキピオの政敵となった。第二次ポエニ戦争の勝利後、奢侈《しゃし》に流れるローマ市民団をケンソル（監察官）として取り締まり、「父祖の遺風」に立ち返ることを説いた復古派である。同時に彼はたいへんな「締まり屋」で、公金の無駄遣いや贅沢を見逃さず、脇の甘い政敵を次々と追い落とした。大スキピオもその兄弟ルキウス＝スキピオもカトー一派によって弾劾《だんがい》され、政界を追われたのである。

そのカトーら一行はマシニッサとの境界争いの仲裁という名目で、カルタゴのアフリカ領をつぶさに見て回った。『農業論』の著者であるカトーは、カルタゴの田園がどれほど勤勉

カルタゴ市街再現図　後方に円形の軍港が見える。Douglas Sladen, *Carthage and Tunis*, London, 1906 より

に耕され、どれほどさまざまな富と資源に恵まれているかを心に刻んだ。使節団はまたカルタゴ市内を視察し、敗れてから半世紀もたたぬのにこの都市が大いに繁栄し、国力も人口も増大しているのを見てとった。一説では、市内に膨大な量の船舶用の木材が蓄えられているのを見たともいう。

カルタゴが調停を断った（彼らは以前、同じ対ヌミディア紛争でのローマの調停が不公正だったので疑心暗鬼に陥っていた）ため、使節団はなすところなく帰国したが、ローマへ戻るやいなや、強烈な反カルタゴ・キャンペーンを開始した。カルタゴは嫉妬の対象というよりむしろ懸念の種だ、これほど巨大で敵対的な都市がすぐ近くでこうも易々《やすやす》と成長し続けているのは脅威に他ならない、というのである。カトーにいたっては、カルタゴを破壊しない限りローマの自由すら危ういと言い張った。彼がこののち、演説のたびに（それが別の話題に関するものであっても）「カルタゴは滅ぼされねばならない」の一句で締めくくったのは、有名なエピソードである。ローマ元老院はこの時点ですでに対カルタゴ戦を決意していたが、口実を求めて、なおしばらくはその意図を隠していた、とアッピアノスは述べている。ただ元老院にはカルタゴ存続論者もいた。スキピオ＝ナシカに代表されるグループで、彼らは、カルタゴがなくなればすでに弛緩しつつあるローマの規律は崩壊する、カルタゴの存在、それが与える恐怖こそがローマのモラルを保っているのだ、と主張していた。

第二次ポエニ戦争終結後、半世紀の間見逃されていたカルタゴはこうして再びローマの目にとまり、それから数年後の戦争で今度こそ完全に破壊されてしまう（第三次ポエニ戦争）。

前二世紀の地中海

カルタゴはなぜ滅びたか――ローマはなぜカルタゴを滅ぼしたか――という問いには、古来、さまざまな答えが用意されてきた。カルタゴ内部における「民主派」＝反ローマ派（バルカ「革命」やハンニバルによる改革の流れをくむとされる）の台頭や、カルタゴの商工業・商品作物生産の発展がローマに脅威を感じさせたとする説、あるいは逆にカルタゴが弱くなりすぎたために放置すればヌミディア王国に併呑されかねず、そうするとヌミディアが強大化して脅威となるのでローマが先手を打って自らカルタゴを滅ぼしたとする説など、さまざまである。

しかしこれらの説は、第三次ポエニ戦争前のカルタゴに、何か他の国にはない特殊な条件――「落ち度」あるいは処世術の欠如――があって滅ぼされたかのようなニュアンスをともなっている点では共通している。カルタゴ側に何か原因がなければローマが滅ぼすはずがない、という理解が前提となっているのだが、この前提ははたして正しいのであろうか。

前二〇一年以降の数十年のうちに地中海周辺は様変わりしていた。ポリュビオスは、第二次ポエニ戦争開始の第一四〇オリンピア期（前二二〇～前二一六年）以来、世界は変わったと言う。それまで各地域の事件はバラバラであったが、これ以降、歴史は関連した一つの全体構造を示すようになり、イタリアとリビアの事件はアシア（小アジア）とギリシアの事件と絡み合い、すべてがただ一つの目標、つまりローマの世界支配へと向かった、と彼は述べる。ローマは第二次ポエニ戦争でカルタゴを制圧するやいなや、ただちに他の地域に手を出し、ギリシアとアシアにあえて出兵した、すなわちその時すでに明確な世界支配の構想を抱くに至っていたというのである。

実際、ローマは前二〇〇年にはマケドニアのフィリッポス五世に宣戦布告してキュノスケファライの戦い（前一九七年）でこれを下し、以後「ギリシア人の自由」の擁護を掲げつつヘレニズム世界征服に乗り出した。マケドニアの次はセレウコス朝シリアが標的となった。シリア王アンティオコス三世は東方の反乱を平定し、東はバクトリアから西はフェニキア、小アジアまで勢力下におさめて大帝国を築きつつあったが、トラキア進出をきっかけにローマとの戦争へと導かれ、テルモピュライとマグネシアで敗れて和を乞わざるをえなくなった（アパメアの和約、前一八八年）。

このシリア戦争の時に、ハンニバルがアンティオコス大王のブレーンの一人として暗躍したことは、カルタゴにとってはローマとの関係を悪化させるマイナス材料だったことであろう。第六章で触れられているように、ザマの敗北後のハンニバルは、不思議にも失脚を免《まぬか》れ、スーフェース職につき、「民主的」と言いうる国制改革を試みたが、ローマの介入と寡頭派の巻き返しにあって失脚し、東方へ亡命してシリア宮廷に身を寄せていた。アンティオコスはテュロスを含むフェニキアを支配していたから、カルタゴはシリアの臣下筋でもあった。

艦隊をもってイタリアを急襲しようというハンニバルの建策は容れられなかったが、彼は実際フェニキア地方から集めた艦隊を率いて、ローマ側についているロドス島の艦隊と戦った。しかし、これが彼のローマに対する最後の戦闘となる。シリア敗北後、ローマへの引き渡しを恐れた彼は、ヘレニズム世界を転々としたあと、前一八三年、小アジアのビテュニアで自殺した。ビテュニア王プルシアス一世の宮廷に亡命中、とうとうローマ使節（キュノスケファライの勝者ティトゥス＝クィンクティウス＝フラミニヌス）に追いつめられ、引き渡される寸前の死であった。

前一六八年、ローマは第三次マケドニア戦争でフィリッポス五世の子マケドニア王ペルセウスをピュドナにおいて破り、戦後、王国を解体して四分国とした。ギリシア世界が完全にローマの支配下に入り、ヘレニズム諸国中最強のマケドニア王国が消滅したことで、もはや軍事的にローマに対抗しうる勢力はなくなる。ポリュビオスの言うローマの「世界支配」――地中海周辺地域全体への命令権《インペリウム》――はこの時点で完成したのである。

しかし、対抗できる相手の不在はローマの軍事行動の停止を意味しない。北イタリアで、イリュリアで、リグリアで、スペインで戦争は続く。とりわけ前一五〇年代後半に入ってからの無数の小戦争は、ローマがすでに自らの勢力圏内に入っている地域の諸種族、諸都市に対してしかけた虱《しらみ》潰し的な掃討作戦であり、「反乱」鎮圧を目的としているものの、力の濫用という印象は否めない。

特にイベリア半島では、一旦は和解したはずの部族への攻撃が平然と実行された。前一五一年から前一五〇年にかけて、いわゆるルシタニー人の反乱制圧の過程で、属州ヒスパニア・ウルテリオルの総督セルウィウス＝スルキピウス＝ガルバはルシタニー人に土地を与える約束をしたあと、彼らを三つのグループに分け、それぞれに割り当てるという土地に連れていって友好の名のもとに武装解除し、周囲を溝で囲んだうえで皆殺しにした。

このように第三次ポエニ戦争前夜のローマは、簡単に戦争をしかけ、簡単に殲滅する戦争マシーンともいうべき様相を呈していた。このモラル・ハザードの背景には、力の驕りというだけではない複合的な原因があった。J・S・リチャードソンらが指摘するように、当時のローマ支配層の間では軍事的栄光をめぐる、とりわけ凱旋式挙行の栄誉をめぐる激しい競争が起きていた。高位の政務官職につく層の世襲化の度合いが高まると同時に、それらの貴族（ノビレス）の青年同士が少数のより高位の官職をめぐって争い、その場合、外地で軍事的業績を挙げたかどうかが、政務官選挙での重要なポイントとなった。また、第二次ポエニ戦争の頃に比べて大戦争は明らかに減っているのに、凱旋式の数は高水準にあり、その陰には重要な戦争でなくても殺した敵の数さえ要件を満たしていれば凱旋式を認めるという、一種の形式化の進行があった。

ローマ人の目は、もはや敵を見ていなかった。いわば内政の論理で外政（戦争）が濫用される、そういう段階に入っていたのである。

その一方でローマの外政そのもの、つまり地中海世界支配そのものは行きづまりを見せつつあった。征服した諸種族・都市を安定的に統治する方式を、共和政期のローマはついに知らなかった。「ローマの同盟者を不正から守るために戦う」というのが唯一の支配の論理であり、そこからは無限の戦争が生まれるばかりであった。しいて言えば被征服者の社会の上層の部分、寡頭政的な要素に肩入れする傾向があったくらいである。

この傾向は、被支配地域の下層民、各都市の没落市民層や奴隷が反ローマの旗のもとに結集する傾向と対をなしていた。第三次ポエニ戦争と並行して起こった「ペルセウスの子フィリッポス」を名乗るアンドリスコスによるマケドニア王国再興の企て（前一四九～前一四八年）は、その一例である。さらにアンドリスコスの乱直後の、ローマとギリシアのアカイア同盟との間の戦争も、詳細な経緯は不明ながら、アカイア同盟内部における革命派／反ローマ派の台頭を背景としたものであった。前一四六年、カルタゴが破壊されるのと同じ頃にアカイア同盟は敗れ、中心的都市コリントスは占領され、徹底的に破壊された。革命派に対する見せしめである。

この前一四九～前一四六年のギリシアの惨状は、同時代人の目にはカルタゴの運命とまったく同じものと映っていた。ポリュビオスはこのギリシアの不幸をギリシア史の中でも最悪とみなし、他方、滅亡したカルタゴは抹殺されてしまったがゆえにもはやそれ以上自分達の不幸を見ないですんだだけましなのだ、と述べている。生きて隷属状態に耐え、その不幸を子孫へ受け継いでいかねばならぬギリシア人の運命こそは本当に恐怖すべきものだ、と言うのである。

以上のように前二世紀の中葉の地中海世界では、殲滅《せんめつ》される都市というのはありふれた光景であった。カルタゴもその一つであったにすぎない。カルタゴが作った「ローマ包囲網」に反撃する過程で、ローマはいわば自動的に地中海全域への支配を完成してしまった。そのローマが口実を設けては支配下の諸民族を攻撃していく時に、「宿敵」カルタゴだけが見逃されるはずもなかった。

ヌミディア王国

とはいっても、戦争の前にその大義を確保するのがローマ流であり、対カルタゴ戦の場合はやはりマシニッサのヌミディア王国との確執が口実であった。傭兵戦争・リビア戦争の時に本格的に開始されたノマデス（ヌミディア人）の反カルタゴ闘争は、親カルタゴ的なシュファックスのマサエシュリー王国をローマ軍と組んだマシニッサのマッシュリー王国が破るという形で第二次ポエニ戦争の最終局面を構成し、ザマの戦いのあとでは西方になおシュファックスの息子ウェルミナの王国を残していたとはいえ、すでにマシニッサの王権は揺るぎなかった。

このマッシュリー王国のことをローマ人はヌミディア王国と呼び、マシニッサの王位の正統性も大スキピオが彼を王として承認したことに由来するとみなしていた。——あのソフォニバの死の直後、スキピオは初めてマシニッサを王と呼び、黄金の冠、黄金の器、彫り飾りのある椅子、象牙の王笏《おうしゃく》、縫い取りのあるトガと棕櫚《しゅろ》の模様のトゥニカを贈った。これらは——黄金の器を除けば——いずれもローマの凱旋将軍の持ち物である。「ローマの友人にして同盟者」であるマシニッサは、当時の地中海世界きっての親ローマ勢力であった。

メドラセンのヌミディア王墓遠景（上）とドーリア式円柱（下）。前3世紀頃。1986年、栗田伸子撮影（2点とも）

ただこのヌミディア王国をたんにローマの傀儡《かいらい》政権とのみ見ることには無理がある。ノマデス（ヌミディア人）の社会における強大な王権の形成の萌芽は第二次ポエニ戦争より前、前三世紀の早い時期にさかのぼる。メドラセン（アルジェリア東北部）の巨大な円形墓はその証拠の一つである。遠目にはエジプトのピラミッドのような印象を与えるこの墓は直径五九メートルの巨大な円錐形で、周囲はドーリア式円柱で飾られた豪壮な造りであり、何らかの集権的な支配体制の存在を示すものである。

地理的にはオーレス山脈の北西、キルタの南に位置するが、マサエシュリー、マッシュリー、あるいはその他にもあったかもしれないどの王権の系譜に属するのかは不明である。シチリアのアガトクレスのアフリカ侵攻の時（前三一〇年）の「リビア（アフリカ）人の王」アイリュマスもすでにカルタゴから自立した存在であった。前四世紀後半から前三世紀にかけて、従来ノマデス（「遊牧民」）と一括されていたカルタゴのアフリカ領周辺の諸種族は明らかに国家形成へ向かい、その動きはドーリア式円柱の採用にも見られるように広義の「ヘレニズム」（土着王権のギリシア化）の流れにも連なるのである。

これらのノマデスの諸王権の中で、前述のようにカルタゴとの国境の町ドゥッガともつながりのあるマッシュリー王権は最もカルタゴ文化の影響の色濃い王権であった。首都キルタ（コンスタンティーヌ）のエル・ホフラ遺跡からはカルタゴのトフェトのものと同形式のポエニ語の奉献碑文の刻まれたステラ（石碑）が多数出土している。

しかし一旦カルタゴから離反し、親ローマ的な統一ヌミディア政権を形成すると、このマッシュリー王国はカルタゴのアフリカ領に隣接するだけに、第二次ポエニ戦争後のカルタゴにとって致命的な敵となった。マッシュリー王権の論理に従えば、カルタゴのアフリカ領全体が本来自分達の父祖の土地であることになるからである。

前一九三年、ハンニバルの亡命の年、カルタゴは彼がアンティオコス宮廷から差し向けたアリストンという密使の事件をめぐって混乱していた。マシニッサはこの隙をついて小シュルティス湾沿いのカルタゴに従属している地域（エンポリア地方）に侵攻し、この地方の諸都市に、カルタゴにではなく自分に貢納するよう迫った。この地域の最大の都市はレプティス・マグナ市で、毎日一タラントの貢納をカルタゴへ払うほど富裕であったという。カルタゴはアリストン事件について釈明すると同時にマシニッサの「不正」について訴えるべくローマへ使いを送り、これに対抗してヌミディア王国の使節もローマへ向かった。

両者は元老院で対決した。エンポリア地方は大スキピオが前二〇一年の和約でカルタゴに属すると認めた境界線の中にあると主張するカルタゴ側に対し、ヌミディア側は次のように述べた。

「大スキピオの定めた境界がどこかという点について議論するつもりはない。土地所有権の真の帰属についていうなら、そもそもアフリカのどこに本当のカルタゴの土地があるだろうか。よそ者としてアフリカに来たカルタゴ人はその都市建設のために一枚の牛皮で囲えるだけの土地を贈り物として与えられた。彼らの定住地であるこのビュルサの範囲の外に彼らがどれだけ領地を広げようとも、それは暴力と不正によって奪ったものにすぎない」。

こう述べたうえでマシニッサの使いは、問題のエンポリア地方の一部についてはカルタゴがある程度の期間、継続的に所有していたことすら証明できないのだから、土地の帰属は未定というべきで、より強いほうが取ってよいのだとして、ローマによる調停の対象地ではないと主張した。今や前五世紀のヒメラの敗戦後にカルタゴが行ったアフリカ内部への侵攻、領土獲得の歴史全体が批判にさらされていた。この時には結局ローマは大スキピオを長とする使節団を派遣して調査にあたらせたが、使節団は判断を保留して引き揚げてしまった。事実上、マシニッサの主張が通ったのである。この結果、エンポリア地方は前一六二年までにヌミディア王国に包摂された。マシニッサはさらに、前一八二年と前一七四～前一七二年に軍を進めたが、前一七二年にはローマは珍しくヌミディア側をいさめたようである。

第三次ポエニ戦争前夜

続く前一六〇年代～前一五〇年代にも、カルタゴとヌミディア王国の土地紛争は繰り返された。興味深いのはこの時期、カルタゴ政界に親ローマ派（寡頭派）と反ローマ派（民主派）と並ぶ第三の党派として、親ヌミディア派がいたことである。アッピアノスによれば、「ホシムクドリ」と綽名《あだな》されたハンニバルがその指導者であった。土地問題で譲歩してでもヌミディアと妥協をはかり、ローマとの戦争の火種を消そうという立場が一応存在したのである。

しかし、対ヌミディア強硬派のほうが優勢であった。その急先鋒であった「民主派」の指導者カルタロは、係争地に陣取っていたマシニッサの臣下を攻撃し、またリビア人農民の対ヌミディア反乱を扇動したという。これは前二〇一年の和約違反のように見えるが、この時点でローマがその点を問題にした形跡はない。ローマの対応は前と同じで、使節団を派遣し、しかし何らかの決定をするのではなくただ和解を勧めるのみであった。

その後まもなくマシニッサは、バグラダス川中流の「大平原」と呼ばれる地域の領有を主張した。ここは北アフリカ有数の穀倉地帯で五〇もの都市があり、テュスカと呼ばれていた。多くの論者は、この紛争が、リウィウスの摘要が伝えている前一五七年と前一五三年のローマの使節団派遣につながったと考えている。この使節団のどちらかにあの大カトーが加わっていて、カルタゴの運命に不吉な影を投げかけたのであった。

アフリカ領の中枢部を脅かされて、カルタゴの姿勢は硬化した。「民主派」は親ヌミディア派のリーダー約四〇名を追放し、かつ民会でこの追放をけっして撤回しないという決議を行った。追放された人々はマシニッサのもとに逃れ、宣戦布告を勧めた。マシニッサは二人の息子、グルッサとミキプサをカルタゴに送り、追放者の帰還を求めようとしたが、カルタゴ軍の長官は市の城門を閉ざして二人を締め出した。追放された人々の縁者達が騒ぎを起こすのを恐れたのだという。しかも帰ろうとするグルッサを「民主派」の指導者の一人ハミルカル（「サムニテス人」の綽名のある）が急襲し、その従者の何人かを殺しさえした。

マシニッサにとってはカルタゴ攻撃の絶好の口実である。ヌミディア軍はたちまちオロスコパという都市を包囲した。今度はカルタゴもローマに訴えようとはしなかった。前一五〇年、ハスドゥルバル指揮下のカルタゴ歩兵二万五〇〇〇と市民の騎兵四〇〇がマシニッサに戦いを挑むべくカルタゴ市を出発した。今までの小競り合いとは違った本当の戦争であり、ローマ元老院が待ちに待った開戦の機会が、第二次ポエニ戦争後の和約にある許可なき戦争禁止の条項ははっきりと無視された。ローマ元老院が待ちに待った開戦の機会が、とうとう訪れたのである。

カルタゴの軍港と商港 P. Cintas, *Manuel d'archéologie punique*, II, 1976より

繁栄の名残

しかし、第三次ポエニ戦争の詳細に入る前に、この時代のカルタゴの姿、その最後の繁栄の様子を一瞥《いちべつ》しておこう。大カトーの演説のせいで、滅亡前夜のカルタゴの復興ぶりはやや誇張されがちではある。イベリア半島をその銀山もろとも失い、一〇隻の軍船以外には海軍すら禁止されたことは大打撃であったにもかかわらず、貿易都市としてのカルタゴはいまだ健在であった。

アッピアノスが描写しているカルタゴ市の二つの港、円形の軍港と長方形の商港は、前三世紀以降、おそらくは第二次ポエニ戦争後に最終的に整備されたらしい。二つの港は互いに行き来ができるようになっていて、海からの共通の入口があり、鉄の鎖で封鎖することもできた。第一の港は商船のためで、あらゆる種類の滑車装置があった。第二の「軍船」用の港の中央には島があり、港の周囲にも「島」にも一定の間隔ごとに大埠頭が設けられ、二二〇隻の船が収容可能であった。巻き上げ機や船の装具でいっぱいの倉庫が、そこここに立ち並んでいた。各ドックの入口には二本のイオニア式の円柱がそびえ、港も「島」も柱廊に飾られているように見えた。「島」の上には提督の指令所があり、そこからラッパ手が合図を送り、また提督自らが海と港の全体を見渡して指揮できるように設計されていた。「島」は港の入口近くに高く築かれていたので、すべてを俯瞰《ふかん》でき、逆に港へ入ってくる船からは中の様子が見えにくくなっていた。ドックを外に見せないように二重の壁も設けられているという念入りさである。

機密のヴェールに包まれた港湾地帯から一歩外へ出ると、そこは仕事場の密集する手工業街で、冶金、金銀細工、鉄工等の金属加工業者や陶器造り、毛織物工や染物工が昔ながらの仕事を続けていた。前五～前四世紀の最盛期は過ぎたとはいえ、これらの作業場はなお地中海世界有数の生産力を保っていた。第二次ポエニ戦争の間中、毎日大楯一四〇枚、短剣三〇〇振り、槍五〇〇本、弩《いしゆみ》用の矢一〇〇〇本を供給し続けたと地理学者ストラボンは述べている。

この職人街よりも北に、海岸沿いの城壁とビュルサの丘の間に挟まれて、商店街と住宅街が南北に長く延びていた。その向こうは墓域である。メインストリートから丘のほうを振り返れば、エシュムン神殿をはじめとする巨大な建物が重なり合って見える。カルタゴ市は第二次ポエニ戦争でも戦災を免れたので、それらの建物群は前五世紀頃からの町の発展の様子をとどめ、神殿の古い伽藍の中には建国当初からの歴史を誇るものもあったであろう。

ただ、昔に比べると、町並みはひどく立て込み、雑然としていたかもしれない。前五世紀のあの海の門はもう取り払われ、海岸の城壁のすぐ近くまで家屋が迫っていた。市の城壁の外に広がる田園地帯がアガトクレスやレグルスの侵入で危うくなって以来、田園の邸の住人達も、またケルクアンのようなボン岬の職人町の人々も、住居を引き払ってカルタゴ市内に移ってきていた。最近のヌミディア王国軍の侵入でアフリカ領全体が危険になったことで、市内への人口集中はいっそう急激となったであろう。滅亡前のカルタゴ市の人口は少なくとも一〇万、おそらくは二五万人にまで膨れ上がっていた（七〇万というストラボンの説は誇張であろう）。

アッピアノスはビュルサの丘の麓に「六階建て」の建物が軒を連ねて聳《そび》えていたと書いている。これらは最後の世紀におけるカルタゴ市の大発展を物語るとともに、もはや城壁の中でしか、それもカルタゴ市の本来の範囲であるビュルサ地区でしか安心を実感できなくなっていた当時の状況を映し出す光景だったかもしれない。第六章で見た「ハンニバル街」の開発も、このような文脈で考えるべきであろう。市の位置する岬と大陸の間の地峡部には巨大な三重の城壁が設けられ、それはこの都市がアフリカの田園とその住民達、リビア人やノマデス（ヌミディア人）に対して抱く、深い恐怖と警戒心を示していた。

ともあれ、町はまだ繁栄していた。貿易も商工業も、他のアフリカ都市からの貢納も、巨富をもたらしていた。ローマへの毎年二〇〇タラントの五〇年賦の賠償金を敗戦後一〇年で一括払いしようと申し出た話は有名である。はるか東地中海のロドスからも輸送用のアンフォラが届いていた。

それ以上に興味深いのは、イタリア半島との盛んな交易を示す証拠が見出されていることである。「カンパニア式A」型に分類される陶器片が、「ハンニバル街」から多数発見されている。おそらく滅亡前の五〇年間、カルタゴにはかつてない数のイタリア商人、カンパニア商人が訪れていた。イタリアとアフリカの交易は、昔のフェニキア人の貿易のような少量の奢侈《しゃし》品取引というより、農産物などもっと大量の日常品を扱う貿易に移行していた。この密接さがカルタゴ破壊論者の目には、逆に食卓まで敵に握られているいまいましい事態と映ったのであろう。見事なリビア産の無花果《いちじく》を人々に示して、船でわずか三日の距離の所にこれほど豊かな土地があると強調した大カトーのエピソードはあまりにも有名であるが、ローマとカルタゴの近さこそが、彼がローマ人の危機意識をあおる際の最大の論拠であったことを伝える点で、やはり重要である。

カルタゴ滅亡

最後の交渉

前一五〇年の事態に戻ろう。ハスドゥルバル指揮下のカルタゴ軍はヌミディア軍に砂漠へと誘いこまれ、大決戦に至った。八八歳の老王マシニッサ自らが、ノマデスの流儀に従って裸馬にまたがってヌミディア王国軍を指揮していた。カルタゴ軍がやや劣勢のまま戦闘は膠《こう》着《ちゃく》状態となり、食糧の補給を断たれた彼らは飢えと疫病で破滅した。残った者は武器を捨て、トゥニカ一枚で敵陣を通って帰ることを許されたが、マシニッサの息子グルッサの騎兵隊に追い討ちをかけられ、多くが殺された。カルタゴの全軍五万八〇〇〇のうち、無事にカルタゴ市へ戻れたのは将軍ハスドゥルバルを含むほんの一握りにすぎなかった。

この戦争の結果が伝わると、ローマはすぐに全イタリアから徴兵し、戦争準備に入った。まだ目的は明らかにせず、緊急事態に備えるため、というのである。狼狽したカルタゴ政府は、マシニッサとの戦いを主唱した人々、指揮官ハスドゥルバルと軍長官カルタロその他に死刑を宣告すると同時に、ローマへ使節団を送って弁明に努めた。

ローマ元老院の対応は、木で鼻をくくったようだった。責任者の処罰もローマへの使いも、「戦って負ける前に」すべきことだった、と元老院議員の一人が言った。もし自分達が何か悪いことをしたのなら、どうやって償ったらいいかと尋ねるカルタゴの使節に、ローマ元老院は「ローマ人を満足させねばならない」と答えた。賠償金の増額か、係争地をマシニッサへ引き渡せばいいのか、と議論したあと、困り果てたカルタゴはもう一度ローマに使節を送り、どうすれば満足するのか問うたが、「カルタゴ人はよくわかっているはずである」との答えを得たのみである。

カルタゴ市民の不安が恐怖へと変わりつつあったこの時、ウティカ市が離反した。カルタゴと並ぶ良港でカルタゴ攻めの基地として絶好のポジションにあるこの町は、いち早く形勢を悟って自らをローマに委ねた。ローマ元老院はこれを受けてカピトリウムの丘に集まり、対カルタゴ戦争を決議した。すぐに前一四九年の二人のコンスル、マニウス＝マニリウスとルキウス＝マルキウス＝ケンソリヌスが陸海軍を率いてシチリアまで派遣される。彼らにはカルタゴを大地へと倒壊させるまで戦争をやめるなとの秘密の指令が与えられていたという。大艦隊と無数の軍勢、八万の歩兵と四〇〇〇の騎兵が集められた。結果のわかっているこの大遠征に加わろうと、ローマ市民からも同盟諸市からも多くの志願兵が殺到した。

宣戦布告を知ったカルタゴ政府は、再びローマへ使節を送る。ローマ元老院は今度は条件を示した。三〇日以内にカルタゴの最も高貴な家柄の子供達三〇〇人を人質としてシチリアにいる二人のコンスルに渡し、他の命令にも従うならば、カルタゴの自由と自治は保たれ、アフリカの土地の保持も認められる、というのである。人質は渡された。カルタゴの港では、貴族の母親達が、子供を乗せた船の出航を阻止しようとしてある者は錨《いかり》を抱え、ある者はロープを切り、水夫達にしがみついて抵抗したけれども無駄であった。はっきりした条件も確定させずに子供達を引き渡すのは都市そのものを敵に渡すのと同じだ、という彼女らの直感は正しかった。人質をシチリアで受け取ったローマのコンスル達は、子供達をそのままローマへ送ってしまい、戦争を終える条件についてはローマ軍がウティカに着いてから伝える、というのだった。

数日後、ローマ軍はもうウティカへ上陸し、その昔大スキピオが陣を構えたのと同じ場所に基地を造った。訪れたカルタゴの使節はロープで隔てられて、高い椅子に座って威厳を示す二人のコンスルのそばに近づくことさえ許されなかった。使節達はそれでもローマの寛容を求めて訴えた。カルタゴの古い歴史、その規模、海と陸にまたがる広大な支配圏をどれほど長く保ってきたかを語り、そのような都市が今この運命の変転に直面しているのに対し、情けをかけてくれるように願った。条約は守っている。船も象も人質も渡したではないか、と。これに対するローマ側の返答は、あらゆる武器を引き渡せという命令であった。

「海を捨てよ」

武器の引き渡しもただちに実行された。実は、カルタゴ側には懸念があった。先にマシニッサとの戦争に負けて死刑を宣告された将軍ハスドゥルバルが二万もの兵を集めて市の城壁の外に陣取り、政府を威圧しているところだったので、カルタゴ市の側が武器を手放せばクーデターを招く恐れがあったからである。この事情を聞くと、ローマ側はハスドゥルバルの件は自分達にまかせるように言い、武器を渡せと繰り返した。もし平和を本当に望んでいるのなら武器など必要ないはずだと迫ったのである。

二〇万人分の完全武装用の武器、無数の投げ槍と投げ矢、二〇〇〇もの投石器械《カタパルト》が引き渡され、カルタゴからウティカのローマ軍基地へと運ばれた。カルタゴ元老院の重鎮らと有力市民達、さらに神官その他の高貴の人々がこれに同行した。その彼らにコンスルの一人ケンソリヌスが告げた最後の要求は、カルタゴ市そのものの引き渡しであった。

「汝ら自身は自分の領内のどこへなりと好きな所へ――ただし海から最低八〇スタディオン(約一四・二キロ)以上離れた場所へ移るがよい。汝らの都市を我々は地に引き倒す」――ローマ人がまだ話し終わらぬうちに、カルタゴ人達は天に手をさし伸べて叫び始めた。信義は踏みにじられた。神々よ、彼らに復讐を加えたまえ、と口々にローマを呪った。わざとローマ人を怒らせて使節殺しの大罪を犯させようとするかのように。そして大地に身を投げ出し、地面を手で叩き、頭を打ちつけ続けた。そして最初の狂乱が去ると、そのまま死んだように突っ伏していた。

三〇〇人の子供の人質を要求した時、ローマ人がした約束――カルタゴの自由と自治の保障、アフリカ領の保持――の中には、たしかにカルタゴ市そのものへの言及はなかった。同時代のギリシア人の間には、何といってもカルタゴはすでにローマに決定権を委ねたあとだったのだからローマがどう処理しようと不敬（信義違反は神々への不敬であるが）でも違約でもない、とする者もいた。長年の脅威であり、状況によってはなお覇権を争う可能性のある国を滅ぼして、ローマの世界支配を安定させたのは、政治的理性の表れに他ならない、とする者もいた。他方、ローマの支配欲、さしたる不正を蒙《こうむ》ったわけでもないのに、命令に従おうとしている相手を容赦しなかった専横ぶりを批判する意見もあった。条件を小出しにして相手を欺《あざむ》きながら目的を達したローマのやり口はとても文明国のすることとは思えない、厳密に言えばやはり不敬であり信義違反だとする意見は、当時の良識派の立場だったのであろう。

こうして都市破壊の決定は言い渡された。悲嘆から我に返ったカルタゴの使節の中から、最も著名なバンノという者が発言の許可を求めた。彼はカルタゴが第二次ポエニ戦争後の和約を遵守し、ローマの側に立って三人の王（フィリッポス五世、アンティオコス三世、ペルセウス）と戦った実績を語り、今回の事態においてもすべての命令に応じてきたことを振り返った。「ローマはカルタゴに自由と自治を保障した。カルタゴ市そのものを破壊するのが正当なら、どうやってその自由と自治を保てるというのか」。そして神々の命令によって建設されたこの古い都市を、かつては世界に名を知られたこの町を、その栄光に免じて破壊から救ってくれるように懇願した。ローマ人に対して何の悪いこともしていない神々から、祭典を、祭列を、荘厳を奪わないでほしい。死者から墓を、供物を取り上げないでほしい、との哀願である。せめてもう一度ローマ元老院へ使節を送り、嘆願する機会を与えてくれるよう、彼は願った。

「海はおまえ達に罪を犯させるのだ」とローマ人は答えた。シチリアへ、スペインへと侵略して敗退したのも、ローマ商船を襲い、罰としてサルディニアをローマへ渡すことになったのも、海ゆえである。かつて海上帝国を築いたアテネも急成長後、突然失墜した。海上帝国は商人の富のようにはかなく、今日は利益があがっても明日にはすべてを失う。要するに海洋都市とはしっかりした地面の上の場所というより波間に揺れる一隻の船に近い。今、おまえ達が船影もない海に目をやれば、かつての大艦隊や戦利品を思い出し、再び悪事に誘い込まれるだけだ。海はローマに渡して、内陸で生きよ。そこで農業と静穏を楽しむがよい——このようにローマのコンスルは海上帝国一般への侮蔑を示しつつ、カルタゴの過去の栄光を貶《おとし》め、海を捨てるよう命じるのだった。

三年間

地に目を落としつつ戻ってきた使節団を市の城壁で迎えたカルタゴ市民達は、焦慮のあまり彼らをその場で引き裂かんばかりだった。話を聞く前からすでに誰もが、災厄が降りかかったことを察していた。元老院議場でローマの宣告が伝えられると大きな叫び声が上がり、それは外の群集へも広がった。ローマ側とのやりとりの詳細、特にもう一度ローマへ使いを送る許可を求めた次第が話される間、深い沈黙が元老院議員達と群集を支配した。

しかし使節を送ることさえ拒否されたことを知ると、人々の感情は爆発した。人質引き渡しを勧めた元老院議員達を八つ裂きにする者、反対に対ヌミディア主戦派議員を襲う者、悪い報せを持ち帰った使節達に投石する者、と市内は一時騒乱状態に陥った。この時カルタゴに居合わせたイタリア商人達はひどい目に遭わされた。カルタゴ市民達は街路をさまよいながら最愛の人々の名を、家族の名を呼んだ。自分達を守れなかった神々をとがめる者もいた。ある者は兵器庫へ行ってそれが空なのを見て涙を流し、ある者はドックで引き渡してしまった船を思って嘆いた。とうの昔にローマ人に渡してしまった象達の名を、まだそこにいるかのように呼び続ける者もいた。

この大混乱の中で、しかしその日のうちにカルタゴ元老院は宣戦布告した。同時に全奴隷を解放し、死刑を宣告してあった将軍ハスドゥルバルに赦しを乞うて市外の戦闘を委ねた。城壁内の指揮はもう一人のハスドゥルバルが執ることに

石の砲弾　第三次ポエニ戦争中に使われた投石器械の弾丸。S. Raven, *Rome in Africa*, 1969より

なったが、彼はカルタゴ貴族とマシニッサの娘の間の子であった。この出自ゆえに彼は包囲戦の最中に敵との内通を疑われ、殺されることになる。

元老院はまた、ローマ軍の陣へ使いを送り、もう一度ローマに使節を派遣するための三〇日間の休戦を求めた。この最後の頼みも拒絶された時、市民の間に著しい変化が起こった、とアッピアノスは伝えている。この都市を捨てるくらいならどんなことにも耐えようという固い決意が芽生えた。たちまちあらゆる聖域、神殿、少しでも開けた空間は作業場に早変わりした。そこで市民達は、男女を問わず決まった時程に従って交代で食事をとりながら昼夜休みなく働き続け、毎日大楯一〇〇枚、剣三〇〇振り、投石器械用の弾丸一〇〇〇、投げ矢と槍各五〇〇本、それに作れる限りの投石器械を製造した。投石器や弩の弦を作る材料にするために、女達は髪を切った。

こうして前一四九年から前一四六年まで三年間、都市の陥落その日まで続く第三次ポエニ戦争が始まった。その実態は八万を超えるローマ軍とその同盟国軍総がかりの、一都市カルタゴに対する包囲戦に他ならない。

ローマ軍は二手に分かれていた。マニリウス率いる一隊は本土側から岬の付け根の地峡部へ回り、三重の城壁の側から攻撃する。他方ケンソリヌスは海側から近づいたが、実はここにカルタゴの鉄壁の守りの弱点があった。海岸沿いの城壁は大部分の箇所では海に迫っていて攻撃側が陣取る余地はなかったが、ただ一ヵ所、岬の南側にチュニス湖と海の間を隔てて舌のように延びる帯状の土地があり、城壁攻撃の足場を提供していた。ケンソリヌスはここに陣を構えたのである。

六〇〇〇人でやっと動かせるほどの巨大な破城器械が作られる。湖の、舌状の土地に接する部分は埋め立てられて幅広い道ができ、その上を二つの破城槌《つち》が進んで城壁に一撃を加える。みるみるうちに壁の一部が崩れ、裂け目から市内が見通せた。しかしカルタゴ側は夜になると急いで城壁を修復し、置きっぱなしになっているローマの破城器械に火を放った。圧倒的大軍に包囲されながらも、市民は驚くべき熱意と勇気で何度も攻撃をはね返した。風向きを計算しつつ帆を張った火のついたボートを放ち、ローマ艦隊を焼き払ったこともある。本土側からカルタゴへの補給の拠点ネフェリスを襲ったマニリウス軍を、ハスドゥルバル軍が敗走させたこともあった。

エル・クルーブの霊廟　ヌミディア王ミキプサの墓とされる。前２世紀。1986年、栗田伸子撮影

この最後の日々、カルタゴ市内ではもはや街路を清掃するゆとりさえなかった。S・ランセルの発掘結果によれば、ビュルサの南のとある宝石店——カーネリアンや黒曜石、珊瑚を扱っていた——の前の小道の三段ほどの石段は、道に捨てられ都市破壊の数年前からたまり出した台所ごみ等のせいで、一番下の段が見えない状態になっていたという。武器をとれる者は城壁に張りつき、女子供も土木工事や作業場へ駆り出さ

れ、作業の合間のほんのわずかな時間、我が家へ戻るだけだったのだろう。慌しい食事――しかしそれさえも封鎖が厳しくなるにつれて乏しくなっていった。

前一四八年、一瞬だがカルタゴ人が助かる希望を持てたかもしれない時期があった。新任のコンスル、ルキウス＝カルプルニウス＝ピソは夏中かかってカルタゴとウティカの間にある「ヒッパグレタ」という港町を包囲攻撃したが、住民とカルタゴ軍に撃退された。

ヌミディア王国の情勢も変化していた。マシニッサがついに死去し、跡を継いだ三人の息子のうち、グルッサは好戦的であったが、ミキプサとマスタナバルはローマ軍への加勢を約束しながらもためらっていた。実は、晩年のマシニッサ自身がローマによるカルタゴ破壊決定に失望していた。アフリカのカルタゴ領全体を先住民側に取り戻すという彼の構想は邪魔されてしまい、そのマシニッサの忠誠にローマは疑いの目を向けるようになっていたのである。新しいヌミディア王達の厭戦《えんせん》気分にはそんなことも影響していただろう。ただ一人前線に出ているグルッサ――彼は軍事・外政の担当であった――の陣から、ビテュアという首長に率いられたヌミディア騎兵隊八〇〇騎がカルタゴ側へ馳せ参じた。力を得たカルタゴ側は田園部の町々へ出かけて反ローマ演説を行い、ミキプサとマスタナバル、さらにはマウリー人達に援助を要請し、マケドニアのアンドリスコス（偽フィリッポス）へ使いを送って共同戦線の構築を呼びかけさえした。

小スキピオ登場

簡単に征服できるはずのアフリカ遠征の停滞で、ローマでは翌年のコンスル選挙をめぐり、異常事態が起こった。まだ若年でコンスル立候補の資格すらないはずのプブリウス＝スキピオ＝アエミリアヌス（小スキピオ）が、超法規的にコンスルに選ばれた。ピュドナの戦いの勝者ルキウス＝アエミリウス＝パウルスの息子で、スキピオ家の養子となったこの人物は、高級将校としてカルタゴ包囲戦に従軍し、すでに何度もコンスル達の失敗を補う鋭敏な戦いぶりを見せていた。マシニッサ死後のヌミディア王国の王位継承問題を調停した（この結果、ミキプサ、グルッサ、マスタナバルの三王による共治体制が決められた）のも彼である。ローマ民会はこのスキピオに状況打開の希望を託したのであった。すぐさま各地の王、同盟諸国にスキピオ自身の手紙が送られ、援軍が要請された。前一四七年、コンスルとなったスキピオは彼の師であるポリュビオスらを含む側近とともにアフリカに到着した。こうして包囲戦は最後の局面に入る。

スキピオは、酒保商人が出入りし規律の弛緩した陣営内を立て直したあと、まず市の北側のメガラ地区――ここはバルカ家の邸宅のあった場所で、果樹園と家屋の混じる郊外住宅地であった――に夜襲をかけた。城壁の外の空き家になった個人の家に城壁と同じくらい高い塔があり、ここから何人かのローマ兵が城壁の守備兵を倒して橋を架けて飛び移り、門を開けてスキピオ勢を入れたのである。しかし、メガラ地区の密生した果樹と張り巡らされた灌漑水路が、ローマ軍の行く手を阻んだ。カルタゴは寸前のところで、なおもちこたえた。

メガラ地区からの攻撃を断念したスキピオが次に目をつけたのは海岸の南側、あの舌状になった土地である。こちらの側から港湾地区を攻撃し、そのすぐうしろのビュルサの丘を直接急襲する計画を立てた。そのためにまず地峡部の封鎖を強化することにし、カルタゴの三重の城壁の外側にそれに覆いかぶさるような巨大な城塞を築いた。四辺を堀で囲み、地峡部を完全に遮断したこの城塞の上には高い木製の塔が聳え、そこからはカルタゴ市内の動きが手にとるように見渡せた。

陸からの食糧が途絶え、もはや海上からローマ艦隊の封鎖線を突破してくる冒険商人達による補給しかなくなり、カルタゴ市はみるみるうちに飢餓状態に陥っていく。市内の防衛戦を指揮しているのは昨年まで外の部隊を率いていたハスドゥルバルである。スキピオが赴任した頃にカルタゴ側は彼を市内に呼び戻していた。彼はメガラを襲撃された腹いせにローマ人の捕虜を城壁の上に引き出し、目や舌をえぐり、かかとの皮を剝ぐ等の拷問を加えたあと、投げ落として殺した。ローマ軍の怒りをかき立てるだけの無益な殺戮であった。海上からもたらされるわずかばかりの食糧もハスドゥルバルは自分の三万の兵士に分配してしまい、市民はいっそうの空腹に苦しめられた。

最後のカルタゴ艦隊

この様子を見たスキピオは、海からの道も完全封鎖しようと大工事にとりかかる。あの舌状の土地の位置から少し北の港湾地区まで延びる長い突堤を築き始めたのである。危険を悟ったカルタゴ市民は、思わぬ反撃に出た。前に述べたようにカルタゴの港は長方形の商港と円形の軍港がつながった構造であり、より南にある商港のほうから外海に出るようになっている。今、この港の前に突堤が造られつつあるのを見たカルタゴ側は、北側の軍港のほうから海に出る水路を、ローマ側の視界の外になるよう工夫しながら昼夜兼行の突貫工事で切り開いたのである。女も子供も総出で、この工事に参加した。同時に彼らは市内に残っていた古い船材で三段櫂船と五段櫂船を秘密裏に大急ぎで造り上げた。

港からの新たな出口が突然開き、そこから五〇隻もの大艦隊が出撃してくるのを見た時のローマ軍の驚きと恐怖は大きかった。港の外にはローマ側の艦隊が、長い包囲戦に慣れきり、水夫も漕ぎ手も持ち場を離れた状態で無防備に停泊していた。これがカルタゴの最後のチャンスだった。もしこの時すぐに奇襲していたら、ローマ側の全船を捕獲できたかもしれなかった。しかし実際にはこの最後のカルタゴ艦隊は、その威容を見せびらかして相手を畏怖させただけでその日は帰港してしまった。三日後、カルタゴ艦隊が海戦をしかけた時にはローマ側には準備ができており、せいぜい互角の戦いにしかならなかったのである。

この海戦から帰港する時、思わぬ失敗があった。狭い入り口へ一度に艦隊が殺到したため、遅れて着いた大型の軍船は城壁の外側にあったかなり幅のある埠頭に待避した。これがスキピオに海側からの絶好の攻撃ポイントを教える結果となった。戦争が始まってからこの埠頭には用心のため胸墻《きょうしょう》（手すり壁）が設けられていたが、ローマ軍は破城槌を持って攻めかかった。カルタゴの決死隊が泳いで夜襲をかけたことはローマ人を慌てさせたが、結局、埠頭はスキピオの手に落ち、ここに城壁と同じ高さのローマ側の防壁が築かれた。この防壁からローマ軍が市内へ投石器と投げ槍で雨あられの攻勢をかけるに至って、海の側もいつ突破されるかわからなくなった。

こうして前一四七年の夏が終わって冬に入った頃、陸上で決定的な戦いがあった。アフリカ本土からのカルタゴ市への補給――それはまだ細々と続いていた――の拠点であったネフェリスが陥落したのである。ディオゲネス指揮下のカルタゴ軍はヌミディア王グルッサの騎兵隊に圧倒され、非戦闘員も含めて七万人が殺されたという。スキピオはカルタゴとネフェリス、二つの戦場の間を行き来しながら作戦を指揮した。ディオゲネス軍が消滅したことで、カルタゴの命運は尽きた。この部隊こそが食糧を輸送していたのであり、またアフリカ領の住民もディオゲネス軍の往来を目にすることでかろうじて勇気を保っていたのであった。ネフェリス陥落後、あっというまに残りのすべてのアフリカの地域がローマ軍に降伏し、あるいは苦もなく占領された。

瓦礫と化す

前一四六年の春――飢えと恐怖、絶え間のない攻撃と迫り来る死の気配のなかで営まれていたカルタゴ市民の生活は、とうとう終末に至る。ビュルサの丘と港湾（コトン）地区への攻囲が強まる中、ある夜、ハスドゥルバルは四角い商港のほうに火を放った。スキピオの攻撃を食い止めるためだったろう。

カルタゴの守備兵がそちらへ向かった時、スキピオの部将ラエリウスの一隊は、円形の港

（軍港）の壁に登った。湧き上がるローマ兵の鬨《とき》の声は、もう勝利したかのようだった。たちまち港一帯はローマの攻城器械、材木と足場で一杯になる。飢えと落胆で守備兵の抵抗は弱かった。翌日の夕方までには、ローマ軍は港の周囲の壁を制圧し、隣接する公共広場（アゴラ）を押さえ、武装したままそこで夜を明かし、次の朝四〇〇〇の後続軍とともに市内へ突入した。「アポロン」神殿が略奪され、黄金の社《やしろ》は戦利品として細切れにされて分配された。その間もスキピオの攻撃は住民の多数が逃げ込んでいたビュルサの丘へと向かっていた。公共広場からビュルサへと登る三本の通りの両側には、六階建ての建物が密集している。その一軒一軒をめぐってすさまじい市街戦が展開された。

カルタゴ滅亡の図　19世紀の作品。A. Lloyd, 1977より

ローマ軍は一つの建物を制圧すると、その頂上から狭い通路を隔てた隣の建物へと材木をわたして進むのだった。屋上での攻防戦と通りでの殺戮、真っ逆さまに転落して舗道に叩きつけられる者――目を覆うばかりの惨状である。ついにスキピオがビュルサに到達すると、彼は三つの通り全部に放火させた。そして部隊の通行を妨げないように、焼けた建物の残骸を通路から撤去するように命じた。

ビュルサの遺構　基部がカルタゴ時代の遺構。S. Moscati(ed.), *The Phoenicians*, 2001より

火は瞬く間に市街を包み、家屋が順番に焼け崩れていく。ローマ兵はそれを待たずに建物ごと引っ張って倒壊させ、中にいる人々は石材に押し潰され死体となる。家々の一番奥の隅に隠れていた老人や女、子供達が建物もろとも傷だらけになって悲鳴とともに地面に投げ出される。高層階から落ちて原形もとどめない死体がいたる所にあった。最もおぞましい場面はしかしそのあとだった。スキピオの命令を受けた道路清掃係が、斧《おの》とつるはしと鉤《かぎ》を持って、建物が倒れる端から通路を片付けにかかり、死体も生きている者もこれらの道具で引きずって穴へ放り込み、道を通りやすくするために人間も瓦礫《がれき》も一緒くたにして溝を埋め立てていった。頭を下に生き埋めにされた者の両足が地面から突き出して長いこともがき続けているかと思えば、首から上だけ地上に出ている者もあり、その人々の顔を軍馬が容赦なく踏み砕きながらビュルサへと駆け登っていくのだった。

惨劇は六昼夜続いた。ローマ軍は兵士が殺戮に倦《う》み飽きないように交代制をとっていた。スキピオだけは不眠不休で指揮を執ったが、しまいには疲れ果て、高い場所に腰をおろして作業を見守った。七日目になって、ビュルサの丘の頂上のエシュムン神殿に逃げ込んでいた人々が聖域にあったオリーブの枝を差し出しながら助命を嘆願した。スキピオはこれを受け入れ、ローマ側からの脱走兵以外の命を保障した。聖域の壁の狭い門から五万人ほどの人々が出てきた。これが生き残ったカルタゴ人のすべてである。おそらくその倍以上の市民が市内で命を落としていた。

ローマの脱走兵約九〇〇人は絶望してエシュムン神殿に立て籠もり、この文字通り最後の戦いにはハスドゥルバルとその妻、幼い二人の息子も加わっていた。六〇段の階段のある切り立った聖域の位置が、防戦を容易にした。

しかし最後には、飢えと不眠と恐れから彼らは持ち場を捨てて神殿の屋根へと逃れた。この時、ハスドゥルバルは死の恐怖に負けてオリーブの枝を手にし、スキピオに投降した。スキピオは彼を足元に跪《ひざまず》かせ、屋上の人々に指し示す。裏切られた惨めな人々は、口々にあらん限りの非難の言葉をこのカルタゴの将軍に投げつけたあと、神殿に火を放ち、建物とともに滅んだ。ハスドゥルバル夫人は子供達を脇に置いたまま、盛装して地上のスキピオと夫を見据えていた。その時、スキピオの耳に彼女の言葉が切れ切れに聞こえてきた。――ローマ人達よ、汝らは勝者の権をもってこれをなすのであり、神々もお怒りにはならないであろう。しかしそのハスドゥルバルには、祖国とその神殿群とこの私と子供達を裏切ったその者には、カルタゴの神々が復讐されんことを。汝らをその道具とされんことを――。それはまるでこの滅びゆく都市自身が言葉を発したかのようであった。次の瞬間、彼女は夫へ向かって激しくののしったかと思うと、子供達を殺し、彼らを炎の中に投げ落とし、自らもそのあとを追ったという。

西方のフェニキア人の首都カルタゴはこのようにして、その伝承上の建設から数えて約七〇〇年後（正確には六六八年後）、灰燼《かいじん》に帰《き》した。主《あるじ》を失った街はなお一〇日余りも燃え続け、岬の上には黒煙が重く垂れこめた。スキピオは兵士達に何日間か自由に略奪する期間を与えたあと、戦利品を山積みにした船をローマへ送り、勝利を報告した。シチリアにも使いを出して、その品々の中に過去の戦争で彼らの都市からカルタゴに奪われた物があったら持ち帰るように言ってやった。残りの戦利品は、投降したカルタゴ人達も含めてすぐに売り払った。

エピローグ

フェニキア船の影は地中海から消えた。それはカルタゴ滅亡と同時ではなかったであろうが、破壊を免れたガデスその他のフェニキア系の町々も、その商業網の最大の結節点を失っては、地方的取引へと退行し、やがてイタリア・ギリシア商人の活動の間にうずもれていくしかなかった。約二〇〇年後のポンポニウス＝メラの時代には、「フェニキア的伝統」はもはや目を凝らして見つけ、意識して書き残さなければならないような薄れゆくものになっていた。

カルタゴとカルタゴによって代表されていた地中海のフェニキア的要素が後世に何を残したかを語ることは難しい。カルタゴ「帝国」消滅の過程はそのままローマ帝国の成立過程に他ならず、西地中海だけについて見れば両者は入れ替わった形だが、だからといってローマがカルタゴの支配組織を意図的に継承したわけでもない。むしろローマは彼ら自身のプロパガンダに従えば、背信の「帝国」カルタゴを打倒して、真の、信義に基づく帝国を樹立したのであり、「ポエニども」から受け継いだものなど何もない、と言いたいところであろう。

例外はある。発達した購買奴隷制の存在を前提にしていると思われる、古代としては集約的・合理的に工夫された農業経営である。カルタゴ人はそのアフリカの領土において穀物栽培以外にも多種多様な果樹栽培と牧畜の実績を残し、その知識は「マゴの農書」に結実していた。

カルタゴ破壊の際、ローマはカルタゴの図書館の蔵書を「アフリカの小王達」に譲り渡したが、マゴの農書だけは自らのためにとりのけておき、ギリシア語、ラテン語に翻訳させたという。ローマの著名な農事作家、ワッローもコルメッラもカルタゴ人マゴの書に言及している。いわゆるラティフンディア（ローマ帝国の特にイタリアで展開された奴隷制大土地経営）の要素の少なくともある部分は、まさしくカルタゴ領アフリカに由来する。このように西地中海における奴隷制発達史のような枠組みで考えれば、カルタゴ的段階をふまえてローマ的段階がある、とは言えるであろう。

しかし、全体として見れば、カルタゴ史とローマ史の間には断絶がある。そしてこの断層よりのちの時代の地中海史・ヨーロッパ史はローマ帝国を標準として進んでいくので、フェニキア・カルタゴ的過去はあくまで異物であり、「正史」ではないかのように扱われる（カルタゴが存在した古代には考えられないことで、ギリシア・ローマの著作家の間ではむしろフェニキア・カルタゴとギリシア・ローマの、戦争を含めた諸関係の叙述こそが歴史の王道だったにもかかわらず、である）。

ローマ的標準に逆らうことは西ローマ帝国滅亡後一五世紀以上を経た現在でも努力を必要とすることであり、それゆえカルタゴ・フェニキアを正面から見つめることは難しい。あったと推定されるカルタゴの儀礼殺人／幼児犠牲に対する「断層」以降の全人類の厳しい視線に比べて、ローマ人による武徳の涵養《かんよう》を名目とした娯楽殺人である剣闘士競技に対する視線が、寛容すぎるように感じるのは筆者だけであろうか。

ローマ帝国とカルタゴ海上帝国の相違点は多いが、何より違うのはその支配圏の拡大傾向の性格である。ローマのインペリウム（命令権・支配権）は、第二次ポエニ戦争以降五〇年で全地中海に拡大したが、カルタゴのヘゲモニーはたとえローマに敗れなかったとしても地中海世界統一という方向へ向かったとは考えにくい。

カルタゴ海上帝国が想定している世界は、政治的にはもっと多極的で、各地の文化的異質性が保たれているような世界だったのではないだろうか。もともと東地中海の先進文明地域と西地中海各地との文明の落差・地域差を前提に成り立っていたフェニキア・ネットワークである。地域差と文化の違いこそが、運んでくる品物に独特のオーラを付与していたのであり、のちのローマ帝国統治下の地中海世界の

馬のモザイク　ヴォリエールの別荘と呼ばれるカルタゴのローマ帝政期の住居跡。1986年、栗田伸子撮影

ように上下の階層差はあっても地域差は少ない世界――同質化、「ローマ化」が一挙に進行していく世界――では彼らの商業は窒息したであろう。

この相異なった地域、未知の人々を捜し求める傾向がフェニキア人・カルタゴ人のとび抜けた地理学的探究心、新航路発見につながったことも重要である。自足的なローマは地中海を自分の色に染め上げつつ内海としての地中海世界に籠もり、その帝国は時とともに地中海の上を覆う巨大なドームのようなものになってゆく。カルタゴが滅びた時、地中海世界はその外へ、大洋へと延びていた最も鋭敏な触角を失ったのである。

そのローマ帝国において、ローマによる文明の普及の指標とされるのは支配下の各地域の都市化の度合いであった。ギリシア的都市国家をローマ風に解釈し直し、標準化した都市制度――自治都市とローマによる植民市――は、属州諸社会にローマの法慣行、政治文化／宗教、生活様式が浸透する際の入り口であった。ローマ属州となった北アフリカ諸地域、とりわけ旧カルタゴ領アフリカは、都市化の優等生である。レプティス・マグナやエル・ジェム、そしてローマ都市として再建されたカルタゴ市自体のローマ期の遺跡を見れば、ここが帝国の辺境などではなく、イタリア半島に次ぐような重要地域であったことがわかる。

この発展が、カルタゴ海上帝国の「遺産」によるのか、それともかつてのカルタゴの苛酷なアフリカ支配とローマによる「温和」な支配との好対照を示していると見るべきなのかは判断が分かれる。短期的には後者の見方ももっともであるが、西地中海の他の部分――ポエニ（カルタゴ）期という前段階なしで、より「白紙」に近い状態からローマ期の都市化が開始された地域——と比較しての北アフリカ都市の規模や分布密度や持続性は、やはりポエニ期の文明化の遺産（負の遺産も含めて）という観点ぬきには説明できない。文字の使用、制度化された宗教、都市国家という観念などはポエニ期にすでに準備されていたものである。さらに言えば、逆説的ではあるが、文明都市カルタゴの、文明国であるがゆえの非人間的な収奪に耐えつつ、自らの進歩への道を模索したであろうリビア（アフリカ）人達の数百年間の経験という要素も無視することはできないのである。

最後に、カルタゴ市の再建について触れておこう。征服者ローマはカルタゴを地に引き倒し、その場所を呪い、何人《なんぴと》も住みつかぬように配慮した。約一〇〇年間、カルタゴの岬は虚無の空間で、フェニキア人が来る前よりももっと人気《ひとけ》のない廃墟であった。グラックス兄弟による改革の時期に一度、植民市建設が試みられたが、挫折した。「カルタゴ再建」は、ローマ人自身によるものであっても共和政期にはなおタブーであった。

共和政崩壊期に、まさにその共和政の破壊者であるガイウス＝ユリウス＝カエサルによってこのタブーは破られた。カエサル自身が入植地の建設にどこまで関与したのか（彼がこの構想を抱いたのは暗殺の直前であった）は議論のあるところだが、その後継者であるオクタウィアヌス（アウグストゥス）はカエサルの計画を実行した。

こうして共和政から帝政（元首政）に移行する前後に、カルタゴの地はローマ市その他からの入植者数千人を中心とするローマ都市として「復活」した。アッピアノスによれば、それは破壊後一〇二年目（すなわちカエサル暗殺の前四四年）であったという。カルタゴ以外のポエニ期からの都市、たとえばウティカなどは、共和政期に属州アフリカの拠点としてすでにローマ化が進み、他にもマリウスやカエサルが退役兵を入植させた町は多かったから、カルタゴ自体へのローマ人入植によって旧カルタゴ領諸都市のローマ化（ポエニ系主体ではなくローマ系住民主体の都市に変わるという意味での）は、一山越えたというべきであろう。その後のカルタゴの発展はめざましかった。首都ローマに次ぐ繁栄ぶりと言っても過言ではない。

滅亡したカルタゴ人達から見てこの繁栄が彼ら自身の都市の復活と呼べるものなのかどうか、またローマ時代のカルタゴ市民が少しでも自分達をポエニのカルタゴ人の子孫と思っていたかどうか、論ずべき点はなお多々あるが、このあたりでカルタゴの人々を彼らの滅亡史から解放すべき時かもしれない。古代地中海の歴史の中で六〇〇年以上にわたって彼らが現に果たした、不可欠の構成要素としての役割を直視することが、今、求められている。

学術文庫版のあとがきにかえて

原著が刊行されてから今年で丸七年を迎える。「学術文庫版へのまえがき」で述べられているように、この間、チュニジアから始まった「アラブの春」は中東世界に大きな影響を及ぼし、様々な紆余曲折を経ながらも混迷の度合いはますます強まっていると言わざるをえない。この七年余りの状況を振り返りつつ、いくつかの新しい知見も交えながら未来への展望を込めて「あとがき」にかえたいと思う。

まず、第二章で触れた日本隊のレバノン調査について、少し補足説明をしておこう。私が学生であった頃、レバノン国内は長い内戦状態にあり、現地に行くことはむろんのこと、ましてや調査を行うことなど不可能であった。ところが内戦終了後の復興事業のなかで、レバノン考古庁から日本側に遺跡調査の協力依頼があり、本格的な調査が始まったのが一九九九年。二〇〇二年からは京都大学の泉拓良教授がその任を引き継いで二〇一一年まで調査は継続された。日本隊の成果としては、本書でも触れた二〇〇三年の分銅の発見に続き、二〇一〇年にはティールの地下墓からギリシア語で記された呪詛板やディオニュソスのマスクが発見されるなど、その後の調査で大きな前進をとげたことも挙げておかねばならない。これら一連の成果は、二〇〇八年～二〇一一年度科学研究費補助金、基盤研究（A）研究成果報告書（課題番号20251007）「フェニキア・カルタゴ考古学から見た古代の東地中海」（研究代表 京都大学大学院文学研究科教授 泉拓良）において明らかにされている。代表者を務められたこの科学研究費助成事業に連携研究者として関わらせていただいたことから、二〇一〇年二月、念願かなって初めてレバノンの地を踏むことができた。泉教授が調査中の日本隊の宿舎に泊めていただき、作業の様子を見学したり、レバノン人考古学者の案内で国内各地に残るフェニキア関連の遺跡も回ることができた。現地では発掘いる遺跡の多くはローマ時代以降のものであるが、それでも海岸部を車で走ると、海辺に張りつくように点在する現在の都市は、まさに古代の都市の延長上にあることを実感させられる。バアルベックの遺跡を擁するベカー高原の左右にレバノン山脈とアンティ・レバノン山脈が連なるさまを眼前にし、カディーシャ渓谷では雪の中に聳える希少なレバノン杉の威容に圧倒された。引き続き翌年春には、科研チームの一員としてレバノン調査に同行させて頂き、実際の現場を踏むという貴重な体験を再度させていただいた。泉教授とチームの諸兄諸姉に、記して感謝したい。

二〇一三年三月には、これまで数回訪れているチュニジアに、革命後初めて行く機会に恵まれた。回った遺跡の中には、整備も不十分なまま放置されているところもあり、遺跡を管理する職員からは観光客の減少を憂える声も聞かれたが、その後、二〇一五年三月のバルドー博物館の襲撃事件には大きな衝撃を覚えた。ちょうど原著の出版された二〇〇九年は、チュニジアの国立博物館群から出品された「古代カルタゴとローマ展」（主催・東映株式会社）

が日本で開催された年でもあり、原著および本書の表紙にもその出品作品を使わせていただくなど、チュニジア人研究者との友好ムードも高まっていた時期である。あらためて犠牲になられた方々のご冥福をお祈り申し上げるとともに、研究活動の進展が少しでも損なわれないことを祈念したい。

ところで、一つ、つけ加えておかねばならないことがある。第六章で触れたカルタゴの幼児犠牲の問題に関連して、実は二〇一〇年以来、フェニキア・カルタゴ史におけるトフェトの見直しが再燃している。一九二一年以来数次にわたる発掘調査の過程で、トフェトで発見された骨壺の内容物の分析は随時行われてきたが、最近では、一九七〇年代後半のアメリカ隊の発掘で掘り出された骨壺内の歯や骨片の精密な科学分析をもとに、幼児犠牲を否定するピッツバーグ大学のJ・H・シュバルツ博士らのグループとそれを肯定するヘブライ大学のP・スミス博士らのグループによる論争が雑誌上で繰り広げられている。両者ともほぼ同じ標本を用いているので、その違いは死亡時の子供の月齢決定に用いる基準の誤差によるものである。とりわけ後者は、焼却時の熱による骨の萎縮を考慮すれば、死んだ子供の平均月齢は自然死を想定させる出生前や出生直後というよりも実際は生後一～二ヵ月に相当し、そのピークが特定の期間に集中することは、明らかに意図的な殺害つまり供犠が行われたと考えるのである。一方で科学的データのみに依拠するのではなく、奉納石碑に刻まれた碑文や図像資料の分析あるいは文献史料の解釈によって、カルタゴおよびその他の地域のトフェトをより広く社会的・考古学的・歴史的文脈のなかで捉えて幼児犠牲を肯定するP・クセラ博士ら第三のグループも現れて、今や論争は熱を帯びている。アメリカ・オリエント学会（ASOR）の年次大会においても、二〇一四年のトフェトに関するワークショップや二〇一五年のテーマ・セッションが多くの聴衆の耳目を集めたことは記憶に新しい。一九八〇年代、S・モスカーティ教授によって敷衍《ふえん》された「トフェトは大人の社会とは相いれない幼児のための墓地である」とする言説は、今再び新たな見直しを迫られていると言っても過言ではなかろう。

他にもシチリア・モテュア島でのコトン周辺の発掘調査における神殿遺構の発見など、ここ一〇年に満たない間にも、フェニキア・カルタゴ研究の目覚ましい進展には目を見張るものがある。二〇一七年には、四年に一度のフェニキア・カルタゴ国際学会がサルディニアのオリスターノで開催されることが予定されており、そこで発掘報告も踏まえた最新の研究成果が披露されるであろう。

プロローグでも述べられているように、フェニキア・カルタゴ研究は、従来のギリシア史やローマ史の範疇では構築できない、いわば古代地中海史を補完する重要な研究分野でありながら、わが国ではこれまで真正面から取り上げられることの少なかった分野である。私自身に関して言えば、ここ数年、フェニキア人が地中海に進出していく過程で入植した各地の遺跡を、特に島嶼を中心に踏査して回っている。中央地中海のシチリア島、サルディニア島、マルタ島、そしてより西方のイビサ島、さらには東地中海のキプロス島など、フェニキア人の痕跡は地中海のいたる所に遍在している。文献史料の少ないフェニキア人の実像に迫るためには、今後もこのような現地調査は必要であろう。

多様化する今日の国際化社会で、荒波をものともせず大海原に乗り出し、縦横無尽に活躍したフェニキア人の歴史を学ぶ意義を改めて考えつつ、筆を擱くことにしたい。

二〇一六年　七月

佐藤育子

・アラン・ロイド『カルタゴ――古代貿易大国の滅亡』木本彰子訳 河出書房新社 1983年
・ストラボン『ギリシア・ローマ世界地誌』全２巻　飯尾都人訳　龍溪書舎　1994年
・P. MacKendrick, *The North African Stones Speak*, London, 1980.
・S.Raven, *Rome in Africa*, London, 1969.
・J.Rich, G.Shipley(eds.), *War and Society in the Roman World*, London;New York, 1993.
・J.S.Richardson, *The Romans in Spain*, Oxford, 1996.

1991.
- B.D.Hoyos, *Unplanned Wars:the Origins of the First and Second Punic Wars*, Berlin;New York, 1997.
- J.F.Lazenby, *The First Punic War*, London, 1996.
- S.Moscati, *L'Empire de Carthage*, Paris, 1996.
- F.Rakob,"Die internationalen Ausgrabungen in Karthago", in:W. Huss(hrsg.von), *Karthago*, Darmstadt, 1992.
- F.W.Walbank, *A Historical Commentary on Polybius*, 3vols., Oxford, 1957-1979.

第８章

- 栗田伸子「〈敵〉のイメージ――もう一つのポエニ戦争」『ローマ人の戦争――名将ハンニバルとカエサルの軍隊』（世界の戦争２）吉村忠典編　講談社　1985年
- 長谷川博隆『ハンニバル――地中海世界の覇権をかけて』講談社学術文庫　2005年
- ギャヴィン・デ・ビーア『ハンニバルの象』時任生子訳　博品社　1996年
- フロベール『サランボオ』上下　神部孝訳　角川文庫　1953～1954年
- S.Lancel, *Hannibal*, Oxford, 1998.
- L.Loreto, *La grande insurrezione libica contro Cartagine del 241-237 A.C.:una storia politica e militare*, Roma, 1995.
- R.E.A.Palmer, *Rome and Carthage at Peace*, Stuttgart, 1997.

第９章

- 栗田伸子「ヌミディア王国とnegotiatores――ローマ共和政期における〈クリエンテル王国〉の一断面」『躍動する古代ローマ世界――支配と解放運動をめぐって』倉橋良伸・栗田伸子・田村孝・米山宏史編　理想社　2002年
- 栗田伸子「〈ローマの平和〉とアフリカ社会」『ギリシアとローマ――古典古代の比較史的考察』弓削達・伊藤貞夫編　河出書房新社　1988年
- 吉村忠典『支配の天才ローマ人』（人間の世界歴史４）　三省堂　1981年
- 吉村忠典『古代ローマ帝国の研究』岩波書店　2003年
- 歴史学研究会編『古代地中海世界の統一と変容』(地中海世界史１)　青木書店　2000年

- W.Ameling, *Karthago:Studien zu Militär, Staat und Gesellschaft*, München, 1993.
- G.Camps, *Berbères:aux marges de l'histoire*, Toulouse, 1980.
- J.Carcopino, *Le Maroc antique*, Paris, 1943.
- V.Krings, *Carthage et les Grecs c.580-480 av.J.-C.:textes et histoire*, Leiden;Boston;Köln, 1998.
- C.Picard,"Les navigations de Carthage vers l'ouest.Carthage et le pays de Tharsis aux Ⅷ^{e}-VIe siècles," in H.G.Niemeyer(ed.), *Phönizier im Westen*, Mainz, 1982.

第6章

- 佐藤育子「碑文史料にみられるカルタゴの政務職について」『史艸』33号　1992年
- 佐藤育子「カルタゴにおける幼児犠牲——その現状と課題をめぐって」『史艸』35号 1994年
- M.H.Fantar, *Kerkouane* (2nded.), Tunis, 2005.
- E.Lipiński(ed.), *Carthago*(Studia Phoenicia VI), Leuven, 1988.
- E.Lipiński, *Dieux et déesses de l'univers phénicien et punique*(Studia Phoenicia XIV), Leuven, 1995.
- L.E.Stager, "Carthage:A View from the Tophet", in H.G.Niemeyer(ed.), *Phönizier im Westen*, Mainz, 1982.
- H.Donner-W.Röllig, *Kanaanäische und Aramäische Inschriften* (KAI) Ⅰ-Ⅲ, Wiesbaden, 1973-79.
- *Corpus Inscriptionum Semiticarum* (CIS) Pars Prima, Paris, 1881-1962.

第7章

- 『プルターク英雄伝』四　河野与一訳　岩波文庫　1953年
- 『プルターク英雄伝』六　河野与一訳　岩波文庫　1954年
- ベルナール・コンベ＝ファルヌー『ポエニ戦争』石川勝二訳　白水社文庫クセジュ　1999年
- ポリュビオス『歴史』1（西洋古典叢書）城江良和訳　京都大学学術出版会　2004年
- ポリュビオス『世界史』全３巻　竹島俊之訳・編　龍溪書舎　2004～2007年
- B.Caven, *Dionysius Ⅰ:War-lord of Sicily*, New Haven;London, 1990.
- R.R.Holloway, *The Archaeology of Ancient Sicily*, London;New York,

・アポロドーロス『ギリシア神話』高津春繁訳　岩波文庫　1978年
・スエトニウス『ローマ皇帝伝』上　国原吉之助訳　岩波文庫　1986年
・ディオドロス『神代地誌』（付・ポンポニウス・メラ「世界地理」、プルタルコス「イシスとオシリス」）飯尾都人訳　龍溪書舎　1999年
・T・ブルフィンチ『ギリシア神話と英雄伝説』上下 佐渡谷重信訳　講談社学術文庫　1995年
・R.Batti, "Mela's Phoenician Geography", *The Journal of Roman Studies* 90, 2000.
・E.Lipiński, *Itineraria Phoenicia*, (Studia Phoenicia XVIII), Leuven, 2004.
・F.Rakob(hrsg. von), *Karthago:Die deutschen Ausgrabungen in Karthago*, II, Mainz, 1997.

第4章

・桜井万里子「異形のギリシア世界――シチリア」『地中海世界と古典文明』（岩波講座世界歴史4）岩波書店　1998年
・平田隆一「ギリシアとローマの狭間――エトルリア」『地中海世界と古典文明』（岩波講座世界歴史4）岩波書店　1998年
・トゥーキュディデース『戦史』上中下　久保正彰訳　岩波文庫　1966～1967年
・ヘロドトス『歴史』上中下　松平千秋訳　岩波文庫　1971～1972年
・ホメロス『オデュッセイア』上下　松平千秋訳　岩波文庫　1994年
・ポンペイウス・トログス　ユニアヌス・ユスティヌス抄録『地中海世界史』（西洋古典叢書）合阪學訳　京都大学学術出版会　1998年
・P.Cintas, *Manuel d'archéologie punique*, I, II, Paris, 1970,1976.
・A.Ferjaoui, *Recherches sur les relations entre l'Orient phénicien et Carthage*, Fribourg Suisse;Göttingen;Carthage Tunisie, 1993.
・E.Gubel, E.Lipiński, B.Servais-Soyes(eds.), *Redt Tyrus/Sauvons Tyr—Histoire phénicienne/Fenicische Geschiedenis*(Studia Phoenicia I - II), Leuven, 1983.

第5章

・アリストテレス『政治学』山本光雄訳　岩波文庫　1961年
・エドワード・ギボン『図説ローマ帝国衰亡史』吉村忠典・後藤篤子訳　東京書籍 2004年
・プラウトゥス『ローマ喜劇集』3（西洋古典叢書）木村健治・岩谷智・竹中康雄・山沢孝至訳　京都大学学術出版会　2001年

・杉勇他訳『古代オリエント集』（筑摩世界文学大系１）筑摩書房　1978年
・杉本智俊『図説聖書考古学　旧約篇』河出書房新社　2008年
・周藤芳幸『古代ギリシア　地中海への展開』京都大学学術出版会　2006年
・山田雅道「アマルナ文書とその世界(１)〜(５)」『古代オリエント』第58号、59号、61号〜63号　日本放送協会学園　1999年〜2000年
・H・クレンゲル『古代シリアの歴史と文化――東西文化のかけ橋』江上波夫・五味亨訳　六興出版　1991年
・W.Burkert, *The Orientalizing Revolution: Near Eastern Influence on Greek Culture in the Early Archaic Age*, CambridgeMS, London, 1992.
・*Bulletin of the American Schools of Oriental Research* 279, Baltimore, 1990.
・W.L.Moran, *The Amarna Letters*, Baltimore, 1992.
・J.Sasson(ed.), *Civilizations of the Ancient Near East*, New York, 1995.

第２章

・泉拓良他「レバノン共和国ティール遺跡の学術調査」『今よみがえる古代オリエント2003：第11回西アジア発掘調査報告会報告集』2004年
・小川英雄・山本由美子『オリエント世界の発展』（世界の歴史４）中央公論社 1997年
・高橋正男『旧約聖書の世界――アブラハムから死海文書まで』時事通信社　1990年
・月本昭男『目で見る聖書の時代』日本基督教団出版局　1994年
・H・クレンゲル『古代オリエント商人の世界』江上波夫・五味亨訳 山川出版社 1983年
・ヨセフス『アピオーンへの反論Ｉ』秦剛平訳　山本書店　1977年
・ヨセフス『ユダヤ古代誌２〜３』秦剛平訳　筑摩学芸文庫　1999年
・J.D.Grainger, *Hellenistic Phoenicia*, New York, 1991.
・D.Harden, *The Phoenicians* (2^{nd}ed.), Harmondsworth, 1980.
・N.Jidejian, *Tyre through the Ages*, Beirut, 1969.
・H.J.Katzenstein, *The History of Tyre* (2^{nd}ed.), Jerusalem, 1997.

第３章

・アッリアノス『アレクサンドロス大王東征記』上下　大牟田章訳　岩波文庫　2001年

参考文献

本書を準備するにあたって参照したもののうち、重要度が高く、比較的入手しやすく日本語で読めるものを中心に挙げた。なお、各章の参考文献はそれぞれの執筆者による。

本書のテーマ全般にわたるもの

- 楠田直樹『カルタゴ史研究序説』青山社　1997年
- 栗田伸子「アフリカの古代都市——カルタゴ」『地中海世界と古典文明』樺山紘一他編（岩波講座世界歴史４）岩波書店　1998年
- 長谷川博隆『カルタゴ人の世界』講談社学術文庫　2000年
- アズディンヌ・ベシャウシュ（森本哲郎監修）『カルタゴの興亡——甦る地中海国家』　藤崎京子訳　創元社　1994年
- ゲルハルト・ヘルム『フェニキア人——古代海洋民族の謎』関楠生訳　河出書房新社　1976年
- G・E・マーコウ『フェニキア人』片山陽子訳　創元社　2007年
- マドレーヌ・ウルス＝ミエダン『カルタゴ』高田邦彦訳 白水社文庫クセジュ 1996年
- マリア＝ジュリア・アマダジ＝グッゾ『カルタゴの歴史——地中海の覇権をめぐる戦い』石川勝二訳　白水社文庫クセジュ　2009年
- M.E.Aubet, *The Phoenicians and the West* (2nd ed., trans.), Cambridge, 2001.
- S.Gsell,*Histoire ancienne de l'Afrique du Nord*, Ⅰ-Ⅷ,Paris,1921-1928,rep.,Osnabrück, 1972.
- M.H.Fantar, *Carthage*, 2vols., Tunis, 1993.
- W.Huss(hrsg.von), *Karthago*, Darmstadt, 1992.
- S.Lansel, *Carthage*(trans.), Oxford, 1995.
- S.Moscati(ed.), *The Phoenicians*, London;New York, 2001.
- G.C.Picard, C.Picard, *The Life and Death of Carthage*, London, 1968.

第１章

- 大貫良夫他『人類の起原と古代オリエント』（世界の歴史１）中央公論社　1998年
- 岡田泰介『東地中海世界のなかの古代ギリシア』（世界史リブレット94）山川出版社　2008年

西暦	カルタゴ・フェニキア世界	西アジアと世界
		リア戦争に勝利
前226/5	ハスドゥルバルとローマ、エブロ条約を締結	
221		秦の始皇帝、中国統一
219	ハンニバル、サグントゥムを陥落させる	第2次イリュリア戦争
218	第2次ポエニ戦争（～201)。ハンニバルがアルプス越え。ティキヌス河畔の戦い、トレビア河畔の戦い	
217	ハンニバル、トラスメネス湖畔の戦いで勝利	
216	ハンニバル、カンナエの戦いで勝利	
215	ハンニバル、マケドニアのフィリッポス5世と同盟条約を締結	第1次マケドニア戦争（～205)
202	ザマの戦い、ハンニバルがローマの大スキピオに敗れる	中国に漢王朝成立
201	カルタゴとローマ、講和条約を締結	
200		第2次マケドニア戦争（～196)
198	テュロス、プトレマイオス朝支配から離脱、セレウコス朝シリアの支配下へ	
192		シリア戦争（～188)
180頃		インドに初の統一国家
171		第3次マケドニア戦争（～168)
149	第3次ポエニ戦争（～146)	第4次マケドニア戦争（～148)
146	カルタゴ滅亡	マケドニア、ローマの属州となる
64	セレウコス朝シリア、ローマに滅ぼされる	

西暦	カルタゴ・フェニキア世界	西アジアと世界
前310	カルタゴ、シュラクサイ攻囲 シュラクサイの僭主アガトクレス、ボン岬へ上陸、アフリカ侵攻（～308／7）	
306	カルタゴとローマ、条約更新	
304		ローマ、第2次サムニウム戦争に勝利
295		ローマ、センティヌムの戦いでエトルスキ、サムニテス人らの大連合軍に勝利
279	カルタゴとローマ、エピルス王ピュロスとの戦争のため、軍事同盟を締結	ローマ、対ピュロス戦争へ突入（～274）
272		タラス、ローマの同盟国となる。ローマによるマグナ・グラエキア征服の完了
264	第1次ポエニ戦争（～241）	
263	シュラクサイの僭主ヒエロン、ローマと和睦	
261	ローマ軍、アクラガスを奪取	
260／59	カルタゴ海軍、ローマ海軍に完敗を喫する（ミュライの海戦）	
256	ローマ軍、アフリカ上陸、テュネスを占領、カルタゴへ迫る	
249	カルタゴ艦隊、ドゥレパナの海戦でローマに勝利	
242	アイグーサ沖（アエガテス沖）の海戦	
241	カルタゴ、ローマに敗れ、シチリア島を喪失。傭兵（リビア）戦争勃発	
237	カルタゴ、サルディニア島を放棄 ハミルカル・バルカ、ガデス到着。バルカ族のスペイン支配開始	
229／8		ローマ、第1次イリュ

西暦	カルタゴ・フェニキア世界	西アジアと世界
	領、破壊	
前405	シュラクサイ僭主ディオニュシオス1世、カルタゴと講和	
404		エジプト、ペルシアから離反し独立を回復
403		中国で戦国時代始まる（～221）
397	カルタゴ支配下のモテュア島、ディオニュシオス1世の攻撃により破壊、避難民によってリリュバエウムが創建	
396	カルタゴ、シュラクサイを攻囲するも疫病で壊滅、ヒミルコの自殺（マゴ「王朝」支配の終焉）	
370年代	カルタゴ、寡頭政体へ移行	
368	カルタゴで大ハンノが権力を掌握、対シチリア戦争再開（～367）	
367		ローマでリキニウス・セクスティウス法成立
4世紀半ば	カルタゴ元老院、大ハンノとその一族を処刑	
351／0	シドン、エジプトと組んでペルシアに反乱。ペルシアの徹底的報復によりフェニキア諸都市内での優位性を失う	
348	カルタゴとローマ、2回目の条約締結	
345	カルタゴ軍、シチリア再介入を狙って再上陸	
338	カルタゴ軍、コリントスのティモレオンとの戦いに敗れ、和約	ローマ、ラティウムを征服
334		マケドニア王アレクサンドロス、東方遠征を開始
332	テュロス、マケドニアのアレクサンドロスによって陥落	
323		アレクサンドロス死す

西暦	カルタゴ・フェニキア世界	西アジアと世界
	より13年にわたり攻囲される	
前564	テュロスで7年間、王政が中断	
6世紀半ば	カルタゴでマルクス将軍がクーデター未遂	
551頃		孔子の誕生
550頃	マゴ一族によるカルタゴの支配始まる	
540／35	アラリアの海戦でエトルスキとカルタゴが西地中海の制海権を握る	
539		新バビロニア王国、アケメネス朝ペルシアに滅ぼされる
525		ペルシアによるエジプトの征服（～404）
509／8	カルタゴ、共和政が成立したローマと、第1回条約を締結	
492		ペルシア戦争（～449）
490		ペルシア、マラトンの戦いでアテネ軍に大敗
480	カルタゴ、シュラクサイの僭主ゲロンとの戦いに敗れる（ヒメラの戦い）	サラミスの海戦、ペルシアがアテネ海軍に敗北
	カルタゴ船によるアフリカ大西洋岸探検（ハンノの航海）	
5世紀半ば	ギリシア人史家ヘロドトス、テュロスのメルカルト神殿を訪問する	ローマで十二表法が成立
415		アテネ、シチリア遠征開始（～413）
410	マゴ家のハンニバル、セゲスタの求めに応じてシチリアへ派兵、セリヌスとヒメラを占領（～409）	
410～390	カルタゴで金属貨幣（コイン）の発行始まる	
406	ヒミルコ率いるカルタゴ軍、アクラガスを占	

西暦	カルタゴ・フェニキア世界	西アジアと世界
	立される	
前770		中国で春秋時代始まる
753		伝承上のローマ建国
738頃	ビュブロスを除く北部フェニキア沿岸都市、アッシリアの属州の一部となる	
734頃		ギリシア人がシチリア島へ入植、ナクソスとシュラクサイを建設
730～720年代	カルタゴ、本格的入植が始まる	
721		イスラエル王国滅亡
701	フェニキア諸都市がアッシリア王センナケリブの遠征によってテュロスから離反、テュロス王ルリ（エルライオス）がキプロスへ逃亡。シドンにアッシリア傀儡政権が成立し、テュロスとシドンによる同君連合が終焉	
671		アッシリア王エサルハドン、エジプト遠征
7世紀頃		マケドニア王国建国
7世紀半ば	テュロス王バアル１世、アッシリア王アッシュルバニパルに背くも、包囲され降伏	
655		エジプト第26王朝、アッシリアから離反
654	カルタゴ人、イビサ島に植民市建設	
612		ニネヴェ陥落、アッシリア滅亡
7世紀末	フェニキア人、アフリカを時計回りに周航	
600頃		ポカイア人、マッサリア建設
586		ユダ王国、新バビロニア王国に屈服（バビロニア捕囚）
6世紀初め	テュロス、新バビロニア王ネブカドネザルに	

年　表

西暦	カルタゴ・フェニキア世界	西アジアと世界
前15世紀	カナンの都市国家の活動が活発化する。	
14世紀	ウガリト全盛期	アマルナ時代（前14世紀前半～半ば）
1190／84		トロイア戦争
1110／04頃？	ガデス、ウティカ建設される	
12世紀末～11世紀初頭		アッシリア、地中海方面への初の本格的軍事遠征
1070頃	ウェンアメン、フェニキアを訪れる	
11世紀末		古代イスラエル（ヘブライ）王国建国
10世紀	テュロスのヒラム１世とイスラエルのソロモン王が友好関係を築く。紅海方面の交易に共同で従事する	アッシリアのアッシュル・ダン２世、周辺諸国への遠征を再開
926		イスラエル王国、北のイスラエル王国と南のユダ王国に分裂
924		エジプト第22王朝のシェションク１世、パレスティナ遠征
887	エトバアル１世、ヒラム王朝の王位を簒奪（～856） テュロス、シドンと同君連合を形成 エトバアル１世、フェニキアのボトリュスとリビアのアウザに植民市を建設する	北王国イスラエルの王オムリの息子アハブ、エトバアルの娘イゼベルを妻に迎える
853	アラドスなどフェニキア諸都市を含む12王国連合軍が、アッシリアへ反旗を翻す（カルカルの戦い）	
814／3	伝承上のエリッサによるカルタゴ建設	
～800頃	テュロスを中心とするフェニキア人交易ネットワークが、エーゲ海から地中海西方まで確	

同。在位前739〜前730年。アッシリアのティグラト・ピレセル3世と同時代の王。③同。在位前551〜前532年。アケメネス朝ペルシアのキュロス2世と同時代の王。

エトバアル　①テュロス王。在位前887〜前856年。積極的な対外政策を行ってテュロスの海外発展を推進し、また娘イゼベルをイスラエルのアハブ王と結婚させた。②同。在位前590〜前573年。治世中、新バビロニアのネブカドネザル2世により13年にわたるテュロス包囲を受け、降伏。

マゴ　①前6世紀後半のマゴ「王朝」創始者。②前4世紀の将軍。百人会に召喚され、自殺。③マゴ・バルカ。ハミルカル・バルカの息子でハンニバルの弟。第2次ポエニ戦争に参加。④農業書の著者。生没年不詳で前6世紀、前4世紀末、前3世紀説などがある。

ハスドゥルバル　①マゴ「王朝」のマゴの息子。ハミルカルの兄弟ないし伯父。サルディニア奪回の時に負傷して死去。カルタゴの「王」。②ハミルカル・バルカの娘婿。スペインのバルカ家支配を受け継ぎ、カルタゴ・ノワを建設。ローマとエブロ条約を締結。③ハスドゥルバル・バルカ。ハミルカル・バルカの息子で、名将ハンニバルの弟。第2次ポエニ戦争で戦死。④ギスコの子ハスドゥルバル。第2次ポエニ戦争末期の指導者。ソフォニバの父。⑤第3次ポエニ戦争、カルタゴ滅亡時の指導者。小スキピオに投降した。⑥ヌミディア王マシニッサの娘とカルタゴ貴族との間に生まれた。

ハミルカル　①マゴ「王朝」のマゴの息子ないし孫のハミルカル。シチリアへ遠征し、前480年、ヒメラの戦いで死去。カルタゴの「王」。②前4世紀末のシュラクサイ救援軍の将軍。アガトクレスと手を結んでしまう。③ギスコの子。前4世紀末にシチリアへ遠征し、アガトクレスを破った。シュラクサイを包囲したが、捕らわれ殺害される。④ハミルカル・バルカ。名将ハンニバルの父。第1次ポエニ戦争末期以来活躍。バルカ党の指導者。

ハンニバル　①前410年のシチリア戦争の司令官。マゴ「王朝」のハミルカル（ヒメラで死去）の孫。ギスコの子。②ハンニバル・バルカ。第2次ポエニ戦争の主役で、名将。ハミルカル・バルカの息子。ハスドゥルバルとマゴの兄。③第3次ポエニ戦争前夜の親ヌミディア派の指導者。「ホシムクドリ」と綽名される。

ハンノ　①マゴ「王朝」のハミルカル（ヒメラで死去）の子。ハンノ・サベッリウス。②ハンノの航海を指揮した「王」。①と同一人物とする説もある。③前4世紀の対シチリア主戦派の指導者。大（偉大な）ハンノと呼ばれる。④第1次ポエニ戦争末期・傭兵戦争の頃の寡頭派の指導者。ハミルカル・バルカの好敵手。大ハンノと呼ばれる。⑤第3次ポエニ戦争前夜の寡頭派の指導者。これも大ハンノと呼ばれることがある。

した『ユダヤ戦記』7巻、および『ユダヤ古代誌』20巻、ユダヤ教を弁護した『アピオーンへの反論』を著した。

プラウトゥス　Plautus（生没年不詳、前2世紀前半）　ローマの喜劇作家。彼の作品は完全な形で現存する最古のラテン語作品に属する。130篇もの喜劇を書いたといわれるが現存するのは21篇。ギリシアのいわゆる新喜劇を脚色した作品が多い。

ポリュビオス　Polybius（前200～前120頃）　メガロポリス出身のギリシアの歴史家。父リュコルタスはアカイア同盟の指導者の一人。第３次マケドニア戦争でローマがマケドニア王ペルセウスを破ったあと、アカイア同盟からの人質1000人の一人としてローマに送られ、スキピオ＝アエミリアヌス（小スキピオ）の家庭教師となりスキピオ・サークルの一員となる。小スキピオのイベリア半島およびアフリカへの出征（第３次ポエニ戦争）に同行し、カルタゴ滅亡を目撃した。彼の主著『歴史』は40巻のうち１～５巻のみ完全な形で残り、断片もあわせて全体の３分の１程度が現存する。ポエニ戦争の基本史料である。

ポンペイウス＝トログス　Pompeius Trogus（生没年不詳、前１世紀後半～１世紀前半）　ガリア・ナルボネンシス出身のローマの著述家。『フィリッポス史』44巻を著したが、現存するのはユスティヌスがまとめた抄録のみである。アッシリア時代からアウグストゥス帝時代のローマまでを含む一種の地中海世界史であり、カルタゴ史の基本史料の一つである。

ポンポニウス＝メラ　Pomponius Mela（生没年不詳、１世紀）　イベリア半島出身の地理学者。ラテン語で３巻の『地誌』を著した。諸大陸や海洋の配置を系統的に叙述しており、世界地図を基にした可能性もあるとされる。

ユスティヌス　Justinus（２～３世紀頃、４世紀との説もある）　トログスの『フィリッポス史』の抄録を著した。原文に忠実とされるが、彼自身の視点も含まれている。

リウィウス　Titus Livius（前59～後17頃）　ローマの歴史家。北イタリアのパタウィウム（パドゥア）出身。アウグストゥス帝時代に至る『都市建設以来の歴史（ローマ史）』142巻を著したが、１～10巻および21～45巻のみが現存。ただ136巻と137巻以外の摘要（４世紀にまとめられた）は残っている。ポエニ戦争に関する基本史料。

●フェニキア・カルタゴの人名　フェニキア・カルタゴの人名は同じものが多く、まぎらわしい。ここでは本書に登場する著名人に限って説明する。

ヒラム　①テュロス王。在位前969～前936年。イスラエルのソロモン王と友好関係にあり、両者は共同で海運事業を興し紅海貿易を行った。②

身の時代までを扱い、初の世界史的叙述であったとされ、ポリュビオスも参照している。

サルスティウス　Sallustius（前86～前35頃）　共和政末期のローマの歴史家。サビーニー地方のアミテルヌム出身。元老院議員。内乱期にカエサルの部将としてアフリカ・ノワ州の総督となった。『ユグルタ戦争』『カティリーナの陰謀』の２篇のモノグラフと前78年以降の歴史を扱った『歴史』を著した。

シレノス　Silenus（生没年不詳）　シチリア出身のギリシア人歴史家。スパルタ出身の歴史家ソシュロスとともにハンニバルのイタリア遠征に参加し、その公式の歴史を著した。ポリュビオスやリウィウスの史料とされる。

ディオドロス（シチリアの）　Diodorus Siculus（前80～前20頃）　ディオドルス＝シクルスともいう。シチリアのアギュリオン出身のギリシア人歴史家。主著『歴史図書館』は神話時代から前60年までの世界全史で40巻からなるが、現存するのは１～５、11～20巻のみ。エポロス、フィリストス、ティマイオス等、今は失われた史書を史料として、あまり手を加えずに記録している点で貴重である。

ティマイオス　Timaeus（前350～前260頃）　シチリアのタウロメニウム出身のギリシア人歴史家。アガトクレスと対立してアテネに亡命。西地中海のギリシアの歴史家としてもっとも重要であるが、著作は断片しか残っていない。主著『シチリア史』38巻は神話時代からアガトクレスの死（前289／8年）までを扱い、その他にピュロス戦争と第１次ポエニ戦争開始前までの事件史を著した。ポリュビオスは、ティマイオスが筆を擱いた箇所から書き始めている。

ファビウス＝ピクトル　Fabius Pictor（生没年不詳、前3世紀）　最初のローマ人歴史家。元老院議員。ローマ建国から第２次ポエニ戦争期までのローマ史をギリシア語で叙述。著作は現存しないが、リウィウスが『都市建設以来の歴史（ローマ史)』でその一部を引用している。ティマイオスの影響を受けていたとみられる。

フィリノス　Philinus（生没年不詳）　シチリアのアクラガス出身のギリシア人歴史家。「親カルタゴ的」な歴史書を書いたことで知られ、ポリュビオスはこの書を参照しつつ批判している。彼が記録しているとされるカルタゴ・ローマ間の第３回目の条約（前306年か）に、カルタゴのイタリア進攻とローマのシチリア進攻をともに禁じる条項が含まれていたと思われる。

フラウィウス＝ヨセフス　Flavius Josephus（37頃～100頃）　ユダヤ出身の歴史家。ユダヤ教の祭司で70年のエルサレム陥落まで指導者の一人であったが、対ローマ抵抗戦争には否定的。自身が経験したユダヤ戦争を記録

人名・著作家名一覧

●ギリシア、ローマの著作家　本書で言及されている人物のみを挙げる。

アッピアノス　Appianus（１世紀末～160年代）　エジプトのアレクサンドリア市出身のギリシア人歴史家。ローマ市民権を得て騎士身分として活躍。ローマの歴史を、征服された民族・地域別に24巻の書物にまとめた。ポリュビオス等を史料としていると思われ、現存する部分にハンニバル戦争、第３次ポエニ戦争、イベリア半島での戦争等に関する巻が含まれる。

アッリアノス　Arrianus（86～160頃）　ビテュニアのニコメディア生まれのギリシア系歴史家。ハドリアヌス帝によって元老院議員に列せられる。『ビテュニア誌』やトラヤヌスの東方遠征についての著書（『パルティア誌』）もあったが現存しない。主著『アレクサンドロス大王東征記』はアレクサンドロスの即位から死までを７巻に収める。他に『インド誌』が現存。

アポロドーロス　Apollodorus（生没年不詳、１世紀か２世紀）『ギリシア神話』の著者として以外、経歴不明。

アリストテレス　Aristoteles（前384～前322）　カルキディケー生まれのギリシアの哲学者。プラトンの弟子。リュケイオンの創立者。その著書『政治学』は『ポリスに関することども』の意の原題を持ち、古代の都市国家の国制を論じつつ実現可能な最善の国家形態を探求する。第２巻でカルタゴの国制に言及している。

イソクラテス　Isocrates（前436～前338）　ギリシアの弁論家。アテネ民主政の後半期に弁論家として、また修辞学者として活躍。ヘレネス（ギリシア人）の大同団結とバルバロイとの戦いを説いたことで有名。マケドニア王フィリッポス２世に対ペルシア戦争のアイデアを与えたとされる。

ウェッレイウス＝パテルクルス　Velleius Paterculus（前20／19年～没年不詳）　帝政（元首政）初期のローマの著述家。元老院議員。トロイア陥落からティベリウス帝の治世までを２巻に収めた『ローマ史』を著した。

ウェルギリウス　Vergilius（前70～前19）　ローマの詩人。ラテン語文学の黄金時代である共和政末から帝政（元首政）初期の詩人のなかの最高峰。代表作『アエネーイス』は、陥落したトロイアから落ちのびたアエネアスが幾多の苦難を経てローマの淵源であるラウィニウム市建設に至るまでを描いた叙事詩。

エポロス　Ephorus（前405～前330頃）　小アジアのキュメー出身のギリシア人歴史家。その作品『歴史』は現存しないが、ディオドロスの主要な典拠の一つとされる。神話時代を省き、「ヘラクレスの子ら」の帰還から彼自

〈ヤ行〉

〈ラ行〉

〈マ行〉

〈ナ行〉

〈ハ行〉

〈タ行〉

〈サ行〉

〈カ行〉

索 引

頻出する用語は省略するか、主要な記述のあるページのみを示した。

〈ア行〉

本書の原本は、二〇〇九年九月、「興亡の世界史」第03巻として
小社より刊行されました。

栗田伸子（くりた　のぶこ）
1954年北海道生まれ。東京大学文学部卒業、東京大学大学院人文科学研究科博士課程退学。東京学芸大学教授。共著に『古代ローマ法研究と歴史諸科学』（創文社）など。

佐藤育子（さとう　いくこ）
1958年富山県生まれ。日本女子大学文学部卒業、立教大学大学院文学研究科博士後期課程修了。日本女子大学学術研究員。共著に日本オリエント学会編『古代オリエント事典』など。

講談社学術文庫

定価はカバーに表示してあります。

興亡の世界史
通商国家《つうしょうこっか》カルタゴ
栗田伸子《くりたのぶこ》　佐藤育子《さとういくこ》

2016年10月11日　第1刷発行

発行者　鈴木　哲
発行所　株式会社講談社
東京都文京区音羽2-12-21　〒112-8001
電話　編集（03）5395-3512
販売（03）5395-4415
業務（03）5395-3615
装　幀　蟹江征治
印　刷　大日本印刷株式会社
製　本　株式会社国宝社

ISBN978-4-06-292387-3

「講談社学術文庫」の刊行に当たって

これは、学術をポケットに入れることをモットーとして生まれた文庫である。学術は少年の心を養い、成年の心を満たす。その学術がポケットにはいる形で、万人のものになることは、生涯教育をうたう現代の理想である。

こうした考え方は、学術を巨大な城のように見る世間の常識に反するかもしれない。また、一部の人たちからは、学術の権威をおとすものと非難されるかもしれない。しかし、それはいずれも学術の新しい在り方を解しないものといわざるをえない。

学術は、まず魔術への挑戦から始まった。やがて、いわゆる常識をつぎつぎに改めていった。学術の権威は、幾百年、幾千年にわたる、苦しい戦いの成果である。こうしてきずきあげられた城が、一見して近づきがたいものにうつるのは、そのためである。しかし、学術の権威を、その形の上だけで判断してはならない。その生成のあとをかえりみれば、その根は常に人々の生活の中にあった。学術が大きな力たりうるのはそのためであって、生活をはなれた学術は、どこにもない。

開かれた社会といわれる現代にとって、これはまったく自明である。生活と学術との間に、もし距離があるとすれば、何をおいてもこれを埋めねばならない。もしこの距離が形の上の迷信からきているとすれば、その迷信をうち破らねばならぬ。

学術文庫は、内外の迷信を打破し、学術のために新しい天地をひらく意図をもって生まれた。文庫という小さい形と、学術という壮大な城とが、完全に両立するためには、なおいくらかの時を必要とするであろう。しかし、学術をポケットにした社会が、人間の生活にとってより豊かな社会であることは、たしかである。そうした社会の実現のために、文庫の世界に新しいジャンルを加えることができれば幸いである。

一九七六年六月

野間省一